理解他者　理解自己

也
人
————
The Other

The Land of Open Graves

Living and Dying on the Migrant Trail

[美]杰森·德莱昂————著 赖盈满————译

移民路上的
生与死

美墨边境人类学实录

上海书店出版社
SHANGHAI BOOKSTORE PUBLISHING HOUSE

献给伊格纳西奥·克鲁斯、玛丽亚·何塞、A、N 和 W。

但家园是梦，我未曾得见……

——美国乡村歌手杰森·伊斯贝尔

美国亚利桑那州萨萨比的美墨边界（迈克尔·韦尔斯摄）

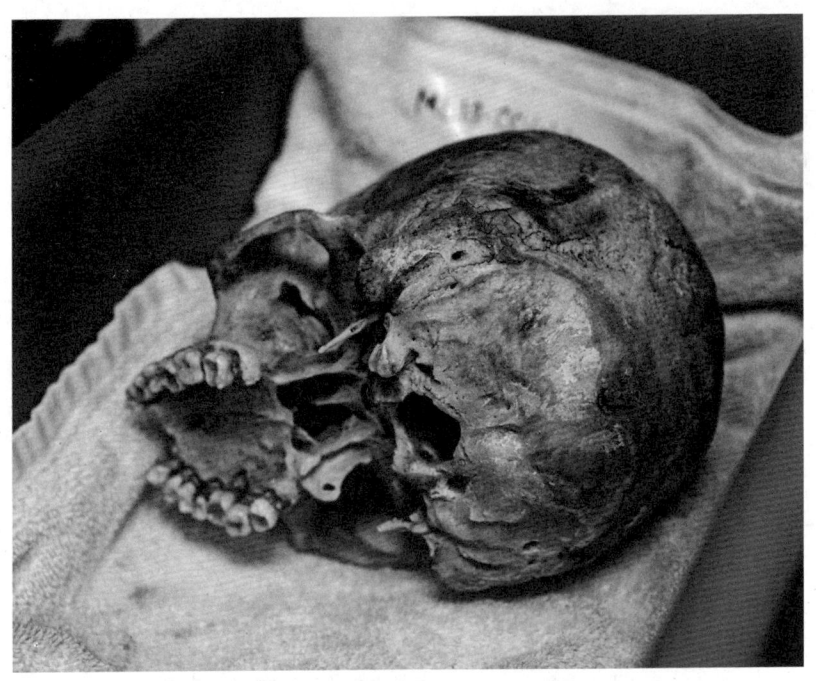

美国亚利桑那州皮马县法医室保存的无名头骨（迈克尔·韦尔斯摄）

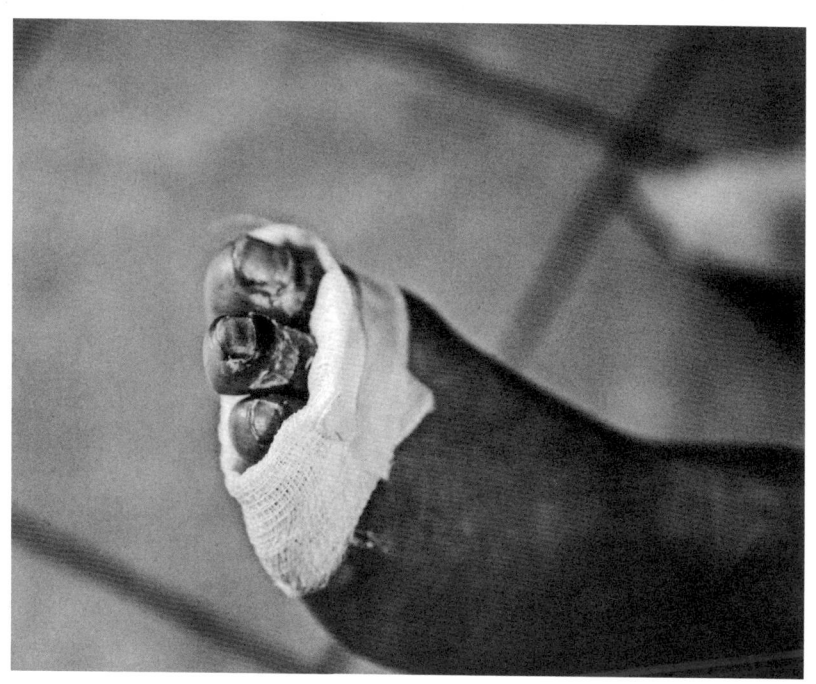

墨西哥诺加莱斯市胡安·博斯科收容所内（迈克尔·韦尔斯摄）

美国亚利桑那州绿谷附近的迁移者营地（迈克尔·韦尔斯摄）

讲故事，2014 年（迈克尔·韦尔斯摄）

厄瓜多尔昆卡市，何塞和姐姐与外甥女合影（迈克尔·韦尔斯摄）

目录

引　言

苍蝇。

我记得最深的就是那些烦死人的苍蝇。

记忆真是个有趣的东西。我当时拼命在心里记住眼前的景象，之后也很快地把它们记下来，但才过了几年，所有记忆似乎都被遗忘和埋葬了，成为寻常的一景。我只在美墨边境待了几周，跟那些亟欲突破美国移民查缉防线的人待在一起，就知道死亡、暴力与痛苦是这条迁移之路的常态。一切都模糊了起来，触目惊心的景象不再清晰。作为观察者，你开始习惯陌生人在你面前瞬间落泪。泪水不再像之前令人震撼，哑着嗓子诉说的悲惨故事一再反复，结果就成了老调，搞不清出处，也理不出先后。为了不失去大局或残酷细节，我与感觉的极限奋战。我试着写下所有经过，以便日后将观察到的现实与更大的结构因素相联结。这是我该做的事，至少在墨西哥和美国亚利桑那边境做田野的那五年与后来写书的时候，我不断这么告诉自己。首次目睹死亡的当下我也这么告诉自己。谁晓得知易行难。但无所谓，因为2009年7月的这一天，我根本无法理解眼前的一切，更别说把它理论化了。我只是愣愣看着苍蝇，心想它们怎么来得这么快？

那是我在墨西哥边境的诺加莱斯市（Nogales）进行民族志调查的第一天。天气闷热难耐，我一早上都坐在阴凉处和刚被驱逐出境的迁移者谈话。这些男女老少企图步行横越亚利桑那的索诺拉沙漠非法进入美国，结果闯关失败，其中还有几个人是国土安全部[1]从其他地方遣送来的，因为官员认为将这些人安置在沙漠附近，告诉人们每年都有数百位迁移者死在这片沙漠上，可以吓阻他们不再企图穿越边界。我不晓得死者的名字，但这天稍早前才见过他。在那群面容疲惫的被遣送者当中，他不是特别显眼。刚被遣送的人在诺加莱斯并不难认，因为他们的样子都很像：T恤乌黑，腋下和衣领满是汗水干了留下的盐渍，脚下的运动鞋看上去像是绞肉机绞过似的，脏兮兮的黑色背包里塞满袜子、罐头和他们所能带走的微薄家当。他们的棕色身躯有如红字，透露出力竭与脆弱，脸上混杂着悲伤、疲倦、恐惧与乐观。他们可能迷路了整整三天，渴到近乎瘫痪，以致见到牛槽时就算里头的水长满海藻和水虫也照喝不误，被强盗持枪洗劫，被遣返前遭到边境巡逻队员强暴。[2]即使如此，他们还是相信下次会时

---

[1] 国土安全部（Department of Homeland Security, DHS）是美国联邦政府于"9·11"事件后成立的部门，辖下二十二个局处，包括移民及归化局（Immigration and Naturalization Service），边境巡逻队之前由该单位管辖。联邦政府后设立了三个新部门处理移民事务，分别是目前边境巡逻队所隶属的海关及边境保卫局（Customs and Border Protection, CBP）、负责遣送及贸易管制事务的移民及海关执法局（Immigration and Customs Enforcement, ICE），以及处理公民身份行政事务的美国公民及移民服务局（United States Citizenship and Immigration Services, USCIS）。——此类注释为原注，下同。

[2] Falcón 2001; Hsieh 2014; Ortiz et al. 2014.

来运转。为了远在北卡罗来纳州卡尔伯罗市（Carrboro）等候的丈夫，为了菲尼克斯油漆房子的工作，为了那个留在墨西哥格雷罗州曼琼小镇（El Manchon）挨饿的小女孩，上帝保佑，我会过去的（*Si Dios quiere, voy a pasar*）。下次会时来运转。

我不记得他生前的模样了。其实我在边界带（*la linea*）[1]的贝他组织（Grupo Beta）[2]办公室门前做访谈时，根本没注意到他。直到我访谈结束，走了一条街到便利商店时才和他擦肩而过。他和许多屡试屡败的迁移者一样，那天早上决定一边喝海龟牌（*caguama*）夸脱装啤酒一边思考下一步。那已经是几个小时前了，我看着他走向便利商店对面的那块废弃空地。比起他脸上的表情，我印象更深的是他一早就在喝酒自娱。我只记得他又瘦又高，理个光头。后来我再看到他，是因为我看见那片废弃空地旁聚了几个迁移者，便走到围篱网前一探究竟。我身旁站着一名矮小的秃头男，我很快就会得知他叫丘乔[3]。我们俩就这样一脸敬畏地默默望着瘫在地上的尸体，看了整整十分钟。那老兄才死了不到一小时，身上已经满是苍蝇，有的停在他发白的眼珠子上，有的在他张开的嘴里爬进爬出。他头歪向一边，正对着我和围观的迁移者，宛如盯着每一个人。我们看着苍蝇在这个人脸上产卵，时间仿佛静止下来。

---

[1] 墨西哥诺加莱斯市有两个主要的边界口岸，相隔约两千米，边界带是迁移者对那两千米地带的惯称，详见本书第五章。

[2] 贝他组织是墨西哥联邦单位，主要负责保护前往美国或最近遭到遣送的迁移者，详见本书第五章。

[3] 除非另有说明，书中人名均为化名。

达拉斯牛仔队裹尸布，2009 年墨西哥诺加莱斯市（作者摄）

后来总算有些好心人拿着达拉斯牛仔队的床单出现，将他盖了起来。一名医护人员和几个附近居民围着尸体走动聊天，看上去没有半个人不安。死亡就像是一阵普通的夏日微风。我在心里喃喃自语，也许这家伙想去达拉斯的苹果蜂（Applebee's）餐厅洗盘子，也许他在费城当了很多年的绿化工人，是老鹰队的死忠球迷，最讨厌去他妈的（*pinche*）[1]牛仔队。感觉没有人认得他。

---

[1] *Pinche* 可译为"该死"或更重的"去他妈的"。

人们只晓得必须拿个东西把他盖住，不让苍蝇靠近。面对这幅奇景，我转头请教丘乔，想问出一点真知灼见。但丘乔只是耸耸肩说："这种事天天都在上演。有些人穿越边境不成太多次之后受够了，有些人用药物或酒精来消磨时间。谁晓得是什么害死了他？"丘乔看出我脸上的忧心，便接着说："等着瞧，明天就不会有人记得这件事了。就像根本没发生一样。"

他说对了。隔天，我向迁移者问起那个距离贝他组织办公室不到 100 米的尸体，没有人知道我在讲什么。感觉就像没这回事一样。

————————

这些人为了进入美国，选择以非法方式徒步横越亚利桑那的索诺拉沙漠。本书就是探讨这些边境穿越者每天面对的暴力与死亡。我在书里提到的人，家住美国的读者可能早就见过他们。他们替你挑拣水果，替你帮车美容，替你处理肉品；他们专做美国人不能或不想的工作。[1] 不过别忘了，他们中有许多人不是第一次横越沙漠。奥巴马任职总统期间，曾经于 2013 年度大规模遣送了将近 200 万名迁移者。[2] 其中有许多人目前还在宛如火星表面的亚利桑那边境惶惶流窜，一心期盼和家人团聚，或回到他们唯一称之为家乡的地方。我的论点很简单。这群人在迁移路上的可怕遭遇既非偶然，也非愚蠢，而是美国联邦政策的结果。这项政策不仅相当不透明，更很少有人对此直言不讳：它本质上就

————————

[1] 可参见 Reeves and Caldwell 2011。
[2] Vicens 2014.

是一个以索诺拉沙漠的险恶为掩护和工具的杀人计划。美国边境巡逻队利用"漂白"过的论据、转移究责对象，以及"自然"的环境过程，抹去亚利桑那南疆发生过的一切，借此掩盖现有查缉手段的恶果，让这项社会政治政策对无证迁移者身体与性命的无数戕害从世人眼前消失。

那些在沙漠里经历生死的人有名有姓、有面孔有家庭。他们还有曲折的生命故事，这些故事反映出跨国迁移者与全球经济不平等的紧密关联。但我们很少睁大眼睛，仔细看他们走过的这趟可怕旅程，听他们用自己的话描述这个过程。在接下来的篇幅里，我将全力检视一头名为"威慑预防"（Prevention Through Deterrence, PTD）的美国边境查缉巨兽，检视它的运作逻辑和付出的人命代价，以了解这项主要仰赖险峻荒芜的地形来遏止迁移者从南方涌入的政策。我还会介绍亲身经历过这套治安手法的人，从他们的视角来叙述那些发生在边界带及边界以外，关于存活、失败与心碎的故事。记录这些绝大多数未曾被记录的故事，让读者近距离看见这些面孔与身躯，或许能提醒明日的我们记得，这些人今天就在这片沙漠上生存，在这片沙漠上死去。

边境故事

讨论美墨边境的著作汗牛充栋，数也数不完，各种角度都有。每个月似乎都有新作品问世，用这片地缘政治边陲地带的试炼与苦难来诱惑读者；"第三世界和第一世界交会"之类的形容仍旧时有耳闻，好像它意味着什么。就算我们不想承认，但美国对自己的南方边境是既害怕又着迷。大众总是情不自禁爱上相关的电影、新闻节目、电视真人秀和亲身见闻，只因这些影像文字能让我们继续相信那里是"化外之地"。只要作者不忘搬出"危险"和"暴力"之类的词汇，再用上几个别出心裁（或没那么别出心裁）的战争比喻，就能完成一本畅销俗滥的移民文学。

别误会，关于边境的出色作品非常多。那里充满动人的故事与复杂的历史，早就有人走过，也走得比我好。我不是要上历史课（想了解历史可以去读其他作品），本书直接从1993年开始，因为那年美国在得克萨斯州埃尔帕索市首度实行后来被称为"威慑预防"的边境政策。当时"威慑预防"只是地方上狗急跳墙想出来的防堵措施，目的在解决"棕皮老墨"非法翻墙的难看场面，还有边境巡逻队在拉丁贫民区追着人满街跑，分不清谁是合法居留者、谁是非法入境者的混乱窘境。[1] 当局让一批（或者说"一帮"）理着平头的边境巡逻队员，穿着军靴和笔挺的绿制服在埃尔帕索市区及周边走动，希望吓阻边境穿越者不要贸然翻墙进入这些人口稠密的地区，结果还真的奏效了。这群升斗小民虽然气馁，却没有放弃。他们许多都是华雷斯城的当地人，每天通勤到得克萨斯州工作。面对这项新做法，他们选择改走城市边缘，那里围篱神奇地消失了，边境巡逻队员屈指可数。事情很快恢复了原貌。

然而，1994年《北美自由贸易协议》通过后，一切都变了。

---

[1] Dunn（2009）对此有精彩的历史分析。

美国承诺墨西哥，只要墨西哥开放口岸让廉价货品进口，就会确保这个南方邻国经济繁荣。但墨西哥刚签完字不久，就发现美国政府补助的"老外"（gringo）玉米"他妈的大批"（pinche montón）[1] 倾销，压垮了他们的经济，造成数百万农民失业。如同过去几个世代的墨西哥人，只要经济不好或北方佬（los Yanquis）需要廉价劳工，[2] 这群落难百姓就会开始成千上万向北迁徙。乐观的农人（campesino）聚集在蒂华纳、华雷斯和雷诺萨，等着闯过边巡的（la migra）那关，成为美国无证移民劳工大军的一员。[3]

这股由《北美自由贸易协议》导致的人潮，使得加利福尼亚州圣伊西德罗市和得克萨斯州麦卡伦市出现了源源不绝的翻墙者。因此，美国边境巡逻队又得想出一套办法，以减少每天都有大批穷人涌入边境城市的负面新闻。埃尔帕索将拉美入侵者成功赶到城市边缘的小实验立刻成为全国仿效的治安方针，并且沿用至今。从过去到现在，这项做法的基本假定都一样：就算无法制止这团迁移大军，至少可以引导他们改走偏远地带，让险峻地形惩罚他们，如此一来不仅省钱（起码某些蠢蛋这样认为），又能将不堪的场面阻绝在公众视线之外。结果确实如此。

2000 年至 2013 年，从墨西哥非法进入美国而遭到逮捕的总人数将近 1170 万，其中有 4584022 人是在边境巡逻队执勤

---

[1] *Pinche montón* 大致可译为"他妈的大批"。

[2] Durand and Massey 2004; Guerin-Gonzales 1994.

[3] *Campesino* 意思是"农人"或"乡巴佬"，*la migra* 是边境巡逻队的诨名。

的图森区（Tucson Sector）被捕的。这片崎岖多山、人烟稀少的区域从新墨西哥州往西延伸到亚利桑那州的尤马县（Yuma County）。[1]如果再加上旁边的尤马区（Yuma Sector），该州的逮捕人数将高达 5304345 人，和休斯敦总人口不相上下。不过也难怪亚利桑那讨厌迁移者；[2]近二十年来，美国联邦政府一直把亚利桑那州的后院当成挡箭牌，借此考验数百万边境穿越者的耐力，并且常让当地社群替医疗买单。[3]尽管如此，人人都晓得，只要通过这场死亡竞赛，美国的牧场、地毯工厂、肉类加工厂和寿司餐厅的后门就会为你敞开。

本书提到的事件主要发生在图森南方，巴博基瓦里山脉（Baboquivari）和图马卡科里山脉（Tumacácori）之间的带状沙漠。过去几千年来，托荷诺奥丹（Tohono O'odham，直译为沙漠人）[4]原住民和他们的祖先一直以这片美丽而危险的土地为家。早在殖民时期的西班牙淘金者和基督徒、19 世纪绘制新地图的美国地理调查员，还有 20 世纪的边境巡逻队员这些人出现之前，[5]奥丹人就已经在此孕育出许多文化传统与实践，这让他们在这片大多数外人眼中不适合农业与人居的土

---

[1] 美国海关及边境保卫局《美国边境巡逻队：西南边境区；每年度（10 月 1 日至来年 9 月 30 日）非法外来者逮捕总人数》：www.cbp.gov/sites/default/files/documents/BP%20Southwest%20Border%20Sector%20Apps%20FY1960%20-%20FY2014_0.pdf。

[2] Anti-Defamation League（反诽谤联盟）2012。

[3] Bazzell 2007.

[4] 1968 年以前，奥丹人的官方名称为帕帕戈族（Papago）。

[5] 见 Cadava 2011; Ettinger 2009。

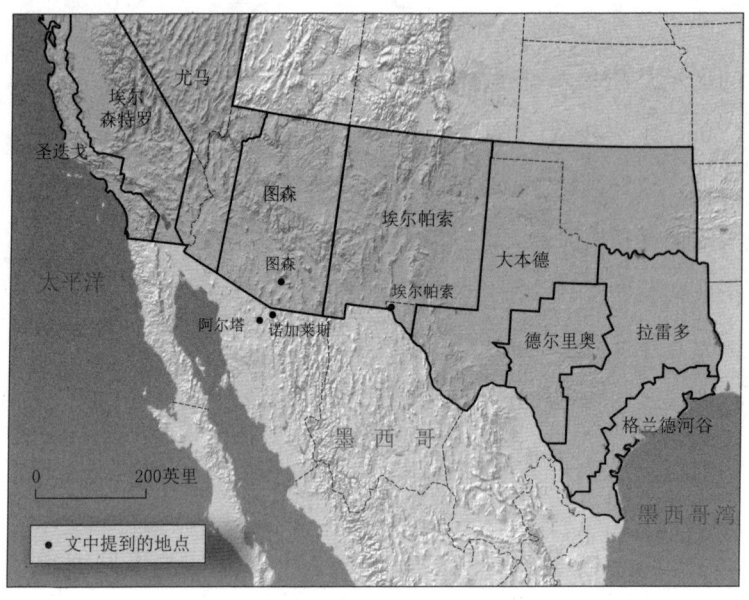

书中提到的边境巡逻责任区及重要地点

地上过得很好。[1]民族植物学家纳卜汉（Gary Nabhan）就写道："在巨人柱仙人掌之间挥汗劳动，是奥丹人与这片沙漠维持原始亲密的方式。外人或许避之唯恐不及，但是这项农活却忠实反映出沙漠人和他们周遭环境之间的紧密联系。在沙漠最干燥炎热的时候，有些人非但没有离开，反而更深入其中。"[2]奥丹诗人奇科（Jeanette Chico）一语总结了族人与土地的亲密："当我走进沙漠，动物会停下动作望着我，仿佛在对我说

---

[1] 本书碍于篇幅，无法探讨无证迁移者对托荷诺奥丹族的冲击；我为本书所做的考古工作也未在保留区进行。不过，美国南方边境的所有族群里，就属托荷诺奥丹族受到边境穿越、迁移者死伤和边境巡逻队的负面影响最大。

[2] Nabhan 1982:26.

'欢迎回家'。"[1]

边境穿越者不一样，他们没有沙漠人的文化智慧，这地方在他们眼中并不友善。这就像从韦拉克鲁斯绿油油的热带低地或瓦哈卡的凉爽山区，去到荒芜闷热的沙漠。迁移者会跟你说："我完全没有想到会是这样。"他们怎么可能想得到？迁移者是穿越死寂陌生大地的逃犯，而边境巡逻队倚恃的正是这一点。这片恶土是他们半公开的武器，迁移者的死伤人数证明了这一招又痛又有效。最难过的是奥丹人，美国联邦政府将他们的圣域变成了杀戮地、巨型的曝尸场。

————

目前分隔亚利桑那州和墨西哥的那条线是 1854 年 "加兹登购地"（the Gadsden Purchase）时划的。在那之后，这块地缘政治区经历了一段波折的历史。但我对那段殖民和后殖民时期的征服与暴力不会着墨太多，毕竟本书关注的焦点是 2009 年至 2013 年穿越这片区域的人们。不过，有几本非常出色的作品影响了我对边境查缉及边境查缉过去一百年来的演变的看法。读者如果想更深入了解这块区域的地缘政治史，我推荐埃廷格（Patrick Ettinger）的《看不见的线》（*Invisible Lines*）和圣约翰（Rachel St. John）的《沙上的线》（*Line in the Sand*）。[2] 这两本杰作汇集了档案资料与过往的历史研究，是这方面的最新作品。我在本书里对边境巡逻政策讨论了很多，却没有诸如"边

[1] Zepeda 1982:17.
[2] Ettinger 2009; St. John 2011.

境查缉史"的章节。这部分我主要仰赖埃尔南德斯（Kelly Lytle Hernández）对美国边境巡逻队令人眼界大开的详尽分析，还有内文斯（Joseph Nevins）的大作《守门人行动》(*Operation Gatekeeper*)和安德烈亚斯（Peter Andreas）的《边境游戏》(*Border Games*)，让本书读者一窥移民治安的历史，以及美国在和墨西哥协商后院边界时经常用来引导（或误导）舆论的政治话术。[1]最后，邓恩（Timothy Dunn）的《美墨边境军事化，1978—1992》(*The Militarization of the U.S.-Mexico Border, 1978-1992*)和《边界封锁与人权》(*Blockading the Border and Human Rights*)提供了许多关键的背景知识，让我更了解现今的边境工业复合体；我在本书中批判了查缉政策，这两本著作也描述了促成这套标准方针萌芽的因素。[2]探讨美墨边境的作品当然不止这些，我接下来还会引用其他著作，但前面提到的这几位作者，对于了解南亚利桑那和北墨西哥过去二十年来局势恶化的过程与原因特别有帮助。

我才在感叹最近探讨边境现状的作品水平参差不齐，结果现在自己也针对这个老掉牙的主题写了一本书，想来还真尴尬。我没有那么自大无知，觉得自己写的最正确，但只有我敢先承认我们再怎么做也无法完全掌握美国南方边境的实际状况。目前的边境管制牵扯太多因素，有些甚至以惊人的速度在变化，不论从哪个角度切入都看不到全貌。而且看到什么并不重要，因为永远有

---

[1] Hernández 2010; Nevins 2002; Andreas 2009.
[2] Dunn 1996, 2009.

东西在你视线之外。我说的不是满口金牙，驾着只涂底漆、满载迁移者的小巴在沙漠狂飙的"郊狼"（coyote）[1]，也不是躲在树丛准备洗劫下一批边境穿越者的吸毒小混混（cholo）。我说的是坐在边境巡逻队图森总部召开的闭门会议里，以治安为借口、以浮夸的企业新款无人机广告为参考，规划最新"威慑"策略的美国官员；还有坐在警用卡车里，对着尘土飞扬的马路支吾解释他们为何枪杀那个手无寸铁、只想翻过围篱回墨西哥的小男孩的边境巡逻队员。[2] 更别忘了那些私下聚餐的政治人物和他们的联邦承包商好友，一边大啖德尔莫尼科牛排、痛饮纯麦威士忌，一边笑谈之后要怎么让新建好的私人拘留所人满为患，狠狠赚政府一笔。[3] 我们永远无法掌握边境查缉制度运作（或运作不良）的全貌，那也不是我写本书的目的。

越界与跨界

我会接触边境议题，其实就只是 2008 年秋天某次晚餐聊天的结果。当时我刚读完研究所，在华盛顿大学教书，不晓得接下来该研究什么。为了博士论文，我做了两年田野，查看了几千块黑曜石碎片，以便掌握古奥尔梅克文明的政治经济样貌。[4] 奥尔梅克是中美洲第一个伟大文明，而我在遗址发掘期间和许多墨西

---

[1] "郊狼"是西班牙文对人口贩子的委婉说法。

[2] Clark 2012.

[3] Sullivan 2010.

[4] De León 2008.

哥本地人共事，对他们的生活愈来愈感兴趣，后来也和其中不少人变得很熟。他们不仅对移民美国非常有经验，对亚利桑那沙漠上的威慑预防策略也有切身体会。

博士论文一完成，我就挥别古代石器，做了几次很有问题的职业选择，最终决定转换跑道，成为民族学家。身为加利福尼亚大学洛杉矶分校和宾夕法尼亚州立大学博士班的毕业生，我一直相信人类学对知识生产的主要贡献就是它对人的境遇（human condition）的探究是全方位的，不只考察过去，也研究现在与未来。而人类学综合考古学、生物学、语言与文化的研究手法，也让我们拥有许多工具与方法来探讨人之为人的道理何在。顺着这个逻辑，不论你是考古学家、民族学家、人骨学家或语言学家，其实最后都是人类学家。我们不仅这样告诉学生，自己也深信不疑。我转换工作跑道时就是这样想的，我只是跟着自己的人类学兴趣走。

那天晚上，我和一位考古学家朋友吃饭，席间聊到路易斯·阿尔韦托·乌雷亚（Luis Alberto Urrea）的那本《魔鬼公路》（*The Devil's Highway*）。[1] 作者在书里动人描绘了 2001 年死于尤马区的十四名边境穿越者的悲惨遭遇。当时我已经决定研究迁移者，只是主题还很松散，因此便把那本书列进学期书单，想着或许能有些灵感。朋友说："我跟你说，我们在亚利桑那沙漠做考古调查的时候，经常看到迁移者留下的东西，有一回还捡到一个背包，里面有一封西班牙文情书，真是令人鼻酸。"说完

---

[1] Urrea 2004.

她还开玩笑："搞不好有哪个怪咖决定考古一番，研究那些东西咧。"一个月后，我人已经在荒凉的图森南部，目瞪口呆看着堆得奇高无比的空水瓶和被扔掉的衣服了。

2009 年，我开始进行**无证迁移计划**（Undocumented Migration Project, UMP）。我的目标并不大，只是想验证一个想法：要了解边境穿越者的技术演进和秘密迁移（clandestine migration）背后的经济体系，考古学可以是个很有用的工具。但我很快就意识到这些现象还涉及其他问题，而考古学只是我求得答案能使用的众多工具之一。我在草拟阶段先得出了一个结论，就是虽然民众和学界对这个议题很感兴趣，却几乎没有学者或记者尝试仔细描述非法迁移者涉及的实际迁移行动本身。近来讲述边境穿越的第一手报道大多出自哗众取宠的记者奇想，这些记者到边境找几个你说什么他就信什么的墨西哥人，然后像影子般紧跟着他们往北方（El Norte）走。他们裤子的后口袋里塞着护照，有恃无恐地追着迁移者的屁股跑过沙漠，写出来的东西在我看来大有问题，充其量只是满足美国消费者的"我也来冒险系列"而已。[1] 因此，无证迁移计划的目标之一就是针对迁移过程收集扎实的资料，以提供现有文献之外的另一种叙事。

---

[1] 若想阅读比较有实感的边境穿越故事，我推荐乌雷亚的小说《魔鬼公路》（2004）和弗格森（Kathryn Ferguson）等人合著的《与圣母同行》（*Crossing with the Virgin*, 2010）。至于中美洲迁移者穿越墨西哥的故事，记者马丁内斯（Oscar Martínez）的《野兽》（*The Beast*）是非常出色的报道作品。

记录无证

由于无证迁移总是暗中进行，而且非法，学界观察往往隔靴搔痒这点也就不令人意外了。例如查维斯（Leo Chavez）的《暗处人生》（*Shadowed Lives*）和施佩纳（David Spener）的《偷渡》（*Clandestine Crossings*）是两本极为出色的作品，对边境穿越有不少细致的洞察。但两人的研究在我看来都有局限，不是资料多半来自事后收集，[1]就是所有描述几乎都从访谈而来，施佩纳本人也指出了这个问题。[2]但话说回来，我同样不认为被民族志研究视为方法论基石的参与观察（participant observation）是了解这类迁移的恰当工具。

医疗人类学家霍姆斯（Seth Holmes）在近作《新鲜水果与破烂尸体》（*Fresh Fruit, Broken Bodies*）开头提到他和一群特里基人（Triqui）偷偷摸摸穿越索诺拉沙漠的经过，他是在华盛顿州西北部一座农场做研究时认识这群原住民的。[3]霍姆斯在书里写道，他会和这群对话者一起穿越边界，是因为"我刚做田野不久就了解到一件事，想对苦难、暴力和迁移进行民族志研究，就非得亲身造访对于拉美迁移者无比重要的苦难现场"。[4]

---

[1] 不过，查维斯确实亲自在蒂华纳足球场收集了一些观察资料（1998:45—52）。亦可参考另一位查维斯（Sergio Chavez）针对经由官方口岸入境的无证劳工所做的精彩民族志研究（2011）。

[2] Spener 2009:169.

[3] Holmes 2013. 特里基族是来自墨西哥瓦哈卡市米斯特克（Mixteca）山区的原住民。

[4] Holmes 2013:9.

虽然我能明白他渴望更了解自己研究的无证农工，贴身观察他们生活里的一个关键面向，但我始终对这类民族志研究感到不自在。

五年研究期间，我在诺加莱斯遇到不少人邀我一起穿越沙漠，但基于一些理由，我都婉拒了。首先，我一直相信和我穿越边境只会让我的同路人增加无谓的风险，而且这样做就算不会拉大我（大学教授）和信任我、向我分享个人遭遇的劳工迁移者之间的上下关系，也会巩固尊卑之别。让对话者身陷危险，而我却有公民身份作为后盾，这样的研究设定（research scenario）和我服膺的人类学并不相合。其次，虽然这点在我看来没那么重要，但美国公民从非官方口岸穿越边界是"入境未经检查"，属于违法行为，尽管只是民事违法，却可能妨碍我就业和申请联邦经费。而且一旦我选择这个做法，结果出事了，本来就常对这类研究落井下石的右翼媒体肯定会这样起标题："墨西哥裔教授协助不法者穿越沙漠，且用国家科学基金会的公款买单。"[1]

霍姆斯尝试"目击"偷渡过程，我认为这其中还有一个问题没有人提及，那就是他的亲身参与其实很具干扰性，以致整段经历不可能"正常"。[2]霍姆斯本人也提到，他和一群迁移者处

---

[1] 美国福克斯新闻网 2012 年报道无证迁移计划时用了一张库存照片，两名蒙面边境巡逻队员驾驶越野警务车，车头捆了大包大麻。照片说明为"人类学家记录无证迁移者入境美国的艰辛过程，并沿路收集他们扔弃的鞋子和背包等物品"，见 EFE 2012。

[2] 见 Annerino 2009; Connover 1987。

在一起除了让人口贩子很紧张，贝他组织也会区别对待他，导致同行的迁移者会问他能不能开车载他们到菲尼克斯，以通过边境巡逻队的检查哨。[1]此外，这些特里基人也很清楚，要是这位"老外"同伴出了什么事，他们就惨了。[2]我们不难想象，如果一名美国研究生跟着一群无证迁移者穿越沙漠结果丧了命，媒体会怎样添油加醋。基本上，不论霍姆斯愿意与否，只要他想观察偷渡过程，他就会成为同行者的关注焦点与负担。摄影记者安纳里诺（John Annerino）对此也有亲身体会。他在横越尤马区时生了病，结果害得他的拍摄对象，也就是那群墨西哥边境穿越者被迫分心照顾他。[3]虽然拥有公民身份也敌不过响尾蛇和中暑，但这些"有证"观察者永远不必担心自己会被"郊狼"在沙漠里丢下，或被边境巡逻队的警棍式手电筒打成脑震荡。

虽然跟迁移者同行立意良善，但这些人类学家和记者有权进入美国，就算被捕也一定会获释。霍姆斯描述他穿越边境的经历时，常提到他有律师可以求援，而身为一个研究迁移者的学者更是确保他一定能免于牢狱之灾。虽然他被拘留时不能用电话，上厕所也没有卫生纸，却可以单独拘禁，并且得到执法人员的特别

---

[1] Holmes 2013:14–17.
[2] "老外"一词在此和种族歧视无关，只是在这类研究中，种族似乎是房间里的大象。我用这个词是为了凸显霍姆斯是美国人。墨西哥人通常把所有美国公民都叫作老外，连拉丁裔美国人也不例外。
[3] Annerino 2009:54–58.

对待，这些凸显了他的在场对所有相关人等是多么反常。边境巡逻队威胁用非法入境的罪名起诉他，但事后证明这是他们惯用的恫吓伎俩，跟他是否为公民无关。到头来，人类学家只是被边境巡逻队警告了事，但他那些无名伙伴却全被处理掉并遣送出境。[1]

最后，我始终觉得这种参与观察很有问题，因为焦点往往落在写作者的个人感受上，[2]却不一定能让人深入了解拉丁裔边境穿越者所承受的恐惧与暴力。霍姆斯形容自己感觉"像一头被捕猎的兔子任人宰割"，但同行伙伴的声音不是被隐去，就是仿佛不存在。[3]不仅如此，记录事件经过的三张照片里，有两张将霍姆斯摆在正中央，图说也写成"作者和特里基人在边境沙漠合照"。我们只看到喜笑颜开的人类学家，读到他遭受的苦痛，其余伙伴统统沦为无名无姓的无证边境穿越者。因此，尽管我认为该书很有价值，霍姆斯揭露了原住民农工遭遇的暴行与种族歧视，但作为民族学家，我们必须对参与观察法的使用情境更严谨，描述亲眼目睹的他人创伤时也要更加斟酌。基于这点，我的秘密迁移研究努力不把边境穿越者描绘成浪迹沙漠的无名影子，而是有血有肉、时时在那片土地求生或死去的人，他们的声音与经验比什么都重要。

---

[1] Holmes 2013:25.
[2] Martinez（2013）是个例外。这部作品以记者的眼光出色描绘了中美洲迁移者穿越墨西哥的经历。
[3] Holmes 2013:19.

辛格（Audrey Singer）和马西（Douglas Massey）的作品给了我许多启发。他们指出无证迁移并不像大众媒体渲染的那样，是个乱无章法的事件，而是一个"定义明确的**社会过程**（social process），迁移者在过程中动用各种人力与社会资本以克服美国当局设立的重重障碍"。[1] 无证迁移计划一直意在提高这个社会过程的民族志数据分辨率，同时避免直接观察非法秘密活动所可能衍生的问题。因此，这些年来我不画地自限，从人类学工具箱借用了各种方法与理论。各位很快就会发现，本书涉及人类学四大领域，也就是民族志、考古学、鉴识科学和语言学，好让我们更了解无证沙漠迁移这个社会过程。从许多方面来说，这项计划都是在挑战成见，从全观式人类学（holistic anthropology）的可能性到它如何应用在政治动荡场域都是如此。

倘若各位觉得我有时措辞尖刻，不是标准的学术语言，甚至不加翻译直接引用墨西哥俚语，那是因为我想呈现对话者的直率、嘲讽与幽默，以及他们所处环境的那种恶劣；而且不论就个人或大众来说，我都看不出在我试图从人类学的角度掌握偷渡迁移过程中无所不在的混乱、暴力与悲喜交织时，"淡化"（tone down）我的所见所闻与所感有什么好处。和许多研究拉丁裔无证迁移的学者前辈一样，我也希望打破往往太过"无害"的人类学论述语言，以及相关的地理、文化、政治与经济框架，[2] 进而

---

[1] Singer and Massey 1998:562.
[2] Anzaldúa 2007; Limón 1994; J. D. Saldívar 1997; R. Saldívar 1990, 2006; Paredes 1958.

证明游走在"主流论述与边缘论述"的边界之间，是多么有助于催生新的知识和文化理解形式。[1]

————————

我一开始研究这群流动人口就发现，必须采取多重场域的民族志研究策略，才能捕捉迁移过程的各种因素。[2]这些年来，我在各州、各国和各大陆追着人跑。我在 2013 年造访厄瓜多尔十天，访谈了几十人，2013 年至 2014 年数次短暂停留纽约，还打了二十几通国内、国际和视频电话，但书里绝大多数的民族志、鉴识科学（第三章）和考古资料（第七章）都是在墨西哥边境的诺加莱斯和北部的阿尔塔（Altar），以及诺加莱斯和萨萨比（Sasabe）之间的图森区沙漠收集到的。[3]2009 年至 2013 年，

————————

[1] J. D. Saldívar 1997: xiii，引用福柯。

[2] Marcus 1998:3–132.

[3] 图森区涵盖 420 千米的美墨边界，面积大约 234400 平方千米，地理环境多样，包括山脉和谷地，其中部分属于联邦保护区（例如布宜诺斯艾利斯野生动物保护区和科罗拉多国家森林）和州有土地。图森区又细分成八个分区（station）。我们的调查区域主要集中在诺加莱斯和图森两个分区。根据边境巡逻队的描述，诺加莱斯分区为"高地沙漠地形，从崎岖高山、绵延丘陵到深谷都有"，其中涵盖 48 千米的边界，总面积将近 4660 平方千米。图森分区"地形从旷谷到崎岖山脉都有，并且……有数种沙漠植被"，其中涵盖 38 千米的边界，面积将近 9820 平方千米（GAO 2012:54）。我们的调查区域以图森区西部，诺加莱斯和萨萨比两个边界口岸间的走廊地带为主，西起巴博基瓦里山脉丘陵区，这里也是托荷诺奥丹保留地的边界，北抵三点镇（Three Points），东至 19 号州际公路，并往北延伸到绿谷镇（Green Valley）的南缘。这个走廊地带面积约 2800 平方千米，我们的调查区域约 86.78 平方千米，跨越圣克鲁斯（Santa Cruz）和皮马县的交界。

因为研究面积辽阔，加上有些地段难以到达，无法进行大范围调查，所以我们决定根据地形、距离边界远近和询问迁移者之前从哪里穿越边境的结果，改为系统化的取样调查。虽然实际调查区域比走廊地带的（转下页）

我访谈了数百位正在迁移过程中的男女，年龄在十八岁到七十五岁之间，[1]谈话地点包括公交车站、街角、餐厅、酒吧、人道主义收容所、墓园，还有其他边境穿越者出没的地方。访谈对象大多数是墨西哥人，但也有中美洲人。我和他们的互动通常是非结构式的访谈，因此我会视情况做笔记、使用数字录音笔，或两者都用。[2]有时我会给对话者看沙漠和其他迁移相关事物的照片，请他们发表看法。[3]此外，我还花了大量时间观察图森的遣送作业，在边境巡逻队的陪同下参观政府设施，并实际踏上迁移者穿越沙漠的小径。[4]

绝大多数访谈我都以西班牙语进行，然后译成英文，只保留部分用语以原文呈现，凸显说话风格。由于一般人讲话通常漫无边际，不时兜圈子，或因为故事复杂而讲得没有条理，有时我会

（接上页）总面积小得多，但我们使用的取样策略仍然足以记录到边境穿越过程的不同阶段、相关地点与对象，参见 Gokee and De León 2014。我们的研究基地设在亚利桑那的阿里瓦卡（Arivaca）非建制小镇。之所以选择这个走廊地带，是因为那里是从阿尔塔、萨萨比和诺加莱斯出发的迁移者的主要穿越点，比较容易找出我们在墨西哥城镇收集到的民族志资料和在亚利桑那收集到的考古资料的相关性。

接下来几章，我会提到无证迁移计划调查区域的一些地理和环境特点。这些因素对于想在该区域活动的人很有吓阻作用。不过，这些描述大部分也适用于整个索诺拉沙漠。

[1] 2013 年夏天，无证迁移计划的其他研究人员还在诺加莱斯和阿尔塔进行了四十五次访谈。

[2] 2013 年进行的四十五次访谈为半结构式访谈。

[3] 有关这个方法的讨论，见 De León and Cohen 2005。

[4] 考古调查由学生和博士后研究员共同完成，属于田野研究中心（Institute for Field Research）多年制田野实习计划的一部分。

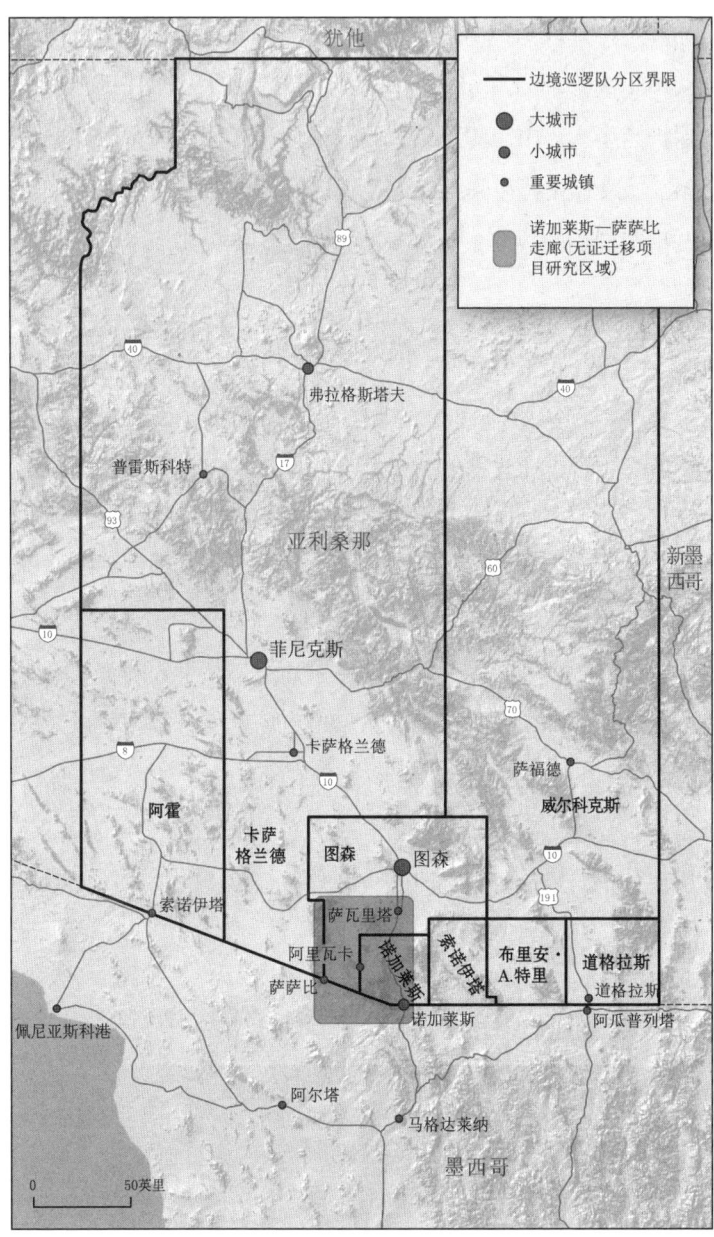

无证迁移计划研究范围及图森区边境巡逻队派出所。改绘自高基制作的地图

略加编辑，在保证叙事流畅的前提下，去除冗赘的部分。[1]但我改动得很少，而且非常谨慎，尽可能忠于对话者的口吻与原意。为保护当事人，书里提到的人物一律使用化名，并更改部分个人资料，[2]只有死者和失踪者使用真名，因为他们的家人希望"真实"呈现他们的故事，以确保离去的人不被遗忘。

描写暴力

暴力是本书的首要主题：暴力如何在沙漠里被建构出来，从中得利者如何看待暴力的效益，受害者又如何体认其毁灭性。无证迁移者一方面深受美国经济的吸引，一方面又受到美国移民查缉措施的重击，一般可以称这样的遭遇为结构暴力。[3]这种暴力是间接的，因为它是联邦政策的后果，不是某个人的错。没有人为此负责。此外，这种暴力通常不是当场发生，往往被视为出于"自然"因素，以致很容易遭到州政府否认，被沙漠环境抹去痕迹。[4]本书对结构暴力的分析与切入的视角大小，会依据脉络、时机和分析目的而异，有时探讨联邦执法单位的论述和大型基础

[1] 内容编辑还包括将同一人的数次访谈汇整成一则故事。偶尔我会补上遗漏的字词让句子完整，并删去和主题无关的部分以保证叙事流畅，参见 Bourgois 1995:341n20 对编辑的说明。

[2] 有证或无证迁移者通常都希望用真名，因此听到我会用化名保护当事人都很失望。但书里提到的主要人物，他们的化名大多是自己取的。

[3] Galtung 1969 和 Farmer 2004。特别针对结构暴力与移民查缉的讨论，见 Nevins 2005 和 Spener 2009。

[4] 见 De León, Gokee, and Schubert 2015。

建设，有时则是赤裸披露政策承受者的切身感受。

这样做是为了近距离呈现暴力的面貌，避免"洗白"暴力，同时也是为了提供齐泽克所谓的"侧面瞥视"（sideways glance），好让我们用新的角度思考边境穿越和伴随而来习以为常的（routinized）痛苦与煎熬。[1]理论上，这样的做法得益于两个主要论点。首先，人以外的事物（如沙漠）在过程中扮演重要角色（见第二章），因此应该将其视为边境巡逻队查缉策略的关键因素。其次，迁移者在沙漠的死亡方式反映出他们在政治上任人摆布，而为他们的**尸体作传**（postmortem biography）有助于我们洞察其影响触及另一个半球的创伤如何产生。

呈现暴力并不容易，我在撰写本书期间无时无刻不强烈感受到这一点。我时常在夜里为了书里描述是否太过血腥、太不顾及他人感受而担忧。不可否认，本书主要采取男性的视角。身为拉丁裔学者，我接触到的男性远多于女性，至少在墨西哥北方边境进行民族志研究时是如此。基于我会在书中陆续提到的各种原因，男性比女性更容易成为访谈对象，以致我对边境穿越暴力这件事最熟悉的也是他们的看法。这表示我对女性遭受性暴力的认识大多来自男性目击者的陈述。[2]有学者估计，从墨西哥北部进入美国的女性无证迁移者有九成遭受过性侵，[3]也就是说，还有

---

[1] Žižek 2008.

[2] Ruiz Marrujo 2009.

[3] 男性在迁移过程中也会遭到性侵，但我的对话者都没提到自己有此遭遇。由于鸡奸被视为耻辱，不难想象它是个禁忌话题，就算偶尔有男性提起，也都是以传闻的形式提到有匪徒会强暴试图阻止他们欺凌女性的男性。

许多创伤经验不曾被说出口。[1] 在非常偶然的状况下，我会瞥见女性遭受性侵留下的实体迹证，例如刚被遣返者的黑眼圈或手腕瘀青，也有五六回目睹女性迁移者全身僵直或处于极度受惊吓的状态，怎么安抚都无法恢复。但这些只是性侵留下外部痕迹的极少数例子。不论是什么造成了那些瘀青或创伤，我都因为道德、方法论和性别的限制而无从得知。[2] 不过，我还是尽可能将女性迁移者经历的性暴力放入书中。

虽然本书随处可见女性的踪影，但有时她们只透过男性而被看见。这点在本书第二部分《在路上》尤其明显。然而，我的用意并不是将女性变成"展示给男性注视与欣赏的图像"，[3] 而只是想强调，由于被逮捕的边境穿越者绝大多数（2012年为86.5%）[4] 为十八岁到四十岁的男性，以致我最熟悉的是他们的观点。我在书里不少地方以男性视角为框架，主要是为了阐明在这个研究脉络下，男性视角非但不该被直接贬为父权或色情的，反而可以凸显女性边境穿越者的力量与经验，以及书中收录的叙事多大程度反映出男性"面对女性时的认同、同情与脆弱"。[5] 我希望我的行文方式和书里呈现的各个视角最终能真实反映暴力又维持所有人的尊严，在两者间达成平衡。

最后，为了让我对暴力的文字叙述更丰满，我决定冒险在书

[1] Ruiz Marrujo 2009:31.
[2] 移民文献仍旧极少提到边境穿越者的性侵遭遇。
[3] Mulvey 1975.
[4] Simaski and Sapp 2013: table 10.
[5] Snow 1989:31.

中加入人在各种脆弱不安状态下的照片。我之所以这样做，是受到近十年来兴起的摄影民族志风潮的影响，[1]尤其是布尔古瓦（Philippe Bourgois）和舍恩伯格（Jeffrey Schonberg）合著的《自以为是的毒鬼》（*Righteous Dopefiend*）及霍夫曼（Danny Hoffman）的《战争机器》（*The War Machines*）。这两部作品以敏锐的手法将难以直视的影像和对暴力的犀利分析搭配在一起。[2]打从研究计划一开始我就知道，光凭文字无法捕捉到迁移者在过程中经历的暴力、苦痛和胜利的复杂性、情绪与真貌。唯有听见他们的声音并且看见他们的脸，才能感受到他们是活生生的人。过去这几年有不少生活在美国的无证迁移者勇敢站出来，说出他们的故事。[3]你接下来会读到的那些人也是如此。他们也想被听见、被看到。因此，我在书里收录了边境穿越者在路程中拍摄的照片，还有触目惊心的伤者与死者照。或许，唯有将这一大群我们称为无证者的人还原为"人"，我们才能开始认真讨论如何解决美国千疮百孔的移民制度。

虽然书里有些照片是我本人或迁移者拍的，但绝大部分还是出自和我长期合作的好友韦尔斯之手。迈克尔·韦尔斯（大家总是叫他全名）从研究一开始就参与其中，和我一起走过沙漠、待在墨西哥的收容所、到纽约做访谈、去厄瓜多尔造访迁移者的家人，共同度过了无数时光。他虽然不是人类学家，但在我看来，

---

[1] 可参见 Biehl 2005 和 Wright 2013。
[2] Bourgois and Schonberg 2009; Hoffman 2011.
[3] 例如普利策奖得主瓦尔加斯（Jose Antonio Vargas）和数名在校的社运分子最近都公开"自曝"他们是无证移民。

他的摄影具有敏锐的民族志色彩，不仅捕捉到了稍纵即逝的人性幽微，还记下了迁移者穿越的多重世界的纤小细节。我在书里将韦尔斯和其他人拍摄的照片搭配上人类学的镜头（如迁移者叙事、考古类型学和鉴识描述），只因为我深深相信，融合文字与照片的长期人类学研究"在分析上、政治上和审美上都是一加一大于二的"。[1]

本书许多影像中都出现了人脸。亲身经历被我收录于书中的人，绝大多数都知道并同意我这样做。无证迁移者希望你把他们当人看，希望你看到他们经历了什么，还有迁移的过程对他们生命造成的影响。我有一次问克里斯蒂安（你会在第九章见到他）要不要我把他的脸打马赛克，能不能将他弟媳的照片放进书里。他告诉我："我要你放那些能真实呈现我们的照片。这样更好，大家才能看到发生了什么事。看到真实。这样大家就会相信正在发生的事，就会知道这是真的。很多人认为这一切都是假的，这些事根本没发生。"或许，书里接下来的照片和文字能帮助那些人，那些从来没有想过一个人要多么走投无路才会踏进沙漠、而身旁亲友被这个过程夺去性命又是多么痛心的人，让他们离"真实"稍微近一点点。

[1] Schonberg and Bourgois 2002:389.

第一部分　恶地

西望巴博基瓦里山脉（迈克尔·韦尔斯摄）

威慑预防

犯罪现场笔记

傍晚开车到亚利桑那阿里瓦卡小镇外的丘陵区往西看，就会看见金黄的太阳悄悄落到巴博基瓦里山后，逐渐消逝的阳光让远方的峰峦与谷地看上去就像黑色卡纸剪出来的图案，跟老西部电影使用的剪影背景一模一样。有一小时左右，这片背光的荒凉大地微微发亮，宛如被人缓缓淋上了琥珀汁液一般。索诺拉沙漠的夕阳美景就是这样令人赞叹，让你不由得相信大自然的美善，暂时忘了这片荒土对那些炎夏时分受困其中的人们是多么无情与残酷。此刻我正想象那样的夕阳，想象自己把手伸进装满冰凉啤酒的冰桶里。我可以感觉傍晚的微风拂过脸庞。7月的三伏天待在沙漠里，你的脑袋就会开始玩想象的游戏。

挪威探险家鲁姆霍尔特（Carl Lumholtz）曾经形容索诺拉沙漠的夏日高温，就像"走在大火之间"。[1]谁说的？我感觉现在根本是直接踩在火上。虽然我戴了宽边牛仔帽当保护，两边脸颊

[1] Lumholtz 1990:337.

还是没几分钟就晒伤了，只要抬头或仰望无垠的蓝天，太阳穴、脸颊和其他被晒到的地方就开始冒小水泡。我尽量低着头走，除非得闪躲牧豆树或小径突然往左或往右急转，而且眼睛最好看着地上，免得踩到正在做日光浴的响尾蛇或踢到大石头扭伤了脚。

我迈步向前，汗珠从脸上滑落，在地上留下一道水痕，几秒钟就蒸散不见。我的衣服却正好相反，整个湿透了。我发现自己不时颤抖，开始头晕，身体拼了命想搞懂这片炼狱。我身上那个要价过高的背包开始发烫，背包里的水瓶也是。换句话说，从现在开始，我只要喝水止渴就等于是在灌热汤。气温一下就超过了38 ℃，而现在才早上十点。我的夕阳和冰啤酒幻想开始失效了。我和韦尔斯正跟着我的多年好友鲍勃·基（Bob Kee）[1]穿越图马卡科里山区，他是南亚利桑那人道组织"图森撒马利亚人"成员，长年往来这些小径，除了放置食物和饮水给不知影踪的边境穿越者，偶尔还得急救被抛弃的迁移者。

这条小径很不好走，遍地锐利的岩石和张牙舞爪的牧豆树，每根枝干似乎都对准你的眼睛而来。我们快步前行，基带队通常就是这样。他比我们年长近三十岁，却健步如飞，把我们累得七荤八素，差点跟不上。我和韦尔斯在后头苦苦追赶，咱们的荒野禅师却好像从来不会流汗、抱怨或放慢步伐。他每一次转弯似乎都通向另一次陡坡爬升，我敢说他故意挑最难爬的路线，好让被他带进沙漠的人知道，这片环境对迁移者和其他斗胆顶着炎炎夏日前来的登山客有多可怕。"就快到了，我保证。"基说。我勉强

---

[1] 非化名。

挤出笑容，因为他之前这样说都只是为了让我感觉好过一点，不是实话。"快到了"是委婉的说法，意思是"还有 6 千米以上"。但这天他口吻变了，不再是平常轻松快活的他。他不再开玩笑，例如问我要不要让他背，很显然他认定自己有任务在身。我们绕过一个弯后停了下来。他平静说道："我就是在这里发现那个人的。警局派人来把我们找到的东西都收走，但当时天快黑了，我们没有太多时间搜索整个区域，找到的多半是手骨、腿骨和衣服碎片。我想把头颅找到，这样比较好追查死者身份。我敢说这里还有骨头。"

几周前，基在这一带看见一位边境穿越者已经散掉了的部分骸骨。那是他一个月之内碰见的第二位死者。他打电话报警，警局派了两名警探过来将找到的骸骨取走。基说他们只在附近转了五分钟就准备走人了，因为天气热得要命，两位警探没有准备也没心情进行大规模搜索，更何况寻找"偷渡客"的骸骨从来不是执法单位的优先要务。现在我们三个重新回到这一带，准备寻找那个曾经活着的人的其余尸骨。

基没有说错。那里还有骸骨，只是警探忽略了，但我们找了很大范围才找到，因为骸骨散得到处都是。我们往下坡走，看见一段手臂卡在两块岩石之间。除了连接骨头的肌腱还在，其余的皮肉都被不知道哪种生物给啃干净了。小径再往前一点，我看见红土坡上有几块白色斑点非常显眼，很像有人掉了一盒粉笔。我凑近一看，发现那些是人骨碎片，大部分是被阳光晒白的肋骨残骸，已经被某个动物弄断啃过了。我瞥见小径旁的石头上有一颗完整的牙齿，心底燃起一丝希望，心想头骨或许就在附近。

人齿，2011 年图马卡科里山区（迈克尔·韦尔斯摄）

于是我们开始焦急寻找那人的头颅。我们翻动岩石，戳弄地下巢穴，伸长擦伤流血的双手在厚树丛里盲目摸索，希望找到被动物藏起来或大雨冲散的骸骨。虽然天气热得让人没力，我们还是拼命搜索。就这样奋斗了四十五分钟，我们放弃了。没有头骨，也没有其他的牙齿，但我们确实在一处骸骨旁发现一双破烂的登山鞋。头骨到底去哪里了？我开始想象可能的经过，脑中闪现蒙太奇画面：一群秃鹰笑着啄出那人的眼球；两只郊狼像踢球一样用脚猛踢那人的头颅，想从枕骨大孔弄出点脑髓吃。这种时候你真的会讨厌人有想象力。在沙漠失去过亲友的人都会告诉你，不知道亲友发生了什么，加上脑中浮现的各种可怕场景，真的会把人逼疯。

基收集散落的骸骨,韦尔斯开始拍照。断臂装进黑色垃圾袋,肋骨和牙齿则是进了封口袋。基潦草记下 GPS 位置。之后他会将骸骨送到警局去,然后被骂"破坏犯罪现场"。讽刺的是警察自己明明来过,基只是捡拾警察草草搜索遗漏的骸骨而已。事实上,这里虽然是犯罪现场,却没有几个人真的在乎或想知道发生了什么。对许多美国人来说,这个遗体被啃得连性别都无从得知的人就只是个"偷渡客",违反美国法律而沦至此下场的非公民。其中不少人更认为,只要一直用"偷渡客"称呼这些人,就能不谈他们的本名,不用想象他们的面孔。美国就算是个移民国家,也是很久以前的事了。如今有太多人患了历史失忆症,将过去的"高贵"欧洲移民和现在的拉丁裔边境穿越者视为完全不同的两种人。他们一下就忘了美国曾经多么暴力地对待爱尔兰、中国和其他新抵达的移民族群。和过去移民遭受的苦难相隔久远有个好处,就是如今有许多美国人根本不介意将国籍摆在人命之前。光是瞄一眼网民对最近一则名为"非法移民人数减少,边境穿越死亡人数增加"[1]报道的评论,就能看出极端反移民人士对迁移者死亡的看法:

> 我没有谴责死者的意思,我也认为让人死于痛苦很残忍,但从某方面来说,这样或许比较好?我的意思是,毕竟有些人就是因为家乡什么都没有才会铤而走险,死在路上至少不会

---

[1] Moreno 2012.

再受苦。[1]

既然美国什么都会附说明，而且光有告示并无法……吓阻人
们非法进入美国，那我们何不……将那些晒干的尸体挂在迁
移者穿越边境的地方，然后附上说明："或许两天后你也会
变成这样"?[2]

网络上几乎所有关于迁移者死亡的报道都会见到这类评论，
让人还以为自己读到的是讽刺刊物《洋葱报》(*The Onion*) 的《美
国之音》专栏呢。我们往往只将这些响应看成极端的仇恨言论，
但这种藐视无证者性命、认为应该用尸体来吓阻迁移者的想法，
却是美国联邦政府目前边境治安政策的基本要素。

不过，在我们寻找遗骸的此刻，这些其实都无所谓了。因为
沙漠已经开始抹去这个人的痕迹，还有他或她曾经历的暴力与惊
恐。整件事还没来得及为人所知，就已经被人遗忘。

骨粉：被迫成为裸命

许多边境研究者都受到哲学家阿甘本著作的影响。他对主
权、法律和个人权利的探讨，启发了研究者对国与国之间那片物
理空间如何左右公民、非公民和政府权力的建构的理解。[3] 而他

---

[1] Moreno 2012.
[2] Oscar329, 8/18/2012，引自 Moreno 2012。
[3] Agamben 1998, 2005. 受到阿甘本启发的边境研究实例，参见 Doty 2011、
Jones 2009 和 Salter 2008。

提出的"例外状态"的概念，也就是当局宣布国家进入紧急状态，以搁置个体受到的法律保障，加强政府对个体的权力，对于研究民族国家**边陲**（margin）更是重要，因为正是在这些边陲地带，主权和国家安全的紧张关系不仅有明确的发生地址，而且每日上演，清楚可见。[1]如同阿甘本对集中营的分析，边境的空间构成往往让一块不在正常状态与道德律法之内的空间得以存在。边境成了"例外之地"，成了一个人进去后就被剥夺个人权利和法律保障的物理和政治所在。尸体被野生动物吃掉便是美国联邦移民政策在索诺拉沙漠造成的许多"例外"之一。[2]

多蒂（Roxanne Doty）指出，美墨边境是标准的例外空间，那些想未经许可进入美国的人常被迫成为**裸命**（bare life），也就是死亡几乎不会造成任何影响的个体，因为美国的边境政策不承认未经允许的迁移者的权利，[3]并且让这些非公民暴露在政府建构的地缘政治空间中，借由苦难和死亡来吓阻他们迁移。[4]认为边境穿越者的性命无关紧要这种看法不仅反映在联邦移民查缉单位对待他们的方式里，也充斥在普遍的反移民论述中，前面提到的网络评论便是一例。而索诺拉沙漠地处偏远，渺无人烟，很少出现在美国民众的视野内，更有助于这种将人"非人化"的做法。在这个空间里，可以用放到其他环境中几乎都会被视为暴力、残忍和荒谬的方式维护治安。你只要想一下，如果拉丁裔无

---

[1] Jones 2009.

[2] 亦可参见 De León, Gokee, and Schubert 2015。

[3] Doty 2011.

[4] Cornelius 2001; Nevins 2005.

证者的腐烂尸体不是出现在索诺拉沙漠，而是出现在某个高尔夫球场的第九洞旁，或附近的麦当劳停车场堆着被晒白的头骨，就会明白这个道理。

沙漠与世隔绝，再加上民众认为边境是法外之地，让政府得以名正言顺使用非常手段控制和排除"不文明"的非公民。执法者在那里"可以搁置司法命令的控制与保证，例外状态的暴力被看成是为'文明'服务"。[1] 主权权力将迁移者塑造成需要用暴力处置的被排除者，同时剥夺他们抵抗或抗议的能力。环境成为一种威慑，执法者可以"尽情利用沙漠的野性（raw physicality），并以之掩盖社会与政治权力的运作"。[2] 你只要鼓起勇气踏进这个骇人的地缘政治空间，就会看到美国的内在监视（internal surveillant gaze）如何运作，[3] 并了解为何这一区的地图应该标上"怪物出没"（Here be monsters）。

正当我们准备离开死亡现场时，我发现地上有东西，便蹲下捡了起来。那是一块比我指甲还小的骨头，而且立刻就碎了。我正想递给基，不料忽然来了一阵风，将粉末吹掉一大半，于是我赶紧将手指上剩下的残渣聚拢，倒进封口袋。但这只是白费工夫。对于骨粉，鉴识科学家能做的非常有限。那人很可能就此被归档进皮马县法医室迁移者死亡数据库："姓名：不详。年龄：不详。国籍：不详。死因：尚待确定（骨骸部分遗留）。"那人的身份和大部分尸体都被沙漠吞噬了，而且没有目击者。一条裸

---

[1] Mbembe 2003:24.

[2] Doty 2011:607.

[3] Salter 2008:369.

命就只剩下鞋子、几块骨头和"不详"。

———————

我常想到那一天，原因有两个。首先，我们知道那人的死亡和他或她存在痕迹的消失一点也不特别。从 2000 年 10 月到 2014 年 9 月，光是亚利桑那南部就找到 2721 名边境穿越者的尸体，[1]其中近 800 人至今依然身份不明。[2]其次，沙漠里的那一刻完美展现了目前美国边境查缉政策的结构、逻辑和对人体的冲击。我是在 2012 年春天造访诺加莱斯的胡安·博斯科（Juan Bosco）移民收容所时（见第五章）彻底理解了这一点。这个非营利组织的灰泥墙上总是贴满墨西哥政府警告沙漠风险的亮面传单、"人道边界"组织制作的超大幅边境穿越者死亡位置图，还有家属张贴的失踪迁移者海报。但要到 2012 年，我才头一回看见男厕墙上出现一张美国国土安全部制作的小标语。标语用西班牙文写道："下回再没有证件穿越边境，就会成为沙漠的牺牲者。"标语旁边还很可笑地画了一棵卡通的巨人柱仙人掌。

那么拙劣的沙漠图案让我笑了出来，却也让我想起只在墨西哥的收容所看到过那么几次美国政府制作的警告标语。不过，更有意思的是这则标语将沙漠拟人化，将之比喻成锁定迁移者的施

———————

[1] 数据来自人权联盟（Coalición de Derechos Humanos）的"边境死者与遗体搜寻计划"（Deaths on the Border and the Recovered Remains Project）：http://derechoshumanosaz.net/projects/arizona-recovered-bodies-project。
[2] Reineke 2013.

暴者，[1]而且很取巧地绝口不提美国联邦边境查缉政策和那片恶土之间的战术关联。然而，只要将这个公共服务标语放到历史里检视，就能看穿"威慑预防"这个自 1990 年代便开始刻意将迁移者引导至那片沙漠的策略结构，同时看出美国边境巡逻队是多么狡猾地征召大自然成为执法者，并且在迁移者死于沙漠之手时可以严词否认自己负有责任。接下来，我将简要介绍威慑预防策略的历史与逻辑，并点出边境查缉政策与迁移者所遭受的苦难和死亡之间的关联，进而在本书其余篇幅里详细探讨这个关联。

眼不见为净

1993 年 7 月，美国移民及归化局[2]任命墨西哥与美国边境巡逻队员雷耶斯（Silvestre Reyes）为埃尔帕索区队长。雷耶斯会得到拔擢，是因为当时边境巡逻队在该地区陷入危机，面临一连串官司和违反人权的指控。民众的不满主要有两个，一是合法居留的拉丁裔人士受到不当的**种族定性**（racial profiling），二是持续追捕无证边境穿越者的做法危险又过当。[3]住在边境一带的埃尔帕索居民大多数是拉丁裔，这让边巡的不靠问话很难判断谁是"偷渡的"。当地居民受够了每天出门办事都会被执法人

---

[1] 标语还警告迁移者很可能"成为有组织犯罪的牺牲者"。这种说法和美国联邦政府面对迁移过程造成的死伤时的其他卸责之词很像，例如是沙漠、人口贩子或迁移者自己的错。本书接下来还会提到很多。

[2] 引言的注释中谈到了移民及归化局和国土安全部的关系。

[3] Dunn 2009:21-22.

员拦下查验公民身份。面对他们的抱怨连连，雷耶斯想出了一个极端的全新策略，彻底改写了美国的边境治安作为。邓恩这样描述雷耶斯 1993 年 9 月 19 日展开的"封锁行动"（Operation Blockade）：

> 行动重点是展示强势警力，吓阻从华雷斯到埃尔帕索这段核心城区未经允许的边境穿越行为……包括在格兰德河两岸及邻近堤岸配置 400 名边境巡逻队员（该区的巡逻队员总数为 650 人），一律穿着军绿制服，乘坐绿白两色巡逻车，全天候短距离（间隔 50 米到 800 米）驻扎在埃尔帕索和华雷斯之间那 32 千米路段……密集驻点让巡逻队员在格兰德河畔形成一道慑人的防线，甚至类似一堵虚拟围墙，更别忘了还有侦察直升机频繁出动，在低空盘旋。[1]

在这个新策略出现之前，边境巡逻队的标准作业程序是等迁移者越过边境之后再设法逮人。然而，几十个男女老幼同时翻越边界围篱，让身穿绿制服的巡逻队员追着跑的景象实在太像马戏团，跟电影中的"启斯东警察"（Keystone Cops）一样滑稽，后来喜剧演员马林（Cheech Marin）甚至以此为灵感创作了电影《生于东洛杉矶》（*Born in East L.A.*）。这种情节每天上演，显示了封锁边界有多困难，而雷耶斯在埃尔帕索的边界口岸及周围布下重兵是很有效的公关手段，似乎让当地居民心满意足。然而，

---

[1] Dunn 2009:59-60.

这样的"警力展示"并没有阻止非法移民，顶多只是让原本习惯穿越市区的迁移者受不了，被迫转到人口稀少的城市边缘继续轻松翻越围篱。[1]

除了将迁移者引出市区，新策略还让迁移行为更少出现在民众眼中，让对付无证者的治安行动发生在几乎没有目击者的区域。所谓的眼不见为净，尽管这项威慑转移策略只是让边境穿越者的踪影较少出现，[2]但很快便有政治人物大力赞扬，[3]其他地区也起而效尤。从加利福尼亚州南部1994年执行"守门人行动"、亚利桑那州1994年和1999年两度执行"防卫行动"，到得克萨斯州南部1997年执行"格兰德行动"，1990年代美墨边境大部分地区都感受到了这股威力。雷耶斯当初推出封锁行动只是想将边境穿越行为引出市区，让"迁移者待在边境巡逻队的地盘上"，[4]完全没想到这个做法会变成以自然环境为战术、广泛执行的政策，并且在"9·11"事件后成为边境治安措施的基础。

险恶地带

封锁行动的构想很简单。在埃尔帕索市区的边界口岸及周边强化治安，就能迫使无证迁移者选择从较外围的区域穿越边境，更有利于执法单位实施监控。虽然在埃尔帕索试行这个做法

---

[1] Dunn 2009:61.

[2] Dunn 2009:61.

[3] Nevins 2002:90–92.

[4] Dunn 2009:61.

并未得到移民及归化局的正式许可与完整评估，但立刻引来了媒体和政治人物的注意，并且随即被纳入联邦政府的新方案中。封锁行动执行不到一年，移民及归化局便颁布了策略计划，[1]基本上就是将雷耶斯的非正式做法包装成全国计划："为改善边境管制，边境巡逻队将执行威慑预防策略，在所有主要入境通道把注优势执法资源，以便达成策略目标。边境巡逻队将增加第一线执勤人数，并有效运用科技以提高遭逮捕的风险，达成吓阻之功效。"[2]构成这项新策略的要素之一，就是判定边境偏远地带（如索诺拉沙漠）难以步行穿越，因此执法人员可以有效利用。然而，历史学家埃廷格告诉我们，这个想法一点也不新颖："打从（1882 年）执行《排华法案》开始，美国移民当局就发现了沙漠和荒山野岭是打击无证入境的好帮手。迁移者在偏远小径上很难取得食物和饮水，只有在公路或铁路沿线能取得必要物资，但那些地方也最容易被移民查缉队逮到。"[3]就如 1926 年一名联邦职员所指出的，边境查缉的目的在于"起码让穿越边境变得危险，非法入境只能少量进行"。[4]

---

[1] 这项规划又被称作"西南边境策略"[Southwest Border Strategy（GAO 1997）]。虽然正式名称过去二十年来迭有更易，但利用自然环境［和各种遣送手段（De León 2013a）与法律诉讼］遏止无证迁移的做法还是被统称为"威慑预防"。

[2] USBP 1994:6.

[3] Ettinger 2009:156–157.

[4] 19 世纪末到 20 世纪初，许多中国和东欧无证迁移者在埃利斯岛（Ellis Island）通关不成或因种族排除法案无法入境后，会改为步行穿越索诺拉沙漠，结果死于脱水、日晒或抢劫。参见 Ettinger 2009: fig. 2; St. John 2011:106。1926 年的联邦职员证词引自 Ettinger 2009:157。

不过，美国直到 1993 年正式进入"威慑预防"时代，才真正认定可以将沙漠和其他横跨边界的极端环境当成策略手段，吓阻迁移者大举非法入境。移民及归化局的策略计划备忘录是最早提到可以用环境条件来防卫地缘政治边界的文件之一："边境环境非常多样，从高山、沙漠、湖泊、河川到谷地，都是天然的通行障碍，而从北端零下十几度的气温到南端的烈日炙热不仅考验着非法入境行为，也对执法构成了挑战。**非法入境者穿越无人居住的偏远海陆边境地带时，可能会有生命危险**（引文中强调为本书作者所加，下同）。"[1]

　　虽然政策制定者在过去数十年来不断写到威慑预防策略，[2] 但只有一开始的相关文件曾清楚提到官员对环境作为执法工具的设想："预计旧有的入境和偷渡路线将中断，非法人口移动将受阻或被迫改走地形较为**险恶、利于执法而不利于穿越**的地带。"[3] 威慑预防策略施行前，美国边境管制的主要手段为非法入境后再逮人，然后送往自愿离境区（voluntary-departure complex）等候处置。被捕的迁移者可以放弃召开听证会的权利，以换取尽快被遣送回墨西哥，不用长期拘留。[4] 不少人指出这种做法相对无用，因为许多迁移者被捕多次后不是习惯了，就是不再那么害怕。[5] 威慑预防策略其实是这套规训措施无效的直接后果。

---

[1] USBP 1994:2.
[2] GAO 1997, 2006, 2012.
[3] USBP 1994:7.
[4] Heyman 1995:266.
[5] Heyman 1995; Singer and Massey 1998.

移民及归化局在 1994 年的策略计划里用了"险恶"(hostile)一词，代表新的边境查缉措施将比之前的做法更加激烈和暴力，因此也更加有效。选择这个词很有意思，因为拟定策略计划的除了边境巡逻队，还有来自"国防部低强度冲突研究中心的专家"，[1] 他们曾经负责研拟发展中国家的镇暴策略。[2] 只是非常讽刺，这些专家想方设法阻绝的那些迁移者，有不少正是为了躲避受到美国干预主义政策认可并支持的中美洲暴行而选择迁移的。[3]

这份初始报告发布后，描述沙漠环境的用语开始逐渐从"险恶"转为"严苛"(harsh) 和"荒凉"(inhospitable) 等等。[4] 措辞转变显示了美国官方千方百计想淡化这项政策所付出的人命代价。譬如沙漠的险恶程度明明是政策有效与否的关键，但以威慑预防为主题的政府公开文件甚少提及，也很少谈论这项政策与迁移者死亡的关联。[5] 此外，虽然边境巡逻队 2012 年至 2016 年策略计划里附了多张队员在索诺拉沙漠执勤或"援救"迁移者的照片，却绝口不提这块区域，也不谈它对吓阻迁移行为有多关键。这片险恶的土地已经在政策备忘录里伪装隐形了。

––––––––––

1994 年，专家预言威慑预防政策将使迁移者不再仅仅是被

––––––––––

[1] USBP 1994:1.

[2] Dunn 1996.

[3] García 2006.

[4] "严苛"见 GAO 2001:24，"荒凉"见 Haddal 2010:19。

[5] 可参见 GAO 2001。

捕与遣返。策略计划的拟定者做了几个基本假设，包括"暴力升高，策略的效果才出得来"等等。[1]然而，计划并未明确定义"暴力"，而且这两个字对某些人来说可能太直白了，因此后来的政策简报都改用比较婉转的说法，例如"代价"（cost）。移民及归化局发布策略计划三年后，一份美国国会报告这样写道："西南边境策略（前称策略计划）最终目的是吓阻非法入境美国之行为。该计划指出'本策略的中心目标就是让非法入境变得难度极高、代价极大，以使更多人不敢轻言尝试'。"[2]

虽然没有官方文件公开讲威慑预防的目标就是杀害边境穿越者，以吓阻其他有意尝试的迁移者，但学术界和不少负责考核边境巡逻队计划的联邦单位都指出了这项政策和迁移者死亡的关联。[3]2010年，美国一份呈交给国会的报告写道："威慑预防策略……将未经允许的迁移从人口稠密区推往更偏远而危险的边境地带。这项政策造成一个**始料未及的后果**，那就是边境死亡人数增加。原因为未经允许的迁移者试图横越荒凉的亚利桑那沙漠，但无法适时取得饮水而丧命。"[4]

迁移者死亡人数增加是威慑预防政策"始料未及的后果"，这种说法不仅有误导性，而且忽略了先前提到的证据，政策制定者早就知道死亡在查缉政策里扮演的角色。例如，美国国会政府问责局就在1997年一份报告里指出，"尝试入境者死亡人数"

---

[1] USBP 1994:4.
[2] GAO 1997:50.
[3] Cornelius 2001; Nevins 2002; Doty 2011; Magaña 2012.
[4] Haddal 2010:19.

是"西南边境非法入境吓阻策略的效力指标"之一。同一份报告还表示,"司法部长的策略要能奏效,取得预期成果",就得"看执法资源如何配置。有时可以减少或预防死亡,例如沿着高速公路设立围篱;有时可能增加死亡,例如在市区执法,迫使外来者尝试从沙漠或山区穿越边境"。[1]我读了好几遍才完全搞懂这段话。它光明正大地表示政府是用迁移者死亡人数来衡量威慑预防策略的效力。从某方面来说,这只是边境穿越者死亡报道底下那些反移民评论的漂白版而已。譬如有网民说:"只要移民人数减少……我就可以接受边境死人。"[2]这些美国民众不在乎迁移者性命的程度似乎和联邦政府不相上下。

上述官方文件透露了两件事:早在规划之初,威慑预防策略就视迁移者死亡率为衡量策略效力的可靠指标(即"暴力升高,策略的效果才出得来"),而边境巡逻队显然知道"在市区执法,迫使外来者尝试从沙漠或山区穿越边境"会提高死亡率。虽然亚利桑那沙漠的死亡人数于21世纪初开始飙升,[3]而这份报告是在那之前发表的。早在1997年就有明确证据显示,威慑预防策略造成的死亡主要来自"环境暴露"(坠落、体温过高和脱水)。[4]这项政策没有选择在迁移者翻越围篱时射杀他们,而是让沙漠成为边境穿越者的新"加害者"。

---

[1] GAO 1997: appendix V, table.

[2] 网民 TYRANNASAURUS 于 2012 年 8 月 19 日的评论,引自 Moreno 2012。

[3] 参见 Rubio-Goldsmith et al. 2006。

[4] GAO 1997: appendix V.

串起来了

威慑预防策略一开始施行，亚利桑那州偏远地区的逮捕人数和迁移者年死亡率都大幅攀升。1993 年，图森区边境巡逻队共逮捕 92639 人，2000 年已经高达 616346 人，增加至近七倍（见附录）。虽然南方边境这七年间整体逮捕率没有明显提高，威慑预防策略的引导效果却很明显，尝试穿越图森区的人急遽增加。1993 年，图森区逮捕人数只占南方边境总逮捕人数的 8%，2000 年已经占 37%，过去近二十年来更成为无证迁移者的主要入境路线，直到最近才稍有变化。[1]

虽然威慑预防策略将迁移者引导至较为"险恶"的地区，却没有让有意穿越边境的人大打退堂鼓。政府问责局早在 2001 年就发现了这一点："虽然移民及归化局确实达成了目标，将非法外来者引导至市区之外，却以牺牲……这些外来者为代价。而且许多外来者非但没有放弃非法入境，反而冒着受伤或死亡的危险尝试穿越山区、沙漠与河川。"[2] 威慑预防策略实施以来，已经有很多人死亡，而且将迁移者引导至边境偏远地区和迁移者死亡人数飙升显著相关。[3] 然而，尽管联邦当局也承认威慑预防和迁移者死亡有关，却还是普遍否认两者有因果关联，例如政府问责局 2012 年一份报告便指出：

---

[1] 由于查缉策略改变，得克萨斯州南部近来成为美国南方边境最多迁移者选择的路线，参见附录与结论里的讨论。

[2] GAO 2001:3.

[3] Rubio Goldsmith et al. 2006; D. Martínez et al. 2013.

登记在案的迁移者死亡人数自 1988 年的高点 344 人降至 1994 年的低点 171 人，随后又于 1998 年增加到 286 人。根据国土安全部的资料，登记在案的迁移者死亡人数自 1999 年的 250 人增加至 2005 年的 492 人；2005 年至 2009 年平均每年死亡 431 人，2010 年至 2011 年降至平均每年死亡 360 人……对照同一时期的外来者逮捕人数（即未经允许入境者估计人数）减少，迁移者死亡人数的增加特别值得注意……**整体而言，数据显示自 1990 年代实行威慑预防策略以来，边境穿越变得更加危险。不过要再次强调，我们仍不清楚执法作为对迁移者死亡的确切影响**。[1]

此外，联邦政府、社会科学家和人权团体对于边境穿越者死亡人数的计算方式也毫无共识。比起其他单位，国土安全部经常选择最低的迁移者死亡数字。[2] 由于这类资料不受欢迎又有争议，不难想见政府会低报数字。根据一项较为保守的估计，1998 年至 2012 年的迁移者死亡人数为 5596 人，[3] 2000 年至 2014 年 9 月在亚利桑那南部发现的尸体则有 2771 具，[4] 足以坐满五十四辆灰狗巴士。这些还只是**登记在案**的死者呢，许多迁移者或许死在偏远地区，尸体始终没被发现。死于迁移过程中的确切人数将永远成谜（见第三章）。

---

[1] Haddal 2012:32.

[2] 见 Haddal 2010: fig. 10。

[3] Anderson 2013: table 1.

[4] "边境死者与遗体搜寻计划"。

雷耶斯 1993 年在埃尔帕索推行的封锁行动和本章开头提到的骸骨或许相隔了将近二十年，距离 560 千米，但两者的关联清清楚楚。封锁行动成为全美边境政策的基础，该政策以沙漠为武器，而且继续使用这项武器。威慑预防策略已经从直言不讳的构想——这个构想公开承认沙漠的险恶可以被当成对付敌军或移民的武器——变成一套漂白过的论述，用来支持一个不幸（或"意外"）造成迁移者"冒生命危险"的标准查缉方针。

1994 年，美国联邦政府公开认可，赞成将边境穿越者引导至执法人员具有"战术优势"的"险恶地带"。二十年后，边境巡逻队的标准论述却将炮口指向人口贩子，指责他们"将迁移者置于沙漠的险恶之中"。联邦政府的这种说辞转变，将究责对象从政策转移到环境和"郊狼"身上，《亚利桑那每日星报》(Arizona Daily Star) 有一则传神的报道。报道中，一名边境巡逻队员被问及发现数具迁移者尸体一事，他说："索诺拉沙漠非常辽阔，又很偏远，水源很少……重点是非法移民被人口贩子骗了、害了。那些家伙把他们带进暗藏风险的地区，暴露在极端环境下。"[1]但内文斯一针见血，指出联邦政府否认对这些死亡负有责任，并归咎于"郊狼"将迁移者带进高风险区。这种论调其实忽略了一个事实，那就是"正是边境策略加强管制，才直接导致借助'郊狼'的移民比例大增，会有这样的结果完全可以

---

[1] Trevizo 2013b.

第一部分　恶地　　049

预测"。[1]

　　取道亚利桑那的迁移人数上升，穿越边境者死亡人数增加，显示美国的治安手段有效且系统地将人引导至险恶地区，让迁移过程更加致命。威慑预防策略明明白白仰赖沙漠"威慑"迁移者，吓阻他们别再尝试穿越边境。但那片"险恶"土地到底是什么模样？又具有哪些环境因素可以阻拦迁移者？下一章我将回答这些问题，并提供一个理论架构，帮助各位了解边境穿越者和扮演威慑者的人与物之间错综复杂的关联。

---

[1] Nevins 2002:7.

2

险　境

异质集合体

美国边境巡逻队长雷耶斯为了防止边境穿越者翻过围篱进入埃尔帕索市区，派出数百名身穿绿色制服的队员驻守格兰德河，这已经是二十年前的事了。他的做法引发连锁反应，彻底改写联邦政府从布朗斯维尔到圣伊西德罗的边境治安政策，也已经过了二十年。虽然雷耶斯当时并不晓得，却已种下了不久后出现的"威慑预防"一词的种子。

威慑预防，听起来很厉害，用粗体字打在联邦政府文件上很抢眼。这四个字大摇大摆出现在边境巡逻队的幻灯片上，给前来了解他们如何打击恐怖分子、打击非法移民的政治人物看。威慑预防，听起来很有威力，却不恶毒，希望说服你相信它是个人道的政策，目的只是在预防犯罪，防患于未然。

威慑预防，这个词既模糊又干净无菌，像极了国防精英谈到大规模杀伤性武器及人员伤亡时拿来消毒的枯燥字眼。[1]和军方

---

[1] Cohn 1987.

一样，边境巡逻队的用语充满了各种婉转与抽象，例如外来者（Alien）、非老墨（Other Than Mexican）和战术优势。而"威慑预防"就如同政府使用的许多治安语汇，"只有字眼，没有血淋淋的实况"。[1]它是语言织成的幕布，将血汗与泪水从大众眼前遮去。我说过了，这四个字摆在幻灯片上很好看。

二十年后的现在，**威慑**一词对边境穿越者来说代表什么？"险恶"地形背后又隐藏了什么？是可以将肉烤熟的高温吗？铜墙铁壁和远程地面传感器？还是地面上几千名荷枪实弹的巡逻队员？是毒蛇咬痕或有轮奸癖好的盗匪吗？是在荒凉山区走了几十千米而解体的鞋子？还是原本没诊断出来，结果在沙漠里走了几天就出现的心脏病？虽然这些（还有其他一大堆）全都成为边境巡逻队查缉机制的一部分，却从来不曾出现在政策说辞中。况且，**威慑**一词可不只是用来掩盖这项策略的人道冲击的政治话术而已。

就算政策规划者将用词改成"死亡预防"或"苦难（suffering）预防"，还是远远无法捕捉这套查缉手法的复杂与残暴。这里无法用三言两语交代清楚威慑预防的组成变量、程序与角色，里头有太多部分、太多未知与随机行事。基本上，我们永远无法完全掌握迁移者是被什么"威慑"了。那我们要如何才能开始了解这套错综复杂、有时随机、永远无法让人摸透的机制？如何找出一个公允的分析视角，同时解释坐在豪华警车里吹着冷气看着绿色监视屏幕发呆的巡逻队员，以及山洪、蝎子蜇、膝盖脱臼、

---

[1] Cohn 1987:690.

40 ℃高温、在沙漠盘旋搜寻热信号的无人机和吃腐肉的猛禽野兽？如何才能开始了解这道同时由人类、动物、植物、物体、地理、温度和未知构成的威慑之墙的结构？

我想阐明威慑预防的复杂与模糊，而做法则是来自**异质集合体**（hybrid collectif）理论的启发。[1]卡隆（Michel Callon）和劳（John Law）主张，**能动性**（agency）是许多异质单元互动产生的突现性质。这些异质单元被称为**行动者**（actant），可能是人类也可能不是。[2]说得比较简单、没那么法文术语化一点，就是人和物体并非独立行动，而是无时无刻不在时空中复杂互动，不时生成事物或促成事件发生。因此，"展现能动性"的其实是这些关系，而非个别的人或物。能动性不存在和出现于真空中。用本内特（Jane Bennett）的话来说就是："行动者其实从来不单独行动，其**效能**（efficacy）或能动性永远仰赖协力、合作，或许多物体与力量的互动干涉。"[3]

想了解能动性的产生是多么错综复杂，就必须放大视野，将构成异质系统的所有单元尽收眼底，从人类、动物、矿物到天气形态无一遗漏。此外，我们还必须跳脱一套简单、多年来受到不同领域的学者挑战的二分法，[4]不要再严格划分人类和非人类。这套二元论哲学架构是许多人一味尝试将所有行动归于人类、所有随机和无生（inanimate）状态归于非人类的原因之一，其罪

---

[1] Callon and Law 1995.

[2] Latour 2005.

[3] Bennett 2010:21.

[4] 例如 Harraway 2003; Latour 2004; Keane 2006。

魁祸首正是西方世界的精英。[1]对愿意敞开胸怀重新思考人类和非人类的关系，[2]甚至跳脱这套分类的人来说，"组成集合体的异质成分互动"什么时候"产生突现效果"，[3]集合体就什么时候存在。

为了搞清楚非人类对行动形态（form of action）有多重要，贡献为何，我们必须先做到几件事。首先是不再将人类视为能动性方程式里的主变量，打破这个将我们置于万物之上的阶序观，体认到智人并非永远是行动世界的中心或必要存在。如同斯特内斯库（James Stanescu）所言，我们长久以来一直欺骗自己，认为自己是特别的："相信人类例外论需要某种超然之信（transcendental faith），相信我们和其他万物及生灵截然有别，不受同样的演化力量所主宰。"[4]这并不表示人不重要，或者说世界上许多事物会是现在这样通常不是我们的错。人很多时候都是跨物种系统的原动者（例如全球变暖），但少了工厂、汽车、温室气体、化石燃料、太阳和其他非人类，我们不可能毁灭自己所在的这个星球。我们全体，从人类、物品、矿物、环境条件到人以外的动物，都以无数种方式同时交缠在一起。这些异质单元连接起来所组成的结构，还有这些结构所展现的能动性，都会在时空中不停变化，以各种形态与大小出现。[5]

---

[1] 见 Gell 1988; Basso 1996; Fuentes 2006:129。

[2] 见 Kirksey and Helmreich 2010。

[3] Callon and Law 1995:485.

[4] Stanescu 2013:143-144.

[5] 例如 Nading（2012）就讨论了登革热病蚊媒和医疗照护人员的复杂历史关系。

因为人只能透过语言和人类特有的认知形式来描述和思考异质集合体，所以必然会有许多遗漏。日常生活里有许多时刻，其复杂我们既无法完全理解，也无法用语言描述。[1]就拿你昨天中午吃的汉堡来说吧，你能描绘出那个汉堡背后的所有行动者和经验吗？你的描绘里有牛的观点吗？从牛栏的角度会看到、感受到和闻到什么？你有想到负责电击牛头的人吗？那一击"成功"了吗？还是那头牛悬吊在屠宰间里痛苦挣扎，直到某人架住它，再电击它一次？[2]负责维修电击枪的人呢？还有驾驶卡车运送汉堡肉到餐厅的女司机？你能描绘卡车引擎和中东制造的精炼汽油的化学反应吗？牛生前吃的饲料和屠体处理室的温度呢？你有想到在厨房里煎汉堡肉的危地马拉无证青少年吗？或是在煎烤过程中被高温破坏的大肠杆菌？这样说你应该懂了吧。

异质集合体的大小取决于分析的角度和尺度，有时甚至会膨胀到无限大，把你的脑袋逼疯。更别说有些系统（如人脑）对我们的大脑来说连理解都有困难，遑论描述了。重点是，我们的日常生活里充斥着各种行动，而我们对那些行动几乎一无所知，也无法控制。异质集合体非常复杂。

卡隆和劳的理论之所以有解释力还有最后一个原因，那就是"意图"的概念。人类往往认为只有能做选择、赋予选择意义和评估选择的个体才有能动性，而评估和赋予意义通常都借

---

[1] 可参见 Smart 2014:4-5。

[2] 有关牛肉处理厂，以及工人和牛只隐而不见（invisiblity）的讨论，参见 Pachirat 2013。

由语言进行。[1]这样去看能动性再次落入了人类与非人类的二分法，这或许能让我们感觉自己是万物之灵，却至少会产生两个问题。首先，这样的想法暗指只有人类是能动者，因此完全忽略或看低其他个体对能动性的贡献，也就是卡隆和劳所谓的**归因逻辑**（attribution）："能动者是多种不同物质组成而产生的效应，却会以**归因逻辑**的形式呈现出来。归因逻辑将能动性限缩成单一主体，而这一单一主体通常以人体的样态显现。归因逻辑让部分的物质组成获得'原动者'的地位，从而抹去了**集合体**内的其他实体与关系，或视之为辅助或基础的角色。"[2]换句话说，能动性来自许多组成分子的贡献，但人却习惯将这个"多种不同物质组成而产生的效应"归到自己身上，就算人的角色其实很小也不例外。人有将能动性独立或辨别（appropriate）出来，并将行动责任完全揽在自己身上的需求，当这样做符合个人目的时更是如此。[3]集合体的其他组成分子在这个过程中被贬为辅助者。我们认定唯有当人类为了某种目的驱使它们，非人类才会脱离被动。[4]但当不受欢迎的能动性出现时，我们却可能将错推给非人类，比如宣称"机器故障"或"自然力量"作祟。[5]

人类误将自己视为唯一的能动者，行动的唯一来源，结果就

[1] Callon and Law 1995:490.

[2] Callon and Law 1995:503.

[3] 有关人类例外论和物种阶序的讨论，参见 Stanescu 2013。

[4] Callon and Law 1997:168.

[5] 拉图尔（Latour 2005:10）将这种能动性的属性化称为化约主义式的"象征投射"（symbolic projection）或"自然主义式的因果律"（naturalist type of causality），两者都低估了非人类对能动性的贡献。

是将所有他者化约为背景噪声、不可控的变因或随机物，认为所有能动性都来自人的意图与动机，以致无法体悟到，一个异质集合体有时从人的角度看是策略性的，有时则不是。这种看法还将能动性限缩到只有人才能辨别的形态，于是就会像我刚才用汉堡的例子简要说明的那样，错失了大量内涵。卡隆和劳提出有力论据，指出能动性有各种形态，其中许多完全超乎人的想象，是"非策略、分散和去中心的"，以致我们很难甚至无法理解。[1]另外我还要补充一点，尽管为了分析之便，我们可以将某一时刻促成行动的诸多关系分离出来，但必须牢记能动性是一个持续变化的动态过程。

如同我之后会指出的，威慑预防策略执行至今二十年了，还在持续演化中。沙漠里每天都有许多行动者发生无数次互动，产生新形态的能动性。1994 年正式（且有意）启动威慑预防异质集合体的或许是边境巡逻队，但自此之后，许多人类和非人类都在不同的时空点上牵连其中。

————————

虽然沙漠和沙漠里的所有行动者都是威慑预防异质集合体的一部分，边境巡逻队却千方百计想将这项政策和迁移者被引导至"险恶"环境而遭受的创伤划清界线。他们非但没有将沙漠视为边境查缉措施的关键伙伴，反而将它描绘成一头执法人员无法掌管的野兽。在边境巡逻队的漂白论述里，自然，就像一辆没有车长的失速列车。2013 年 6 月，图森区两天内发现三具腐烂的

---

[1] Callon and Law 1995:503.

尸体，区队长小帕迪利亚被问及此事时只说"沙漠六亲不认"，[1]却没提到死在亚利桑那沙漠里的绝大多数都是无证拉丁裔迁移者。

我在本章想表达两个重点。首先，威慑预防策略创造了一个场域，让边境巡逻队既能利用动物和其他非人类的能动性来干脏活，又能让自己免于承担迁移者受伤或死亡的罪责。多蒂称这是联邦政府的"道德不在场证明"。[2]其次，将沙漠描绘成"迁移吓阻器"不仅让边境穿越者面对的三维空间"混合地理"（hybrid geography）（萨拉·沃特莫尔，Sarah Whatmore）扁平化，而且使得许多影响边境穿越的人类和非人类政治主体隐而不见。[3]从民族志的视角检视迁移经验，我们可以开始为联邦政策论述添上血淋淋的实况。

囿于边境穿越环境（milieu）的尺度、复杂度与随机性，我们无法解释或描述过程中的所有元素或行动者。这是描绘所有异质集合体都会遇到的难题。异质集合体永远无法被充分阐明，也不可能单点辨别出系统里的所有组成分子，[4]顶多只能"在极少数场合，当我们碰巧与它们交会，发现需要与之互动时，创造出适度庞大的方式来将其再现"。[5]在稍后的故事里，我将描述一次典型的边境穿越经验，并提到吓阻迁移者穿越诺加莱斯—萨萨

---

[1] Duarte 2013.

[2] Doty 2011.

[3] Whatmore 2002. 有关动物作为政治主体，参见 Hobson 2007。

[4] Callon and Law 1995:504.

[5] Callon and Law 1995:504.

比走廊的各种地理、环境与社会障碍，以期"再现"构成索诺拉异质集合体的几个常见的行动者。[1]

我要讲述的故事综合了数百次的迁移者访谈与对话、在诺加莱斯和沙漠的田野观察，以及跟边境巡逻队的正式与非正式互动。[2]汉弗莱斯（Michael Humphreys）和沃森（Tony Watson）称呼这种叙述为**半小说化民族志**（semifictionalized ethnography），即"将发生于一次以上民族志研究里的事件重新排列组合，融会成单一叙事"。[3]这个糅杂了多重观点、凝视与变数的故事，通过结合多种（甚至乍看迥然不同的）数据集，对迁移过程做出更细致的描绘，从而在许多方面都反映出了无证迁移计划的整体策略。我从迁移者告诉我的故事里撷取出某些细节，适度调整可读性与流畅度，希望阐明这个异质集合体的组成分子如何齐力展现威慑的能动性，进而带给读者现象学上的临场感，更贴近天天在沙漠上演的惊惶与恐怖。

第一天（6月）

"快起床！要出发了！"肥仔（*El Gordo*）用他的肥手敲着旅馆的合板门大喊。哈维尔微微睁眼，看着正上方灰泥天花板的黄色污渍。

---

[1] 接下来的描述大半适用于整个索诺拉沙漠地区。

[2] 边境巡逻队的资料来自数次正式拜访（包括随行观察）和数十次当场相遇。

[3] Humphreys and Watson 2009: table 2.1. 关于民族志和小说的讨论，亦可参见 Clifford 1986, Narayan 1999 和 Fassin 2014。

"还起床咧！这种鸟地方谁睡得着？"

房间里汗臭弥漫，混合了盐与身体上的油垢味，刺鼻得很。哈维尔臭气熏天是有理由的。他在墓园里睡了五天，只能用附近公交车站后面的生锈水龙头洗洗脸、腋下和私密处。他一周多以前爬着离开沙漠之后就没有换过袜子和内衣了。他转头看了看房里其他皮肤黝黑的陌生人。

仅有的单人床上躺着两名黑发女子，整夜穿着鞋子睡觉。其余的人用各种不舒服的姿势睡在地板上，有些缩在角落里，有些拿衣服当床垫躺在上头。哈维尔用他那个廉价的尼龙背包当枕头，背包里是他仅有的家当：另一件衬衫、一把超大的绿色塑料梳子和在边界带发食物的基督徒（cristiano）给他的一本宣教小册子，里头关于"被提"（Rapture）的那几页都被撕掉了。躲在墓园里的人会把陵墓当成大理石厕所，那天他蹲在里面拉屎没手纸的时候，还好神救了他。

旅馆房里共九个人，除了哈维尔还有三女五男，所有人闻起来都像刚从沙漠或墓园里出来一样。哈维尔昨晚曾想开一点门缝让空气流通，但隔壁房间实在吵得令人不安。他只有两个选择，忍受同伴们（compañeros）身上的恶臭，或是听隔壁房的妓女来来回回地一会儿跟皮条客吵架，一会儿将色情录像带音量开到最大，好让喝醉酒的恩客硬起来。最后他选择了一个人跟汗臭搏斗。

这九个互不相识的人在墨西哥诺加莱斯的旅馆里躲了两天。而肥仔，就是哈维尔最近认识的"郊狼"，原本答应会帮他弄到一个舒服的房间，让他在穿越沙漠之前好好休息。那个狗娘养的家伙压根没提到会把他关在廉价妓院一个没有窗户的房间里。哈维尔的堂哥几天前用西联汇了 500 美元给他，而他给了那个人口贩子 400 美元当定金。

肥仔用力吸了一口万宝路烟。"等我们到了菲尼克斯，你家人再汇其余的 3100 美元给我就好。"

"我不会把他们的电话号码给你的，想都别想。他们脑袋清楚得很，只有我说了他们才会汇钱（lana）。"

在街上跟"郊狼"交谈很危险，哈维尔必须尽量小心。

肥仔张着门牙歪七扭八的嘴哼了一声，装出诧异的模样。"别担心，兄弟，我这个人说话算话（Yo soy una persona de confianza）。"说完便告诉哈维尔在那间糟乱旅馆待两晚要 40 美元。

房里的人虽然共处了将近四十八小时，却几乎没有聊天。所有人都很安静，在出发前想办法补眠几小时，就算睡不安稳也好。哈维尔只知道其中几人的名字。卢佩是两个孩子的妈，二十七岁，来自瓦哈卡［不会吧，他们是从瓦哈卡来的？（¡No mames, güey! ¡Todos son de Oaxaca!）］，过去十四年都在美国，在纽约上城区一家一元店当收银员，努力供两个是美国公民的小孩温饱。她横越沙漠已经失败过一次，但会一直尝试直到和孩子团聚为止。她告诉哈维尔，是隔壁门的胖女士向移民单位检举她的，因为想偷走她的孩子。听起来很扯，但可能是真的。边界带每个人都有一段不可思议的过往。超现实在这里是家常便饭。

卢佩用手掌抹去眼眶的泪水说："我只是想要回我的小孩。我不需要住在美国，我只想要我的小孩。我爱我的小孩。"她湿润泛红的眼睛黯淡无光。卢佩显然不是第一次说这些事，因为话语中已经听不出激动。精神创伤在这里是家常便饭。

角落那个小伙子（vato）似乎很焦躁。他叫卡洛斯。哈维尔整晚听他动来动去，拼命发消息给远方某个牧场（rancho）的褐发小姐（morena）。不知道为什么，那小子早上醒来比昨晚更坐不住，只要有人和他目光交会，他就会问："要出发了吗？我们会走哪条路？走在沙漠里是什么感觉？离好莱坞多远？"没人知道答案，所以都不理他。但卡洛斯似乎不在意，只是很兴奋终于能去北方了。他有个堂哥在那里，到时会帮他在洗车场搞到一份工作。两人下班后就能坐在他堂哥那辆亮红色福特豪华皮卡车的后斗里，狂饮特卡特啤酒（Tecate）到烂醉。他堂哥还知道去哪家夜店可以"把马子"（morras）。简直爽歪歪，真的！（¡Bien Buenas carnal! En serio.）卡洛斯都计划好了。

哈维尔很喜欢卡洛斯，因为那小子傻愣愣的，很天真，肯定不满十八岁，笑起来有种呆样，表示还没感受过这世界的残酷。当然，他家里很穷，但父母都很爱他。他离开格雷罗时，他爸甚至塞了50美元给他。"我到了以后一定会尽快寄钱回家。"他对大伙儿说。他爸爸（papá）等他走远了才走到屋子后面，坐在塑料桶上痛哭失声。

那小子让哈维尔想起自己的弟弟安德烈斯，想起他在老家韦拉克鲁斯成天等着有好事发生。那个小镇把他弟弟闷坏了。安德烈斯想和哥哥一起去华盛顿州的布雷默顿，想到建筑工地干活，想和他的老外（gringa）小侄女耶妮佛（英文名字叫珍妮弗）见面。小侄女是四年前出生的。当时哈维尔在温迪汉堡打工，和一起工作的一名白人女孩好上了，生下了她。安德烈斯不晓得哈维尔最近才因为驾驶一辆车尾灯故障的车，加上嘴巴里有百威啤酒味而被遣送出境，也不晓得哈维尔横越沙漠已经失败过一次，接下来七天只敢惶惶睡在桥底下和陵墓里。他不晓得哈维尔三天前才在墓园里目睹一群吸胶吸到两眼凶光的家伙为了一瓶 3 美元的托纳扬甘蔗酒（Tonayán）——这可是所有人最爱的醉酒良伴——将一名萨尔瓦多迁移者踢得脑袋开花。哈维尔不想让家人为了这些小事担心。

卡洛斯一直喋喋不休，问个不停。卢佩点头不语，假装感兴趣。她咬着牙，担心没有人弄早餐给她的小孩吃。哈维尔想起自己在华盛顿州的床和小珍妮弗头发的香气。他们的脑中尽是令人安然的温暖画面。卡洛斯是新手，别人再怎么解释也比不上他即将亲身体验的真实，所以何必白费唇舌呢？他根本不晓得沙漠里有什么在等着他，也不晓得自己再过几天就会呕血，永远望着那片充满破碎深蓝阴影的大海。

那个三十多岁的男子站了起来，开始收行李。肥仔昨天很晚才送他来。他自我介绍说他是"普埃布拉来的马科斯"，大伙儿只是点点头，没有人戳破他看起来就不像普埃布拉人，应该是萨尔瓦多人（salvadoreño）或危地马拉人（guatemalteco）。这种事一眼就晓得了。"反正（Ni modo）那是他的事。"哈维尔当时喃喃道。他不知道其他人的名字，也懒得问，反正太阳再出来个几轮之后，谁晓得同行的会是七人、九人还是十五人。沙漠会影响你的脑子。阳光会让记忆过曝。细节消失，名字和脸庞被冲淡。荒唐会变成现实，而且没有人能区别。"我们肯定走了 300 多千米……我们看见树下堆着十九具尸体……我们被猴子攻击……边巡的在鸟背上绑迷你摄影机，所以才会发现我们。"[1]沙漠传闻就像史诗一般言之凿凿又不可思议，以致非常可信。

所有人带着行囊在旅馆大厅集合。可想而知，所有人从头到脚都是黑的，黑衣黑鞋黑帽，感觉就像一群抢珠宝的乌合大盗。肥仔赶着这群"鸡仔"（pollito）[2]出旅馆，一辆破烂的皮卡车已经等在门外。所有人挤上了车后斗，肥仔则是坐进前座。驾驶员是一个头发染成金色的、皮肤黝黑的、绰号"金头发的"（La Güera）女子。皮卡车哐啷哐啷驶离旅馆，肥仔大吼："妈的，自然点！"没有人知道他在讲什么。

车子在国际大道上沿着边界围篱一路往东。隔着新围篱上已经生锈的铁丝网孔洞，哈维尔可以看见亚利桑那州的诺加莱斯市[i]。边巡的说，新围篱是为了保护巡逻队员（agente）不被人扔石头砸伤，[3]当地人则说更换围篱是为了让美国佬（gabacho）更容易赏墨西哥人子弹。他们驶过一栋白色公家建筑，房子墙上全是弹孔，一个铁制的小十字架和几根蜡烛忧伤地插在前方空地上。

"边巡的在这里杀死过一个小孩。"某人低声说。他没说错，

---

[1] 虽然美国海关及边境保卫局不曾公开承认，但他们很可能像美军在中东一样，使用看起来像鸟的小型无人机巡逻边界。曾有政府承包商在菲尼克斯举行的一年一度的边境安全博览会上采购小型无人机。参见 Todd Miller, "Tomgram: Todd Miller, Surveillance Surge on the Border," posted July 11, 2013, www.tomdispatch.com/blog/175723/（查询时间：2015 年 2 月 26 日）。

[2] 迁移者常被称为"鸡"（pollo），而人口贩子的诨名则是"郊狼"或"赶鸡人"（pollero）。

[i] 为美墨边境城市，与墨西哥索诺拉州的诺加莱斯相邻。——此类注释为编者注，下同。

[3] McGuire 2013:475.

2012 年 10 月 12 日边境巡逻队就是在这里杀害了十六岁的罗德里格斯（José Antonio Elena Rodriguez）。执勤队员宣称男孩朝他们扔石头，但墨西哥方的目击者表示罗德里格斯是无辜的，他只是走在人行道上，碰巧遇到一群为了躲避边境巡逻队而翻越围篱过来的人。墨西哥官员在验尸报告里表示，罗德里格斯"身中八枪左右：头部两枪、手臂一枪、背上五枪，其中至少集中在上背的五枪是在他倒下后开的"。[1]虽然他被枪杀的那一带架有多台高科技监视摄影机，美国联邦政府却始终不曾公布录像画面。事件至今仍有待调查。

皮卡车在一间小杂货店外停了下来，所有人跳下后斗走进店里。"金头发的"留在车上用手机听北方（norteña）音乐，一边数着进去的人头，将他们换算成美钞和比索，一边心想肥仔这次要是胆敢再说"这趟有其他开销所以要扣钱"之类的鬼话，她就要拿啤酒瓶砸他脑袋，把烟摁熄在他眼珠子上。

肥仔用复杂过头的方式和店老板握了手。

"别忘了买你们觉得路上会需要的东西。"他对着走进店里的"鸡仔们"说。

哈维尔拿了三瓶四升装的水、一块白面包、几颗莱姆、一瓣大蒜和八个鲔鱼罐头。收银员替他结账，哈维尔发现这些东西是一般价格的三倍。

二十分钟后，皮卡车再次上路，在国际大道噗噗前进。他们经过贝他组织分处，看见几十名最近被遣送的迁移者在外头溜

---

[1] Trevizo 2013b.

达，抢着挤进阴凉处。有几个人朝他们挥手，很清楚车上这群凑合成团的乘客此去目的何在。皮卡车一个右转，经过哈维尔前几天当家住的墓园。他瞄到一个孱弱的老人蹲在一块大墓碑后方用袜子擦身体，有如躲避阳光的灰白怪兽石像。

车子爬上一个小丘陵后向左转。北方是名为马里波萨（Mariposa）的边界口岸，意思是"蝴蝶"。通过那道金属和混凝土做成的拱门之后，就会进入索诺拉沙漠。所有人都闭眼不看即将到来的未知。

车子开始加速，卡洛斯一脸镇定，假装不怕被甩出车外。卢佩将头埋在臂弯里，普埃布拉来的马科斯隔着裂掉的后车窗盯着驾驶员和肥仔，哈维尔无法判断他是真汉子（chingón）或只是装的。

车子右转弯进入第一条泥土路，"金头发的"猛踩油门，车后扬起一阵深红色的尘土，诺加莱斯很快消失在后方。他们在泥土和碎石路上颠簸摇晃十五分钟后，车子忽然停了下来。

"所有人下车！"

肥仔转身递给"金头发的"一捆绿紫红相间的比索。"金头发的"望着那捆钞票没有伸手。尴尬沉默了几秒后，肥仔勉强又从衬衫口袋里掏出几张汗水弄湿的钞票，一言不发递给了她。

驱车离开前，"金头发的"将头探出窗外吼道："祝你们好运！"她总是会吼这句，每次都是。她觉得这句比狗屎有趣。

肥仔没有说话，开始朝荒野走。"鸡仔们"歪七扭八跟在后头，从空中往下看就像一小排黑蚂蚁。现在是傍晚五点，阳光开始将远方的尖锐山峦染成血红的剪影，气温也降到 32 ℃左右。

他们眼前是一望无际的西索诺拉沙漠，北美数一数二的不毛之地。6 月和 7 月的白日平均气温通常超过 38 ℃，有些更荒凉的地区更可达 49 ℃。[1]这片沙与岩石之地又名阿尔塔沙漠，是亚利桑那最炎热的沙漠，也是索诺拉地区年平均降雨量趋近于零的地段，运气好年降雨量有 250 毫米，主要集中在夏末雨季或是冬天的小雨。这片有如月球表面的土地，6 月能把你渴死，8 月能把你淹死，1 月则能把你冻死，[2]而大多数人死于曝晒。

这群黑衣旅人继续前行。哈维尔感觉大腿肌肉灼热紧绷。八天前他才来过这里，身体的疲惫还没完全恢复。他在诺加莱斯等待再出发时没有补足水分。没想到墓园里一个水龙头也没有。他已经好几周没有连续睡超过四小时，头有点痛，而且很讽刺，他嘴里竟然有沙的味道。他才刚踏进沙漠，就开始出现初期的脱水症状了。

所有人默默往西走了好几小时。有些人试着记住走在自己前面的那个人的背影，免得撑不下去，卢佩则是幻想回家的场面。她轻敲小公寓的房门，小露西亚从起居室百叶窗后探出头来。"开门吧，妈妈回来了！我把钥匙掉在沙漠里了。"小露西亚和弟弟埃尔曼会跑过来抱住她，而恶邻居安杰拉则是从隔壁门冲出来，吼着要再打电话给移民警察。卢佩从邻居门口抓起一把凹了的铲子，朝安杰拉大力挥去，打在她侧脑门上，发出一声闷响。卢佩尤其喜欢这部分，所以在脑中不停播放。

---

[1] 有关索诺拉沙漠气温和降雨量的相关讨论，参见 Ffolliott and Gottfried 2008:72 和 West 1993:9。

[2] 有关冬季的迁移者死亡人数，参见 Trevizo 2013a。

哈维尔汗水直流，已经忍不住拿出第一瓶水开始牛饮。他们走了一大段上坡路，再下到非常深的谷底。如果有地图，这群人就会知道他们刚穿越帕哈里托山（Pajarito），还必须再翻过至少三座山脉才能抵达安全的接驳点。只有肥仔知道这个不幸的事实，但他并不打算透露这件事。最好别让"鸡仔们"知道他们在哪里，要往哪儿走，还得走多远，他们才会乖乖往前。

他们下切谷地的小路是一条由碎岩块和松砾石铺成的崎岖迷宫，感觉就像踩着满地的撞球往下走，随时可能扭到脚踝、滑倒或跌坐在地上。队伍里有个不知道名字的男士绊到东西跟跄了一下，手里拿着的水瓶就这样滚下山坡撞在岩石上，金属色泽的液体洒了出来。另一个人抓着他的手肘将他扶了起来。没有人开口说话。下到谷底，他们开始蹒跚穿越多沙的砾石河床。四下无声，只有匡威帆布鞋踩在松软炙热的沙上匆忙前进的窸窣声。山谷左弯右拐，有如周末酒驾的醉汉，让人走得晕头转向。现在是往西走吗？我们还在墨西哥吗？苍白的天空被高耸的悬崖完全遮去，两旁的峭壁仿佛要吞了他们。

走了好几小时，他们绕过一个弯角，大麻味瞬间扑鼻而来。肥仔当场愣住，低声说了一句："妈的（Puta madre）。"接着就听见脚步声朝他们而来。

"你他妈的别动！"

他们眼前出现一个神情憔悴的小混混。他穿着牛仔垮裤和巫术乐团（Brujería）黑 T 恤，嘴里叼着一根卷得很差的烟，枯瘦的手里抓着一把 9 毫米雾黑手枪，横握在胸前，跟嬉哈音乐录像带里的歌手一模一样。

"我们付过钱了！我们付过钱了！（¡*Ya pagamos!* ¡*Ya pagamos!*）我们是跟格里略一起的。"肥仔哭着喊道。其他人没看他这么狼狈过，全都吓坏了。

小混混将肥仔拉到一旁。两人在众人听不到的地方抽烟咬耳朵。十五分钟后，他们的向导要大家找个舒服的地方坐。"我们今天不能过去了。他们有一批货要从这里过，所以我们得明天再走。"

几句低声抱怨，但没有人敢发火。

"我肚子快饿死了，你们这群蠢蛋带了什么好吃的？"小混混问。他们一边掏出食物和水，一边在心里粗略计算。所有人心照不宣，这些饮食根本不够他们多逗留一日，而他们还得在沙漠里走上几天。但已经没有回头路了。

第二天

早上十点，小混混说他们可以走了，但又搜刮了一些食物和水才放他们离开。前一晚几乎没有人真的睡着，意味着他们还没越过边界就已经累坏了。

哈维尔瞥见卢佩偷偷吻了皱巴巴的小孩照片，再塞进红胸罩里。"嘿，小妞（*nena*），给我电话号码，我才能找你啊！"小混混喊道。卢佩低低骂了一句"去你的"。

蚂蚁小队再次（*otra vez*）跟在肥仔后面。走了不到两分钟，小路猛地右拐，谷地刹时豁然开朗，一道有着小门的带刺铁丝网围篱出现在众人面前。天不怕地不怕的肥仔解开铁丝将门打开。

"欢迎光临老外国！（¡Bienvenidos a Gringolandia!）"他说。围篱上有门很好笑，但没有人笑。所有人匆匆通过小门，肥仔将门关上，他们就这样从沃克峡谷进入了美国领土，接下来要穿越阿塔斯科萨山脉（Atascosa）。

他们继续在陡峭的峡谷里左弯右拐，脚下仍是滚烫的沙和松散的砾石。肥仔指着某个山顶说："我们要翻过那里。"蚂蚁小队吃力爬上陡峭的斜坡，所有人都在找峭壁上可以抓着使力的岩石或树枝。卡洛斯被树枝上一根5厘米长的刺戳破了皮肉，痛得哀叫一声。"小心植物。"肥仔提醒众人。他继续带着他们往上爬，穿越一段长满桶形仙人掌和跳跃仙人掌的可怕斜坡。

这里的原生植物为了适应剧烈温差、脱水和高热的环境，普遍都演化出各式各样大大小小的针刺和其他"武器"，以便对抗天敌，确保种子能沾在过客的毛皮或衣物上，有利散播。从红魔鬼爪、白刺槐、针垫仙人掌到受难荆棘（crucifixion thorn），这片土地长满讨人厌的植物，以致植物学家称呼这里是"树林"（arboreal forest）。[1]这是个由美洲狮、美洲豹猫、黑熊、猯猪、巨型蜈蚣、树皮蝎、珊瑚蛇和"黑寡妇"统治的世界，共有十一种响尾蛇在索诺拉沙漠出没，为全球之冠。大自然的威力在这片荒漠上展露无遗。

所有人朝山顶迈进，裤脚上都沾满了发黄的仙人掌刺。卡洛斯弯腰想弄掉一些，结果马上被刺了满手。跳跃仙人掌跟这里的

---

[1] West 1993: 9; Hadley 1972; Ffolliott and Gottfried 2008:75.

任何一种动物一样有活力。卢佩为了避开仙人掌"地雷区"，选择从一棵大牧豆树下爬过去，晒黑的手臂被刮得乱七八糟，伤口又红又肿。没有人想到穿长袖，只好用身体在这座自然实验室里上一堂极端环境演化生物学的体验课。气温逼近 40 ℃，背包里只有三瓶水的哈维尔已经喝掉一瓶，队伍里还有人只剩一瓶了。

到了山顶，肥仔告诉他们："你们在这里等一会儿，我打个电话。"说完便拿着手机匆匆走开了，留下狼狈的众人找地方遮阴。他们挤在寥寥可数的牧豆树下，但挡不了多少太阳。强烈的正午日光轻轻松松穿透等于没有的树叶，烘烤他们脚下的土地。哈维尔和卡洛斯挤在一丛灌木旁边。卡洛斯从后口袋掏出一条黄头巾，擦拭眉毛上的汗水。他忘了把帽子带来，脸被太阳晒得又红又亮。

"我堂哥说这里有老外迁移者猎人（*cazamigrante*），射墨西哥人就像猎鹿一样。"他对哈维尔说。

"我觉得那些故事只是说说而已，用来吓唬人的。"

在这片沙漠里，很难区分事实和虚构，但爱拿湿背仔（wetback）*当活靶的嗜血新纳粹分子绝不只是迁移者的道听途说。近来有不少边境穿越者举报，索诺拉沙漠里有身穿迷彩服的白人朝他们开枪，此外也有几桩凶案至今仍然悬而未决。[1]"你

---

* 泛指非法居留美国的拉丁美洲人。最早指的是横越格兰德河进入得克萨斯州的墨西哥人，因为通过游泳偷渡会把背部弄湿，故而得名。——此类注释为译者注，下同。

[1] 参见 Sanchez 2010 和 Lentz 2012。

要有信心，正面一点，别去想那个。"哈维尔说。谁晓得他自己信不信。

他们听见树丛里传来脚步声，以为是肥仔回来了。

结果从红土沙尘里冒出两个瘦长的身影，在艳阳下有如幽灵现形一般。其中一人拿着长枪，是菲尼克斯枪展上买到再走私进墨西哥的美制 AR-15 步枪。两人默默看了这群人一会儿，脸上的黑色滑雪面罩让露出的黑眼睛与厚嘴唇格外明显。"统统不准动！"拿枪的家伙咆哮道。

是抢匪（*bajador*）。西班牙文的动词 *bajar* 有"倒下、放下或扔下"的意思，而这正是接下来几分钟发生的事。两人命令蚂蚁小队排成一排，接着要他们一个个将钱包和钱扔进一只脏兮兮的麻袋里。只是大伙儿能掏的不多。

"妈的，钱咧？"

鸦雀无声。

"好吧，衣服统统脱掉。"

微风吹过。

砰砰砰，对空连续三枪。金色弹壳落在地上，发出小铃铛般的清脆声响。

所有人开始松皮带，裤子脱到膝盖以下。

"全部脱光！"

所有人裸体站着，勉强遮着胸部和下体。一个女的哭了，卡洛斯则是忍着泪。趁伙伴拿枪指着他们，另一名抢匪开始检查上衣和裤子的口袋，并摸摸其他部分，看有没有好东西被藏着。他手指沿着卡洛斯蓝牛仔裤的腰缝线滑过一圈，结果发现一个加缝的暗袋，里面藏着卡洛斯父亲给他的 50 美元。

"混账东西，你当我们很蠢是吧？"

卡洛斯还来不及回答，就感觉肚子挨了一拳，痛得他差点呕吐。他倒在地上。

"站起来，小娘炮（*jotito*）。你再哭，我们就让你哭不出来。"

卡洛斯站了起来，努力抑制自己，却只能转过头去，避开众人的目光，用肩膀偷偷拭去泪水。他还是处男，不想被女人看到他的裸体。

"你们里面谁是中美洲人（*Centro Americano*）？"

一片死寂。

卢佩的右耳鼓可以听见自己心脏狂跳。

拿着油腻麻袋的男子走到双手遮住下体（*verga*）并肩而立的哈维尔和马科斯面前。

"你从哪里来的，娘炮（*puto*）？"

"普埃布拉。"

"你呢，褐发小子？（*¿Y tu, moreno?*）"

"韦拉克鲁斯。"

"不会吧？妈的，身份证拿出来。"

哈维尔弯下腰，从袜子里拿出他的墨西哥选民证来。

抢匪举起证件（*credencial*），像是检查护照全像背景的美国运输安全管理局官员一样对着阳光瞧，然后将证件扔在地上。

"好吧，老乡（*paisa*），把你那他妈的表给我。"

抢匪继续往前，终于来到卢佩面前。她是三个女人里最年轻的，比其他两个女的小了快二十岁。

他咧嘴微笑，面罩开口处露出两排残缺的黑牙。

"瞧瞧是谁来了。"

虽然烈日当头，卢佩还是打了个哆嗦，两手徒劳地想遮住胸脯和胯下。

抢匪捏了捏她一边乳房，仿佛在检查某种棕色水果的熟度。

卢佩用遮住私处那只手的手臂将他的手顶开。

转眼间一拳飞来，卢佩顿时眼冒金星，踉跄倒退了几步，接着脖子忽然被一只手猛力掐住，让她站好。

"贱人，我们可不是好惹的！"

卢佩眼珠凸起，无法呼吸，感觉气管就要被对方弄断了。

她直直盯着面罩开孔露出的血红双眼，对自己说虽然这回对方只有两个人，但还是不要反抗。或许很快就结束了。脉搏在她耳鼓里轰隆作响，让她有办法分心。

一只脏手笨拙地往下滑过她的胸脯和腹部，滑过那一撮黑色短毛，接着两根手指忽然就进入了她。她一个颤抖，扭了扭身子，结果脖子被掐得更紧了。她感觉粗糙的指甲在那里面抠动。

他灼热的口臭让她噎到。

卡洛斯开始啜泣。

哈维尔想起自己最后一次见到珍妮弗的画面。

马科斯身体一摆，似乎想有动作。枪口立刻转向了他。

"别再乱搞了，阿韦尔。我们走吧！"拿枪的家伙吼道。

五分钟后，他们拾起地上剩下的家当。卢佩默默穿上衣服，揩去小孩照片上的尘土，把照片塞回胸罩里。

他们等了一下午。傍晚时，他们知道肥仔不会回来了，一切都是他的计划。"我要是再见到这狗娘养的，绝对毙了他。"哈维尔兀自说道。这是假话，他心里清楚得很，但那样说让面对暴徒什么也没做的自己感觉好过一点。后来他在诺加莱斯的篮球场上讲述这段经历时，他会说自己当时扬言要宰了那两个抢匪，所以没人被强暴。

第三天

哈维尔、马科斯、卢佩和卡洛斯决定继续前进，其余的人则是不想走了，打算向边境巡逻队自首。他们受够了。男人互相握手，女人拥抱道别。哈维尔觉得自己知道路。"我们只要待在山里面，远离小径就好。对我们而言愈难走的路，边巡的也愈难找到。"他说。

他们天亮前几小时出发，沿着山脊小径走了好几千米。太阳从远方的地平线缓缓冒出头来。他们下切到谷地，那里比较能遮挡阳光和边境巡逻队的视线。卡洛斯不自量力地提醒大家："你一看到直升机就要赶快趴到地上，遮住眼睛，因为我堂哥说他们能从眼白侦测到你的位置。""你堂哥真天才。"哈维尔嘲讽道。这种说法虽然很荒谬，但他们实在听过太多次，都开始相信有可能是真的了。

上午十点左右，他们拖着步伐走出峡谷，来到一条泥土路旁。所有人像动物一样躲进树丛，讨论接下来该怎么做。"我们得不留痕迹。"马科斯说。所有人都吓了一跳，因为过去三天他实在太安静了，搞得其他人都开始怀疑他会不会根本是哑巴。"我们一个人走在最前面，其他人跟着他的脚步走，我在最后面把鞋印扫掉。"

马科斯从附近树上折了一根树枝，其余三人蹑手蹑脚横越泥土路，他跟在后面尽可能抹除大家的足迹。他们刚经过卢比路，和边界直线距离不到 13 千米。他们花了将近七十二小时才抵达这里。

哈维尔带他们朝图马卡科里山走。山脉在远方隐约可见，尖锐的红色山峰在万里无云的索诺拉天空下令人望而生畏，感觉就像悠哉等候他们的魔鬼。他们再次走进陡峭的峡谷。

接下来几个小时，他们蹒跚穿越坟场般的巨砾区，不时见到倒悬的树木、沙地和被雨季洪水冲过来的迁移者衣服。他们还看到一辆完全生锈、有如翻倒的无助昆虫的大众汽车。显然雨季开始之后最好不要来这里，除非你想被一路冲回诺加莱斯。峡谷走到底后，他们开始爬山。哈维尔带他们朝高处的小路走，这样才能看到远方。日正当中走这种路线很危险，但他们不想止步或回头。他们又穿越几处满是牧豆树和多刺仙人掌的区域。"我们要去哪里呀，肥仔？"卢佩问。哈维尔几周来头一回哈哈大笑。

哈维尔走到高处的小路，精疲力竭坐在树下。卢佩跟在后头，两人一起往下看，只见马科斯背着卡洛斯的背包。那个瘦小伙子脚踝上好像绑了铅块似的，连迈步都有困难。"我们最好休息一下，等太阳下山。继续走太热了。"卢佩说。接下来几小时，他们在树下休息，分享剩下的食物。他们四人只剩不到三瓶水了。

太阳落到他们正上方时，马科斯起身沿着小路往前走。"我去上厕所（*Voy al baño*）。"他说。但不到几分钟，他们就听见一声尖叫。卢佩和哈维尔慌忙站起来，抓住背包，不晓得该逃还是去帮忙。就在这时，马科斯裤子只穿了一半从转角冲出来，一边大喊："快跑啊！快跑！"其余三人还来不及反应，就看见一头鬃毛直竖的貒猪紧追马科斯而来。卢佩拾起一块石头使劲朝它扔去，结果打在那动物肥厚的腹部发出一声闷响。貒猪停下脚步，开始呼噜呻吟。它在嘲笑他们。卢佩又扔了一块石头，这回正中脑门，貒猪愤愤哀叫一声就抱头跑开了。马科斯急忙扣好裤子，脸上恢复一贯的不苟言笑，但几秒后所有人都疯狂大笑起来。"老天，"马科斯说，"他们警告我要小心响尾蛇，但可没提到发情的貒猪啊！"接下来几小时，他们在树下乘凉，不时聊起这段趣事。

傍晚时，他们再度出发。气温在 30 ℃ 上下，水喝得很凶。他们虽然过一阵子就停下休息，但岩石和地面晒了一天太阳，现在都在散热，休息感觉和走路一样痛苦。"我们必须一直走到隔天日出。"卢佩说。他们的速度比昨晚慢了不少，但卡洛斯依然很难跟上。凌晨三点，他们决定就地扎营。所有人都累了，需要休息，而那小子显然无法再走远了。卡洛斯闭上眼睛，很快就睡着了。四个人在漆黑的天空下对着奇形怪状的树影歇息，远处有郊狼低鸣。

破晓时，他们醒了过来，盘点剩下的粮食和水，将最后不到四升水分装到三个刮痕累累的塑料瓶里。晒了几天太阳，他们的救命水就跟尿一样暖。卡洛斯抱怨口渴，粉红色的皮肤摸起来冰

迁移者的营地，图马卡科里山区（迈克尔·韦尔斯摄）

冰凉凉。

"他需要喝水。我们必须往前走，直到遇见牛槽。"

四人再次蹒跚上路，在沙上缓缓前进，每走二十分钟就稍作停留，用塑料瓶里快见底的水湿润嘴唇。他们步履艰难走了几小时，最后只剩卢佩的塑料瓶里还有水。四人轮流喝水，并逼卡洛斯多喝一些。他们已经翻过图马卡科里山脉，没有回头路了。所有人都抬头望着天空，希望有直升机飞过。他们不停不停地走。

艳阳高照，气温腾升，卡洛斯昏倒了。他浑身颤抖，血从鼻子里静静渗出。他脖子上系了个木制小十字架，一只鞋的鞋带松了，灼伤的皮肤和冰一样冷。哈维尔和马科斯将他纤瘦的身躯拖到牧豆树下，但地面热得烫手，因此他们脱下上衣，替他弄了一张舒服的床垫。卢佩跪在他身旁，将仅剩的水缓缓倒进他嘴里。"美女，请给我可乐，谢谢。"卡洛斯说。卢佩看了哈维尔一眼，意思是"这下糟了"。

他们决定让卢佩留下，马科斯和哈维尔前去求援。"我没事。"她说，"你们找到水和边境巡逻队之后再来接我们，反正我脚也已经不行了。"她脱下一只银色运动鞋，露出已经有三根脚趾没了指甲的脚。马科斯和哈维尔将他们剩下的食物给了卢佩，将空水瓶像浮球一般绑在背包上，接着便下坡去了。

"卡洛斯，别担心，我们几小时后就回来。"

那小子虚弱地挥了挥手，微微一笑。

卢佩陪着卡洛斯等了两天。第一天结束时，她尿在自己手上，然后喝掉。第二天结束之前，卡洛斯开始胡言乱语，喃喃念着一匹灰色的马。卢佩再次尿在手上，自己舔了几口体内硬挤出来的水分，再将剩下的棕色液体倒进他嘴里。卡洛斯呛了一下，吐出一点血和粉红的唾沫。卢佩按摩他虚弱的手脚，直到他沉沉睡去。两小时后，卡洛斯又开始发抖，喃喃念着那匹灰马。卢佩摁住他乱挥的手臂。卡洛斯痛苦了几分钟后，就没声音了。当边境巡逻队终于出现时，她已经脱水到哭不出来，而卡洛斯则是静静望着辽阔的天空。

第四天

"你看，是图森的灯光。"

"才不是，笨蛋！那是你的幻觉！（*¡No mames, cabron! ¡Estás*

alucinando!）"

这会儿是大白天，而且距图森有 55 千米远。

他们俩迷路了，但都不想面对。原本走的小路突然没了，逼得他们只好上坡寻找新的路径。等他们走了七小时决定回头，已经来不及了。他们想不起来时的方向，仅剩的选择只有找水或者求援。

他们在地上惶惶睡了一晚，梦见银光粼粼的池水，隔天一早再次上路。两人就像衣着褴褛的骷髅摇摇晃晃穿越树丛，脑袋有如千斤重，对前方景物视而不见。马科斯撞到树枝，整个人差点翻倒在地。

他们坐在树下等太阳离开。哈维尔瞥见附近一株胭脂仙人掌顶端结了红果实（*tuna*），便采了几颗开始吸吮，结果里面只有刺和硬梗，把他牙龈都刺破了。但哈维尔不理疼痛照吸不误，分不清嘴里是果实的汁液还是自己的血。他不在乎。马科斯也拿了一些果实，但累得吃不下去。哈维尔将带血的果浆吐在龟裂的红土上，引来了成群的蚂蚁。

两人默默等了几小时，不时昏昏欲睡。到了下午稍晚时候，两人感觉好点了，哈维尔转头对马科斯说："喂（*Oye*），笨蛋，还记得我们发现你想上那头獏猪吗？"

太阳落入泛红的地平线，两人继续在山里前进。两小时后，他们撞见一个曾经给牛喝水用的潟湖，但已经干涸得只剩下中央一小摊绿色的液体，面积不比咖啡桌大。两人挤出剩下的力气朝湖中央跑去。马科斯还没跑到就跌倒在地，最后 5 米是用爬的。哈维尔开始将泥水装进塑料瓶里。虽然里头水藻和泥巴比水多，但他从来没尝过这么美味的东西。"小口一点。你得喝小口一点，免得生病。"他告诉马科斯，但马科斯才不理他，抓起脏兮兮的瓶子将泥水挤进嘴里。

第五天

虽然担心可能会有动物被水引来，但他们还是在潟湖旁睡了。那晚，哈维尔梦见自己差点淹死在红黑色的泥潭里。黏稠的泥浆搂住他的身体，他拼了命想让两只手挣脱出来，但潭里有东西把他往下拉，泥浆灌进他的嘴里。他想把泥浆吞下去，喉咙却锁住了。他双手乱挥，被泥浆呛得窒息，最后消失在黑暗里。他倒抽一口气惊醒过来，随即听见微弱的呢喃声。"马科斯，你听到了吗？"但马科斯不见了。

他又听见那个声音，仿佛被什么东西遮着，从月光照耀下有如巨大蜘蛛网的树影那边传来。哈维尔朝声音走去。

那是剧痛的哀号。繁星点点的浅灰夜空下，他看见马科斯抱着肚子，仿佛被无形的战火开膛破肚了一般。他嘴边一圈绿色唾沫，身旁还有几摊，一边裤脚滴着稀便。哈维尔扶他起来，两人互搀着胳膊走回过夜的树旁。只有共同经历巨大创伤的人，才能懂得这样的温情。

哈维尔等到地平线泛出橘光才起身道："我保证，我会找救兵回来。"他身上的最后保障就是那一大瓶浊绿的泥浆。

离开时，他听见马科斯低声说道："我叫曼努埃尔·绍塞多·古特雷斯，家住在萨尔瓦多的圣马科斯，请你告诉他们我的名字。"

"别担心，手足（mano），等我回来你自己告诉他们。"

马科斯眼皮半闭看着哈维尔消失在山头后方，接着望向远处。这时他才察觉附近一棵树上停着三个椭圆身影，正静静盯着他。

到了中午，哈维尔已经喝完了他带着的所有泥水。他想沿着小路走，但只要遇到大弯，他就会踩进长满胭脂仙人掌的相思树林。他脚踝流血，嘴唇干裂发黑，脸上全是水泡。他的脚趾从破烂的鞋子前端露了出来，有如大萧条时期的游民。走着走着塑料瓶掉了，但他想不起是哪时不见的。高挂的太阳一边嘲笑他，一边炙烤他的大脑。他试着想象口水的味道，回想自己走了多少天。当边境巡逻队在路旁发现他时，他会哭着哀求："你们要救救马科斯。"一名理着平头的急救人员会替哈维尔打点滴，再送他到图森的拘留所。两天后，哈维尔会在半夜被遣送回诺加莱斯。

揭开威慑的面纱

虽然卢佩、卡洛斯、马科斯和哈维尔都是我虚构的人物，目的在以现象学的手法描述边境穿越，但他们的经历和对话都很真实，撷取自我这些年来和迁移者进行的数百次访谈。[1] 只要读完本书接下来提到的那些夸张的非虚构故事，你就会明白，这些

---

[1] 大多数对话都直接摘自录音访谈。

描述虽然看似荒诞，但绝对不是独一无二的。在你读到本段的此刻，就有卢佩和卡洛斯那样的人，在那片沙漠上活着与死去。

我在本章详细描述了亲身经历者的血腥体验，借此玷污了"威慑预防"，让这个用语不再纯洁无瑕。我还使用异质集合体作为解释的架构，以便阐明非人类在美国联邦边境查缉中所扮演的战略角色。第二点尤其重要，因为有许多人将边境穿越时因动物、地形和气温造成的死伤视为"自然后果"，或是和联邦政策没有因果上的关系。迁移者被多种查缉手法刻意引导至沙漠地带，这个战术让边境巡逻队得以将惩罚外包给山脉和极端气温之类的行动者。将迁移者的死亡说成"大自然的不可抗力"是一种投机取巧，无视边境政策规划者二十多年前刻意启动并运作至今的威慑异质集合体。此外，也有明确证据显示，边境巡逻队远距离监视迁移者，让他们在沙漠长时间行走，而不是立刻逮捕他们。[1] 利用索诺拉沙漠消磨迁移者，让逮捕变得比较容易，也让再次尝试穿越边境更为困难。如同描述里所显示的，在沙漠行走短短几天就可能发生非常多事。

不论你是想读懂本书之后将提到的边境穿越故事，或看出在沙漠发生的个别事件与形塑无证迁移的宏观政治及社会过程有何关联，你都必须了解这套体系的内在机制。我希望揭露联邦查缉策略的构成要件，以及一连串行动者协力产生的各种威慑边境穿越者的能动性，借此阐明沙漠里发生的某些事件或许随机，但整套体系背后却有着一套令人不悦的系统性逻辑。不用怀疑，威慑

---

[1] Magana 2008:x. 另外见第六章。

预防就是设计出来伤人的。

本内特在《活跃之物》（*Vibrant Matter*）里写道，社会政治关系祛魅化是民主的要素，不仅能让掌权者必须向法律负责，也能密切留意带有歧视的制度。[1]但本内特也警告道，祛魅的过程很可能将我们带回大有问题的人类与非人类二分法，以致无法真正了解能动性的运作方式："祛魅化揭露的永远是人类事物，例如某些人对其他人的暗中控制、逃避罪责的本能或（人类）权力分配的不平等。祛魅往往会筛掉物质的活力（vitality），将政治能动性化约成人的能动性。"[2]

我无意贬低威慑预防策略里的非人类能动性（第三章将进一步说明），而且恰恰相反，在亚利桑那沙漠里，非人类才是主要角色。少了它们，边境查缉机制根本无法存在。我想强调的是边境巡逻队刻意创造条件，将绝大部分的残忍活交给其他行动者代劳。尽管有人声称沙漠已经失去控制，连联邦执法人员都觉得在这片辽阔的土地上巡逻很危险，[3]但我认为这个环境是边境管制完美的沉默帮手。虽然我能理解近来的本体论转向，将非人类视为关键政治行动者，但对现有的残暴边境查缉策略，我还不打算将人的能动性视为次要角色，甚至排除在外。在这个脉络下，能动性来自关系，是人引发的连锁反应的一部分。一旦启动，就算人类行动者拥有更明显的意图，他们和非人类政治行动者仍然再

---

[1] Bennett 2010:xiv.

[2] Bennett 2010:xv.

[3] Sundberg 2011.

也无法分割。[1]

因此，威慑预防其实是一台由边境巡逻队启动、其他政治行动者推动的永动机。这些由环境条件、地形和动物行动者促成的威慑形式五花八门，其实正阐明了这些非人类的能动性和这个异质集合体的独特性。尽管唯有当这些实体汇聚在一起时我们才能知道它们会如何反应，[2] 但边境巡逻队显然期待沙漠伤害迁移者。这一点在他们1994年发布的首版政策规划里写得清清楚楚。其中一项要点明白写道："暴力升高，（威慑预防的）效果才出得来。"[3] 被联邦边境查缉政策收编的行动者显然已经超出职责范围，进一步提高了边境暴力，以致这个异质集合体每天都有机会创造超乎我们想象的新形态能动性。

---

[1] Hobson（2007）呼吁将动物视为非传统的政治行动者，就是在说这一点："我无意主张动物具有自由和理性意义下的政治能动性。动物无法参与组织决策过程，也无法做出能算作偏好的口头表达。但我想论证的是，动物已经是构成政治活动的异质网络的一部分。有些人认为，这点彻底挑战了我们对政治的全盘构想。"（263）

[2] Callon and Law 1997:172.

[3] USBP 1994:4.

3

死亡暴力

拿死亡做实验

所有动物都知道大事不妙了，尤其是那头猪。弗雷迪才一靠近，他就开始在小铁笼里冲上冲下，不停用脑袋撞笼子，拼命哀号。因为他认得枪，只想离它愈远愈好。他很害怕。[1]这天早上沙漠很安静，没有风，也没有鸟鸣，只听得见猪叫声和铁笼的撞击声。弗雷迪握着点二二手枪，冷静摆在离猪头几厘米的地方，然后扣下扳机。[2]枪发出可怕的轰响，紧接着就是一声惨叫和铁笼摇晃声，猪用结实的后腿猛踹笼子。弗雷迪伸出长茧的棕皮肤大手将笼门打开，那头七十公斤的动物摇摇摆摆走了出来，有如刚结束十二回合比赛的醉酒拳手。他蹒跚向左，接着往右，随即踉跄瘫倒在地上，发出尖锐的哀鸣。尘土飞扬，猪吃力站了起

[1] 如同 Fuentes（2006）指出的："俗称'恐惧'的感觉是哺乳类动物共有的压力反应模式……不论是斑马受到狮子攻击、狒狒被美洲豹吓到或人出车祸，都会产生这个基本的心理反应。"（126）
[2] 所有程序都符合美国大学及联邦政府相关规范。参见密歇根大学实验动物照护及使用委员会审查指引（the University of Michigan Committee on Use and Care of Animals protocol number PRO00003934）。

来，重新开始垂死之舞。那惨不忍睹的景象让不少旁观者转过头去。鲜血和冒泡的白色脑浆从猪头上的半厘米弹孔里流了出来，痛得他凄声惨叫。

我听说这是最人道的屠猪方法，[1] 但我完全感觉不出来，也不觉得有多快。那头猪不停摔倒又爬起来，左摇右晃，在死神面前负隅顽抗。"我得再开一枪。"弗雷迪拿着枪对我们说，"他脑门太硬了。"他从卡车后斗拿了一条脏绳子，我上前抓住猪的腹部和后腿。我试着温柔一点，但讽刺的是，他是我以每公斤约2.2 美元的价钱向某大学的供应商买来的，目的就是花钱看人宰了他。

我将猪压在地上，弗雷迪抓住他的前腿，用名副其实的捆猪法绑住他的四肢。那头猪死命甩头，鲜血四溅，洒得地上和我们的靴子上衣都是。我们试着架住他，但他开始在地上扭动挣扎，沉重的身躯每次撞击地面就发出"砰砰砰"的低沉闷响，每次抽搐都扬起阵阵尘土。棕色的土里掺进了深红色。"好了，你退后。"我放开手，猪又试着站起来，但随即就是一声枪响。猪有如一大袋混凝土重重倒在地上，再也起不来了。我跪在地上，双手贴着他温暖的身体，鲜血从他嘴里滴到地上，形成一摊红渍。我抚摸他腹部粗短的白毛，轻声说："没事了，没事了。"他一条后腿抽搐了一下，一只眼瞪得好大，似乎没有望向任何东西，角膜上沾了泥土和草。他短浅呼吸了几秒，之后就断气了。我还是低声说着"没事了"，虽然他已经死了。即使我根本不信，还

---

[1] National Pork Board（美国国家猪肉委员会）2008。

是不停地说。

因为猪的脂肪分布、毛发密度、躯干尺寸与内脏位置和人类相近，所以常被鉴识实验当成替代品。[1]科学家拿枪射猪，测量体内组织留下的射击残迹。他们将猪杀了埋了，以检验探地雷达的侦测效果。他们在猪身上抹润滑液，希望对性侵相关迹证有更深入的认识。[2]学名 *Sus scrofa domesticus* 的家猪是鉴识科学实验研究的无名功臣，而 2013 年的这个夏日，我们正在做第二季实验，想了解沙漠里尸体分解的过程，这头猪就是我们的研究案例之一。听了那么多年迁移者、研究伙伴、边境巡逻队和媒体描述尸体暴露在沙漠环境里的情形，我决定亲眼见识一番。

2012 年，我们杀了三头幼年母猪，替她们穿上迁移者常穿的衣物，放在各种环境条件下（如直接日晒或置于阴凉处）观察。我们通过每日实地观察和动作感测摄影机监测尸体分解过程。摄影机会以拍照和摄影方式记录动物周围的动静。[3]2013年，我们杀了两头成年公猪，包括刚才描述的那一只，一头放在大树树荫下，一头用石头和枝叶覆盖，模拟就地掩埋的状态。研究目的除了观察尸体在沙漠的分解速度，也想记录食腐动物对尸体的影响，[4]并近距离呈现食腐动物吞食尸体的过程。最后这部

---

[1] Shean et al. 1993:939; Reeves 2009:523.

[2] Udey et al. 2011; Schultz et al. 2006; Tonkin et al. 2013.

[3] Beck et al. 2014.

[4] 本处提到的内容大部分是对 Beck et al. 2014 里的数据所做的民族志延伸。想了解更多细节（例如不同部位的骨骸会被带离死亡现场多远）的读者，务必参考这本著作。

分是因为我希望揭露"边境查缉"这个异质集合体如何创造条件，让食腐动物得以接近并（从人的角度看来）残忍对待每年死在沙漠中的数百名边境穿越者的尸体。为了理解这种死后暴力，我只好狠下心对研究用猪下重手。

对于这点，我无话可说。不论我们再怎么小心，杀害那些猪都是暴力，他们从中枪到死亡都承受了三分钟以上的痛苦，没有一头安详离世。而我之所以认为这样做正当，是因为除了取得捐赠给鉴识科学实验用的人类遗体之外，[1]我想不出其他方法，能取代用猪做实验。我和不少人都认为，美国联邦政府将迁移者视为*裸命*，是死了也没有多大影响的个体的这种态度大有问题。[2]从这点看，我以研究为名杀害那些猪，似乎是自打嘴巴。[3]人怎么可以一边批判某个群体受到暴力对待，一边又用暴力对待另一个群体？

我是这样说服自己的：那些动物的死亡是为了增长我们的知识，让我们更了解一个每年影响数百具尸体的隐而不显的社会政治过程。不过，这仍不是个容易的决定。我希望借由强调那些猪的死亡惨状（鉴识科学著作完全回避这部分），同时近距离呈现其他动物如何涉入（engage with）沙漠上的人类及家猪尸体，来进行柯克西（Eben Kirksey）和黑尔姆赖希（Stefan Helmreich）所谓的**多物种民族志**（multispecies ethnography）研究，关注人

---

[1] 本书撰写期间，南亚利桑那还没有鉴识实验室或俗称"尸体农场"的尸体研究所符合资格，可以督导人体分解实验。

[2] Nevins 2005; Magaña 2011; Doty 2011; De León, Gokee, and Schubert 2015.

[3] 本处的**裸命**涵盖动物，超出阿甘本的定义范围，见 Stanescu 2012:574。

类和非人类的生死是如何紧密交织，并共同受到文化、经济与政治力量的影响。[1]如同最近的一些学者，[2]我也想将动物纳入方程式里，让生物政治的概念更为复杂。

我放大民族志的视角，纳入人类以外的对象，并不足以为我花钱让五只生灵头部中枪开脱，更别说将他们扮成拉丁裔边境穿越者（老实说这样做也是有问题的），再任凭大自然处置了。[3]他们都是具有能动性的生物，为了我的研究而牺牲，帮助我更深刻记录那些被美国联邦政府描绘成"非主体"、生命不具政治或社会价值的人的死亡。这片沙漠和帕奇拉特（Timothy Pachirat）研究的牛只屠宰场一样，是一个"禁闭区"（zone of confinement），是一个好公民不该看到的场所。[4]然而，将民族志方法用在这件事上不只是为了替动物受苦做见证，也是为了展现猪能协助人类社会看见迁移者死后经历的、大部分不为人知的苦痛与暴力。[5]这是个奇特的角色反转，因为猪往往"被人忽略、无视、置若罔闻，仿佛一生留下的痕迹就是部分肢体被做成食物"，[6]现在却肩负起呈现死亡人性面的任务。我希望他们的死能让我们更趋于了解动物、昆虫、环境与人类在索诺拉沙漠异质集合体里如何紧密相连。

---

[1] Kirksey and Helmreich 2010:545. 亦可参考 Malone, et al. 2014。

[2] 例如 Stanescu 2013; Nading 2012, 2014。

[3] 五头猪包括 2012 年实验期间当作对照组的那一头，参见 Beck et al. 2014。

[4] Pachirat 2013.

[5] 有关民族志对多物种人类学的重要性，参见 Smart 2014。

[6] Stanescu 2012:568.

那头猪一死，所有人就动起来了。我们解开他腿上的绳子，我和一名研究生将软趴趴的尸体拖到一棵大牧豆树的树荫底下，很快替他穿上胸罩、内裤、蓝牛仔裤、灰 T 恤和网球鞋，也就是女性边境穿越者常见的穿着。有人在他口袋里放了钱包和其他个人物品，包括零钱和一张写有电话号码的纸条，又在他身旁放了黑色的背包和一瓶水。最后，我们检查周围架设的摄影机角度对不对，电池有没有充满电，记忆卡是不是空的，能不能记录影像。一切就绪后，我们打开摄影机，走回临时休息处。接下来几天，猛禽会将那头猪撕成碎片。

穿着衣服置于阴凉处的公猪尸体（作者摄）

死亡政治

虽然边境巡逻队用词不带脏字（"威慑预防"）、佯装无知（"边境死亡人数增加是本政策**始料未及**的后果"[1]）又推诿塞责（"我们成天听见移民抱怨他们被人口贩子抛弃了"[2]），但正是这个联邦部门在美墨边境打造了一条基建漏斗，刻意把迁移者引导到沙漠。这片不毛之地是美国联邦政府面对中美洲国家不时呼吁加强边境治安时，想出来的政治—生态妙招，也是许多人的生财管道。要价过高、成效不彰的排外科技（见第六章）让联邦承包商和对他们言听计从的华盛顿游说团体荷包满满。然而，这片遭到政治化的土地造成了哪些人命代价？而那些死于最极端"威慑"的生命又反映出了怎样的美国主权观？

哲学家姆本贝（Achille Mbembe）批评福柯提出的**生命权力**（biopower），认为这个概念将政治、战争、种族歧视和凶杀全混在一起，以致很难个别拆解及追问。[3]他认为这种混同（consolidation）无法妥当解释在当代各种政治权力形式里，死亡和生杀大权实际的行使方式。[4]说得更广一点，姆本贝不再认为政治只是"一个自治方案，借由沟通与承认达成集

---

[1] Haddal 2010:19.

[2] Trevizo 2013b.

[3] 福柯（Foucault 2007）将生命权力定义为"将人类基本生物特质变成政治策略甚至（更普遍的）权力策略施行对象的一套机制，即现代西方社会自18世纪接受'人类是物种'为基本生物事实以来所做的事"。（1）

[4] Mbembe 2003:12, 18.

体共识的过程"，而是悲观地认为政治愈来愈被伪装成对抗恐怖（terror）的战争、抵御或维安行动。而不论是战争、抵御或维安行动，"都以杀死敌人为首要的绝对目标"。[1]因此，为主权而杀的**死亡政治**（necropolitics）无关理性、真理或自由等抽象概念，而是关乎生死的具体现实（tangible）：一名疑似恐怖分子的人被关进关塔那摩监狱，结果永远消失;[2]为了消灭基地组织分子而发动的也门无人机轰炸，却炸死了参加婚礼的平民;[3]十五岁男孩走在墨西哥诺加莱斯市的人行道上，被美国边境巡逻队员朝背上连开八枪，只因为他们以为他扔石头挑衅。[4]"主权最终有很大一部分展现为决定谁可以生谁必须死的权力与能力。"[5]姆本贝写下这句话时，心里想的或许正是美国。

只要瞧一眼美国南方边境查缉所用的科技（如无人机和夜视镜）和说辞（"尸体""外来者"和"国土安全"），以及造成的死伤（光是亚利桑那州自 2000 年起就发现了超过 2600 具遗体），[6]就会发现美国境内其实正在进行一场反非公民战争，而与墨西哥接壤的地缘政治边界则是原爆点。联邦执法单位既要追缉夹带大量大麻（mota）闯关的武装走私毒贩，又得应付穿着

---

[1] Mbembe 2003:12, 13.

[2] Londras 2008.

[3] Human Rights Watch（人权观察组织）2014。

[4] Carcamo 2014.

[5] Mbembe 2003:11.

[6] "边境死者与遗体搜寻计划"：http://derechoshumanosaz.net/projects/arizona-recovered-bodies-project/。

编织凉鞋横越滚烫沙漠的瓦哈卡农民。这场战争甚至很适合上电视。不信你问国家地理频道《边境战争》（Border Wars）节目制作人。他们骄傲地表示自己不怕"呈现非法移民和走私这类令人心碎、瞠目结舌又惊险刺激的议题"，[1] 而观众则是对着自己欣赏的边境巡逻队员在沙漠追捕墨西哥佬鼓掌叫好。由斯蒂芬·金反乌托邦恐怖小说改编的《过关斩将》（The Running Man）已经成为现实。

尽管近些年来遭到边境巡逻队员枪杀的美国公民和非公民不少，2005 年以来总计 42 人，[2] 但在皮马县法医室 1990 年至 2012 年检验过的 2238 名死于沙漠的迁移者中，有 1813 人死因与"暴露（exposure）或疑似暴露"（占 45%）有关，或是遗体过度残缺或分解，以致无法确定死因（占 36%）。[3] 根据遗体发现位置分析，那些死因无法确定者（尸体过于腐烂或被动物啃得只剩骨骸）很可能也死于"暴露"。[4] 这还只是遗体被发现了的迁移者。

如同第一章提到的官方文件所表明的，沙漠是边境查缉的工具，**也**是杀害边境穿越者的战略武器。联邦政府不用"杀戮"命名这项政策，而是用"威慑"，并称其为保卫祖国的必要代价。

---

[1] 国家地理频道《边境战争》节目：http://channel.nationalgeographic.com/channel/border-wars/。

[2] Ortega and O'Dell 2013.

[3] 其他死因有车祸、心脏病发作、凶杀和自杀。

[4] Martínez et al. 2013:12–17.

然而，执法者将暴力外包给山脉、极端气温和几万平方千米的无人土地，不代表就可以将这些死亡归咎于"始料未及的后果"或自然因素。事情没那么简单。这些死亡是杀人科技创新的成果，就像断头台、毒气室或通用原子航空系统公司开发的 MQ-9"死神"无人机一样，是进化版的杀人法。大自然将联邦政府对付迁移者的手法"文明化"，让联邦政府借刀杀人。如同威慑预防策略的规划者和支持者都心知肚明的，这项政策还精明地拉大了被害者和犯罪者的分离度。[1]

美国政府对边境穿越者的权利或生命几乎漠不关心，这点从他们使用的治安手腕公然以痛苦、折磨与死亡来吓阻边境穿越者就能看得明白。迁移者处在阿甘本所谓的**"例外状态"**：主权当局宣布国家进入紧急状态，以搁置个体受到的法律保障，并加强政府对个体的权力。而美墨边境长久以来就是以"例外状态"存在的，所有人心照不宣，人权和宪法赋予的权利统统以安全为名而搁置。[2]保护美国不受那些替我们摘草莓、拔鸡毛和泊车的人侵扰的伪善，加上边境穿越者不具公民身份（处于例外地位）的行为违犯民法，让他们的死不足为惜。由于缺乏权利与保障，这些非法进入主权领土的无证者成为国家眼中的可杀之人。威慑预防政策正是死亡权力（necropower）的展现。

---

[1] Doty 2011.

[2] 可参见 Hernández 2010; Heyman 2009; ACLU 2014; De León, Gokee, and Schubert 2015。

死亡暴力

政府权力以政治为名，行杀人之实，这件事让社会科学家很感兴趣，愈来愈多研究者开始钻研死者的身后传，包括葬礼的社会政治脉络、遗体的能动性与政治来世（political afterlife）等等。[1]这些对死亡的研究多半强调尸体是行动者，并着重探讨文化、经济和政治等多重因素如何形塑死者与生者的互动。[2]有些学者认为现代死亡政治已经将魔掌伸到了死后："若行使主权等同于对生命开战的特权，那么将之等同于对尸体开战的特权也无不妥。"[3]边境穿越者虽然是手无寸铁的平民，他们的尸体却还是躲不过这场战争。

作践死者绝非新的文化现象，数千年来人类乐此不疲。从阿喀琉斯拖着赫克托尔的尸首绕特洛伊城一周，气愤的阿兹特克人将西班牙征服者连人带马的头颅放在人头墙（tzompantli）上，警告科尔特斯和他手下最好离开特诺奇蒂特兰（Tenochtitlán），[4]到法国宗教战争期间天主教徒拿新教徒的尸体喂乌鸦和狗，好让对方灵魂下地狱，[5]无一不是如此。如同福柯指出的，正是过

---

[1] 可参见 Scheper-Hughes 1992; Rév 1995; Verdery 1999; Klass and Goss 2003; Nudelman 2004; Williams 2004; Crossland 2009; O'Neil 2012。

[2] 可参见 McFarland 2008; Krmpotich et al. 2010; Fontein 2010; C. Young and Light 2012。

[3] Posel and Gupta 2009:306. 亦可参见 O'Neil（2012）对危地马拉裸死（bare death）的讨论。

[4] Díaz del Castillo 1956:352.

[5] Ford 1998:103-104.

度暴力让这些行为成为加害者眼中的"光荣之举"，让人即使断气了还得遭受欺凌："遗体被火烧、灰烬被风吹散，尸体被拖行或扔在路旁示众，正义连不再感受到任何痛苦的尸体也不放过。"[1]

启蒙时期的人或许不再将尸体视为施罚对象，然而对死者开战（war on the dead）始终是一种重要的跨文化行为。[2]美国也克制不住这股冲动，海军陆战队最近一起事件就是最佳证明。2012 年网络流出一段影片，四名海军陆战队狙击手对着据信是塔利班士兵的尸体撒尿，最终四人遭到申诫。后来谈到这起事件时，中士钱布林（Joseph Chamblin）讲得很明白：

> 害死我们家人、我们弟兄的就是这些家伙……我们也是人。有谁失去弟兄或母亲不想报仇的？你难道不会想报复吗？……我们那样做针对的是心理，不是身体，因为他们的文化相信人死后只要被异教徒碰过，就去不了麦加或天堂了。这下那些作乱者都明白我们可不是好惹的……我那样做不是为了让人感谢，而是因为我爱我的国家，爱美国所代表的价值。我不后悔为国家效命。[3]

---

[1] Foucault 1995:34.

[2] Foucault 1995. 美国部队亵渎尸体的实例，参见 Nudelman 2004 和 S. Harrison 2006, 2010。

[3] 摘录自 2013 年 7 月 16 日《纽约每日新闻》记者格洛戈夫斯基（Nina Golgowski）报道《被拍到朝塔利班士兵尸体撒尿，海军陆战队员表示重回当时还是会照做》：https://www.nydailynews.com/news/national/marine-no-regrets-urinating-taliban-article-1.1399764（查询时间：2015 年 2 月 28 日）。

这类羞辱向来被当成一种工具，将被害者从社会脉络中抽离出来，让所有目睹暴力的人觉得自己在道德上高于被害者而心生轻蔑。[1]战争时亵渎敌人尸首基本上是所有文化都会做的事。[2]

这些对待尸体的方式，我称作**死亡暴力**（necroviolence），也就是犯罪者、被害者（及其所属文化族群）或犯罪者和被害者，以公认冒犯、亵渎或不人道的方式处置尸体而施行与展现的暴力。姆本贝的死亡政治着重于和现代性及主权行使有关的"生杀"权力，死亡暴力则是聚焦于尸体虐待，以及其构成暴力的能力。这些可怕的社会过程既古老又超越文化、地理与政治界线。而我特地为这个现象命名，一方面是为了将它和现代的政治权力形式联结起来，另一方面则是希望提供一个架构，方便人类学的不同分支针对这类死后暴力展开对话。跨时空、跨领域探究死亡暴力，对我们了解冲突与社会不平等的意识形态将大有帮助。

尸体虐待有各种形态与功能。死后暴力有时针对死者的精神、灵魂或来世，从古到今有太多例子。在《伊利亚特》中，狄俄墨得斯告诉帕里斯，"谁敢挡在我矛前，谁就要血溅沙场，围着他尸首的秃鹰比女人（哀悼者）还多"。[3]暗指他将亵渎帕里斯的尸首，使其灵魂无法安息。秃鹰则象征"凶险恐怖的未来"，意指"凄惨、可耻和孤独的死亡"。[4]

---

[1] Coleman 1990:47.

[2] Harrison 2006.

[3] 转引自 Bassett 1933:48。

[4] Johanasson 2012:78, 259; Lomnitz 2005:16.

此外，被摆弄的尸体也可以是传递暴力讯息给生者的载体。[1]南美普图马约印第安人因为采集不到足够的橡胶，而被英国领主肢解和斩首。[2]他们的尸体成为腐烂发臭的战利品，一方面展现殖民者凌驾于原住民生命之上的权力，另一方面告诫工作怠惰者会有什么下场。美国深南部（Deep South）的种族歧视暴徒用私刑烧死黑人男性、女性或孩童，理由是他们对白人行为不检。惨事发生后，群众会挖掘死者的骨灰作为纪念品，而被害者家属只能等着捡拾残余的骨灰下葬。对愤怒的暴徒而言，焚尸将死去的肉体变成"私刑纪念品"，不仅彻底抹除"整副"躯体和寓居其中的人，还创造出见证残暴仪式、展现"不让非裔美国人出头的决心"的物品。[3]墨西哥毒枭会将对手的尸体吊在桥上、头颅插在围篱柱子上，或替尸体穿上戏服，吸引媒体拍照。你不用会说西班牙文，也能明白某人将一大袋头颅倒在墨西哥米却肯州一家夜店舞池里是什么意思："少玩火，我们暴力起来可是无极限。"人类学家马加尼亚（Rocío Magaña）谈到墨西哥的毒品暴力时，非但不认为这些行为无稽或愚蠢，反而一针见血地指出，尸体虐待是政府建立权威与主权的惯用"恐怖手段"。人类学家对此早有体悟。[4]

---

[1] 本处只谈暴力讯息，但不少学者点出借由摆弄尸体传达讯息还有其他更复杂（而且往往模棱两可）的方式，可参见 Verdery 1999; Guyer 2009; Fontein 2010。

[2] Taussig 1984.

[3] H. Young 2005:652–657.

[4] Magaña 2011:164. 最近的新世界考古实例可参考 Townsend 1992:100; Nelson et al. 1992; Spencer and Redmond 2001:187; Sugiyama 2005; Valdez 2009。

最后，在人类发明的死亡暴力里，湮灭尸体是最复杂也最历久弥新的一种。没有尸体不仅让死者无法"安"葬，也让施暴者可以坚称自己没有杀人。[1]如同晚近许多历史事件所揭示的，湮灭尸体往往极具政治意涵。"肮脏战争"期间，阿根廷海军扒光异议者的衣服，再下药迷晕空投到海里，让他们从此"失踪"被人遗忘。[2]墨西哥格雷罗州阿尤奇纳帕（Ayotzinapa）教师培训学院四十三名捣乱学生人间蒸发。当地传言四起，不少人说学生被毒贩和贪官污吏活活烧死，再用各种方法悄悄弃尸，墨西哥政府则表示整起事件有待调查。尽管比起断头断手示众，这些手法"婉转"一些，但湮灭尸体可以说是更恶毒的，剥夺敌人的声音及能动性，同时"让压迫的痕迹……只能全凭推论"。湮灭尸体已经成为死后"消失政治学"的一部分。[3]

抹除尸体还让必要的哀悼与葬礼无法进行，打断了社会关系的前进。生者需要这些事来让"生者之生与死者之死有意义"，并且为死者在生者社群中安排（或重新安排）位置。[4]因此，这种死亡暴力最令人困扰之处，就在于它让哀悼者永远处于临床心理学家博斯（Pauline Boss）所谓的**"模糊失落"**（ambiguous loss）状态，永远抱着若有似无的失落感。[5]不晓得家人的下落，

---

[1] 例如，不相信发生过大屠杀的人就常以"有数百万犹太人找不到尸体"为理由。

[2] Robben 2005.

[3] Crossland 2000:153; Robben 2005:131, 399–400.

[4] Crossland 2000.

[5] Boss 2007.

不清楚他们是生是死，对一个人来说是永难磨灭的创伤。这种模糊"将悲伤冻结"，让人无法为哀悼画下句点。[1]这样的死亡暴力似乎永无终结。

简单回顾战争、冲突和攻击的历史就会发现，死亡暴力是一种源远流长、散播极广的文化实践，也是一种可以轻易外包给动物、自然与科技的暴力。将某人喂狗、弃置在沙场等死或塞进炉里烧成灰，这些虐尸手段都有一个介于犯罪者和被害者之间的中间物（intermediary），却都能达成其主要目的，对死者和生者构成不同形式的暴力。

我最感兴趣的是命丧索诺拉沙漠异质集合体的那些人的死后生命。沙漠如何施展死亡暴力？鉴识科学和多物种民族志如何使刻意不让人看见的暴力现形？那些死于自然并暴露于自然的人的尸体会遭遇什么？动物啃噬尸体又能帮助我们对迁移者死亡的政治本质有多少理解？在接下来的篇幅里，我将阐述威慑预防策略背后逻辑所导出的死后暴力，如何让边境穿越者以独特的方式承受死亡，其尸体又如何受自然影响。当我们将尸体分解过程中看似"自然"的物理、化学和生物现象放进沙漠威慑异质集合体的脉络下检视，就会明白那些现象都是政治事实（political fact），反映出无证者的生与死被赋予何种价值。这些事实全刻在死者的骨头上。[2]

---

[1] Boss 2007:105. 有关阿根廷此种现象的讨论，参见 Robben 2005。

[2] 关于政治尸体（political body）的讨论，参见 Domanska 2005:403。

暴力埋葬学

人类从原始人至今各时期处置尸体的方式，向来是人类学家深感兴趣的主题。[1]从墓穴深度、尸体位置到掺杂在骸骨里的物品，如何处置死者透露了许多线索，让我们窥见生者的文化观。然而，不是只有亲友的行动会影响死者遗体，视情境和时机的不同，风雨、地下水、昆虫、土壤里的化学物质、盗墓者、洪水、重力和动物等等都可能让尸体产生变化。[2]苏联古生物学家叶夫列莫夫（Ivan Efremov）1940 年代发明了**埋葬学**（taphonomy）这个词，用来指称研究影响遗体的人类与非人类因素的学问。[3]目前一般将埋葬学理解为研究"死后过程"[4]或"影响生物死时和死后遗体的现象"[5]的学问，而这也是许多死亡暴力的关键要素。

对埋葬学的兴趣于 1970 年代受到关注，特别是考古学家开始关注死后事件会造成物质记录的偏误，譬如土壤侵蚀对墓葬的影响。但他们这样做通常是为了剥除偏误，因为他们认定非人类对遗体只会有一个影响，就是摧毁重要的"文化"信息。[6]但到

---

[1] 可参见 Solecki 1975; O'Shea 1984; Nelson et al. 1992; Graeber 1995; Dennie 2009。

[2] Stiner 2008:2113.

[3] 叶夫列莫夫在他 1940 年发表的划时代论文中，将埋葬学定义为"研究动物遗体从生物圈转入岩石圈的过程（所有细节）"的学问。(85)

[4] Sorg et al. 2012:477.

[5] Nawrocki 2009:284.

[6] Schiffer 1975:840–841.

了 1980 年代，学者开始察觉这些非人类过程本身就很有意思。[1] 例如古生物学家希普曼（Pat Shipman）就不认为食腐动物只会破坏考古资料，而是主张以埋葬学确认这类动物是否在场，以此检验有关早期人类狩猎与采集的理论。[2] 不过，尽管沉积后样式（postdepositional pattern）研究大有突破，许多研究者还是对埋葬学了解模糊，尤其有些考古学家定义错误，试图将文化过程和人类行为排除在定义之外。[3]

不论是用木槌敲打让尸体无法被巫师偷去使用，或是埋进土壤里加速其木乃伊化，[4] 这些影响死去生物的过程都是"埋葬学的"（taphonomic）。认识到这一点很重要，有助于让我们超越自然与人为的截然二分，因为这样的二分法经常有损分析能力，让我们无法理解身体停止运作之后，动物、昆虫、人类和环境过程发生的复杂互动。目前从人类学的角度对沉积和沉积后样式进行这种细致的理解，贡献最大者首推人类学家道蒂（Shannon Dawdy）："埋葬学描述创造历史及构成'民族志当下'（ethnographic present）的意外与摆弄、沉默与抹除、约束结构与突然断裂的复杂与混合……埋葬学的过程不只是反映社

---

[1] Lyman 2010:3.

[2] Shipman 1986.

[3] Lyman 2010:12-13.

[4] "木槌"见 A. Darling 1998:735；"木乃伊"见 2013 年 8 月 26 日《石板》（Slate）杂志《奇趣地图》博客栏目文章《瞧瞧 100 名墨西哥木乃伊的无声呐喊》：www.slate.com/blogs/atlas_obscura/2013/08/26/see_the_silent_screams_of_a_hundred_mexican_mummies_at_museo_de_las_momias.html（查询时间：2015 年 3 月 2 日）。

会过程的一面考古学镜子，其本身就是社会过程。"[1] 因此，埋葬学是一个由人类和非人类、动物和矿物、生和死均等构成的社会过程。由此出发，我认为影响沙漠里迁移者尸体的死后事件是一种死亡暴力，尽管多半外包给自然与环境，却和威慑预防政策、领土主权和美国政府赋予无证边境穿越者的例外（故而可以杀害和随意处置的）状态关系密切。接下来，我不会探讨埋葬学的过程如何抹除生物数据，而是阐明亚利桑那沙漠里具有毁灭力的、不人道的埋葬学因素，以及这些因素如何制造暴力。

沙漠埋葬学

在无证迁移计划于 2012 年展开实验之前，只有两篇学术论文以索诺拉沙漠里的人类遗体分解为主题，[2] 而且两者都只依据 1970 年代和 1980 年代的验尸报告进行回顾分析。当时该地区的死者多半为凶杀被害人、在家中自然死亡者，或失踪在沙漠里的美国公民。[3] 两份研究都完成于威慑预防政策施行之前，因此并没有探讨政策施行后，边境穿越者的死亡人数于 21 世纪初期大幅攀升的现象，也没有分析该族群的人口与沉积特征

---

[1] Dawdy 2006:719, 728.

[2] Galloway et al. 1989; Galloway 1997.

[3] Galloway 1997:142. 两篇论文都没有载明死因及公民身份，但可以推测死者大多为美国公民，被杀害、弃尸于沙漠，或在这个环境中自然死亡。

轮廓。[1]

这两篇论文提升了我们对亚利桑那沙漠独特埋葬学条件的理解，然而不大容易看出文中的数据与迁移者死亡的关联。这是因为边境穿越死亡者的沉积脉络和死后被浅埋的凶杀被害人或死于家中者不同，后面两者都不会受户外环境或野生动物影响。此外，这两篇论文虽然略微提到食腐动物，主要是郊狼和狗，[2]但只是从骨骼分析推断它们存在，没有第一手观察数据证明动物接触了尸体。而且令人惊讶的是，秃鹰明明是索诺拉沙漠长期公认的食腐集团成员之一，但这两篇论文竟然都没有提到。[3]因为迁移者通常死在偏远地带，可能数月到数年（甚至永远）不会被发现，所以很难记录尸体的分解过程及动物和尸体间的接触。接下来的描述将尝试透过实验研究，带领各位看见这些隐藏的死后过程。

"新鲜期"

当死神降临索诺拉沙漠，你几乎无处可逃。那里没有高大橡树或阴凉榆树可躲，只有纺锤状的仙人掌和瘦骨嶙峋的小叶假紫

---

[1] 例如 1990 年至 1999 年，皮马县法医室每年平均检验 12 具边境穿越者遗体；1999 年至 2012 年，平均数字将近 163 具。（Martínez et al. 2013:12）

[2] "肉食动物也可能加速尸体分解，因为它们会扯断关节，吃掉软组织和啃食骨骼物质……然而在美国西南部，肉食动物似乎只出现在遗体进一步分解、开始木乃伊化和骨头化的阶段。郊狼是该地区最常见的野生食腐动物，而且和狗一样将会将干掉的残尸断骨叼到别处品尝。此外，熊和猫猪也可能啃食和移动遗骨。"（Galloway 1997:146）

[3] Kirk and Mossman 1998.

荆。就算找到阴凉处，往往也得祷告太阳静止不动。因为脱水或体温过高而奄奄一息的人就算再不懂得随机应变，也晓得要去最近的树下暂时躲避阳光。[1]只不过很可惜，你清早在干巴巴的牧豆树下找到的树荫可能撑不了多久，中午阳光就会直射而下，轻松穿过细长的叶子（如果那还能叫叶子的话）烤热你脚下的土地。最后你为了自保，只好追着影子（sombra）跑，跟炎炎夏日午后不停跟着树荫转移阵地的狗没两样。边境穿越者临死前通常都会缩在树下，直到死后才会有人发现他们已经被移动位置的太阳给烤熟了。[2]

　　本章开头提到的那头猪已经穿好衣服坐在树荫下，身体靠着大牧豆树的树干。接下来四天大致相安无事。[3]尸体上午被遮蔽，下午阳光直接曝晒，每日平均气温大约在 10 ℃到 49 ℃之间。

　　各位要是见过，就会晓得搁在户外刚开始腐烂的尸体宛如一间迷你生物实验室。苍蝇嗡嗡盘旋，蚂蚁在皮肤上爬，蛆在嘴巴和鼻孔里蠕动，气体在体内生成排出。这就是头几天猪的尸体在分解"新鲜期"或"初期"时的变化。[4]皮肤褪色脱落，胃鼓得像气球，蛆变得异常活跃，腹部和四肢肿胀使腿上一只鞋脱落，

---

[1] 这里主要针对夏天的情况，因为实验都在这个季节进行。但读者不要忘记，那片区域一年四季都有人试图穿越，因此可能在冬天冻死、雨季溺死或因其他事故（如蛇咬）而死。虽然热季时尸体更快被啃食和分解，但食腐动物一年四季都会进犯迁移者遗体。

[2] 可参见 Urrea 2004:163-168。

[3] 实验进行的场地附近有畜养的牛，它们偶尔会闻到死猪的气味，从我们的动作感测摄影机前面跑过。

[4] Galloway 1997: table 1.

衣服上滑，露出死白的肚子，肛门和肚脐滴出液体，弄脏了裤子和地面。吃腐肉的鸟停在附近树上看着猪的尸体缓缓变形肿胀，等候时机到来。直到第五天，新世界最常见的食腐猛禽、学名*Cathartes aura* 的火鸡秃鹰[1]才扑到死猪身上。

会见火鸡秃鹰

清早起床在索诺拉沙漠看日出，可能会瞥见火鸡秃鹰高坐树上，张开黑色大翅膀动也不动对着太阳，肉感的红色脑袋侧向一边。不熟悉这种鸟的人，乍看到那个姿势可能会觉得恐怖。硕大的羽翼和倒钩的鸟喙在沙上留下长长的影子，感觉就像吸血鬼电影结尾时，穿着斗篷的主角见到惩治他的阳光，怕得张开瘦弱双臂遮挡一样。但对火鸡秃鹰来说，那可不是在摆姿势，而是为了调节体温和弄干羽毛。不过，那个姿势充分展现了这种鸟类虽然体重只有两公斤上下，却有着异常巨大的身形（平均身高64厘米至81厘米）与双翼。当它出现在迁移者小径上，在你面前迅速来回，感觉更是吓人。分布在旧世界西班牙和南法的猛禽高山兀鹫（学名 *Gyps fulvus*）据说已经会掠食人类畜养的牛只，[2]火鸡秃鹰（学名直译为"清新的微风"）则和它们不同，几乎只吃野生动物和家禽家畜的死尸。[3]从1990年代晚期开始，它们的

---

[1] 除非另有说明，本处对火鸡秃鹰的描述均来自 Kirk and Mossman（1998）对这种鸟类的详尽研究。

[2] Margalida et al. 2011.

[3] 火鸡秃鹰通常以哺乳动物尸体为食，从老鼠到大型有蹄类动物都吃，另外也吃鸟类、爬虫类、两栖类和无脊椎动物。（Kirk and Mossman 1998:8）

动作感测摄影机拍到的秃鹰啄食画面

菜单上又多了迁移者的尸体。

　　火鸡秃鹰仰赖高度发达的嗅觉来寻找腐烂程度刚好的尸体。换句话说，这种鸟类专吃暴露在野外的腐尸。但就算找到尸体，它们仍会观望几天再靠近。学者推测它们是在等大型哺乳动物的尸体腐败到一定程度（并发出某种气味）才会动嘴。科恩（Eduardo Kohn）在厄瓜多尔上亚马孙地区认识的鲁那族（Runa）向导就说："我们人类觉得腐尸的味道很臭，秃鹰闻起来却和水煮木薯一样香甜。"[1]那头猪的尸体花了

---

[1] 引自 Kohn 2007:7。

一百二十小时才发出够香够甜的味道，让火鸡秃鹰觉得用餐时间到了。

破晓时，三只火鸡秃鹰怯怯上前。它们不确定猪死了没，因此绕着猪兜圈子，不敢太靠近。架在地上的一台动作感测摄影机拍到了几张它们红头黑眼的特写。象牙白的鸟喙演化成适合撕扯筋肉的小钩子，在照片里显得锐利无比。时间是清晨五点三十分，气温是凉爽的 11 ℃，但很快就炎热了起来。接着是持续几个小时的绕行盘旋。最后，到了八点三十七分，终于有一只火鸡秃鹰大胆冲上前，扯了一截舌头回来。猪毫无反应，于是它再度靠近，紧张啄了几口，动作有些迟疑地撕了几块嘴边和脖子的肉。它每咬一口就身体一缩，心想猪会嚎叫或扭动。结果都没有，于是它开始啄猪的脚。还是没反应。几秒后，它已经开始用嘴撕扯死猪腹部的尿生殖孔。

啄食的力道愈来愈大，动作愈来愈惊悚。一只比较猛的秃鹰踩到猪身上，用脚爪撕扯粉红的腐肉，另一只继续啄猪腹部的开孔。它们每咬一下，僵硬的猪尸体就跟着一晃。其他秃鹰继续绕着尸体打转，仿佛小脑袋里还在盘算如何进攻。苍蝇在镜头前大声地飞进飞出。上午十点三十三分，死猪腹部被咬破的裂口渗出血来，腹腔开始泄气，恶臭缓缓飘散到空气中。四面八方都有影子来来去去。一只鸟从镜头前面飞过，银灰色的腹羽倏地一闪。气温来到 32 ℃，看来有人摇响了用餐铃。

鸟啄进猪腹，叼出 60 厘米长的肠子，猪的尸体跟着动了一下。那鸟三两下就将一大截消化道吞进肚子里。立刻又有两只秃鹰直扑而下，张开下侧泛着银光的黑色翅膀威吓对方，争抢位置。根据鸟类学家的田野报告："秃鹰通常不能容忍同类分享尸体，一次只会有一只进食，有时两只，但其他同类可能会在旁边等待。"[1] 到了上午十一点，啄食猪尸体的秃鹰已经来到六只，从摄影机录得的影像里可以听见撕扯肌肉和翅膀拍打的声音。更多内脏被啄了出来。几只秃鹰争抢一长条粉红的肉，脚爪踩得干枯的草地沙沙作响。气温已经升到 38 ℃，啄食的速度愈来愈快。

八只在啃尸体，然后九只，其余秃鹰则是聚集在树上紧盯不放。更多秃鹰靠近，大胆将头埋进肉里。没过多久，秃鹰的数量已经多到数不清，到处都是黑翅膀。三只秃鹰站在尸体上啄腹部，其余则忙着争夺剩下的部位。肉被撕开，翅膀挥甩，更多新来者加入，甚至一度有二十二只秃鹰抢食，还有八只在一旁虎视眈眈。猪被团团包围。过去十五年在沙漠上发现肉被啃光的骸骨和扯烂的迁移者的衣服，证明了同样的事曾经发生在无数死于穿越沙漠的母亲、父亲、女儿和丈夫身上。秃鹰继续狼吞虎咽。

一只黑头秃鹰（学名 *Coragyps atratus*）飞了过来，但马上被推开。打斗开始了：低沉挑衅的喉音、互咬、不断展翅威吓。画面中只剩一大团挥舞的黑翅膀，看不见尸体。猪身上的所有开口和暴露的皮肤都有一个白色小鸟喙在熟练啄食。更多内脏从腹腔里进出，有如魔术师掀起的手帕一般。这场午宴仿佛永

---

[1] Kirk and Mossman 1998:14.

远不会结束。两张红面孔往后退，开始为了腹腔里流出的东西打斗。另外两只秃鹰狠狠挥舞翅膀互相冲撞，就为了抢到啄食的位置；输家被对手更有力的脚爪压在地上。短暂较量间，镜头前不时会出现猪的头颅或一条腿，随即又被翅膀遮住。T恤被扯破露出了完好的皮肤，一整排象牙白的鸟喙立刻蜂拥而上，争食互咬。不断有秃鹰飞进飞出，到处飞扬着羽毛和尘土。尸体无助地躺在地上，任脚爪和鸟喙撕扯摆布。早上十一点十七分，气温 42 ℃。

这样的场景持续了一整天，从破晓到日落，聚集的秃鹰时多时少。当争抢的秃鹰终于少了，画面里就能观察到每只秃鹰如何仔细啄食尸体，像是脚爪深深抓进肉里，以便稳住身子利于撕扯。到了中午，另一只鞋和两只袜子也扯掉了。太阳开始往西，对着尸体身上破口猛啄的鸟喙也愈啃愈深。打斗零星发生。秃鹰扯掉更多衣物，露出最后一块宝贵的脏器与肌肉。气温高达 50 ℃。直到太阳西斜，仍然有几只落队秃鹰在已经泄气干扁的尸体上忙活。鞋子和袜子都被扫到了几米外。

隔天早上太阳升起，柔和的橙色晨光洒在面目全非的猪身上。衬衫撕成碎片，沾满了血迹、体液及秃鹰的粪便，尸体周围缀满了黑色羽毛。清晨拍到的摄影画面显示有鸟在树上等待，地上还有影子来回盘旋。天色一够亮，秃鹰又开始了。继续嘶鸣威胁，扯开皮肉。到了中午十二点三十分，一只胆大心细的秃鹰已经将蓝牛仔裤和内裤卸了下来。一只秃鹰啄食裤腿上的肉，另一只则是将头钻进肛门里，充分展现了是怎样的天择压力让这些鸟头部没有羽毛。这是运作中的异质集合体，而且会和昨天一样持

秃鹰啃食数天后的猪头与股骨（迈克尔·韦尔斯摄）

续到日落。

和前两天一样，第三天也是破晓就开始了，只不过尸体现在已经和空壳差不多。尽管大部分的内脏与肌肉在过去四十八小时都被啃食光了，秃鹰还是不肯放弃。其中一只总算扯掉了衬衫，露出底下的红胸罩。鞋子和牛仔裤已经不知所终。倒钩的鸟喙继续啃食残余的肉，只是除了皮肤与骨头，肉已经所剩不多。肋骨和股骨都被啃得干干净净露了出来。脊椎缝里残留的组织是蛆的地盘。这天结束时，猪身上只剩木乃伊化的表皮和红胸罩，轻得让秃鹰可以整个叼起来东翻西弄，寻找还没被吃掉的肉。后来我们在离尸体超过 50 米的地方发现骨块和衣物。之后，火鸡秃鹰还是一直啃食剩下的脊柱与头骨，直到又过了十四天我们结束实验，拾回所有找得到的骨骸为止。

复　制

实验重复了几次，结果都相去不远。[1]被我们穿上衣服放着不管的动物尸体最后都被食腐动物啃食得干干净净。我们 2012 年放置在小山顶上的死猪曝晒了整整十七天才有秃鹰靠近，会拖那么久，可能是因为那年夏天雨来得早。不过在那十七天里，摄影机拍到了郊狼和附近小区的家犬（学名 *Canis lupus familiaris*）撕咬猪背肉和嚼食扯断的肠子。根据亚利桑那南部这二十年来的迁移者死亡分布图显示，许多迁移者都是求助不及而死在郊区附近。[2]那一带应该有不少家犬白天吃了人肉后，回家舔主人的脸。

后来秃鹰还是出动了。八只秃鹰只花了二十四小时就将尸体彻底变成白骨。接下来两天它们将骨头和衣物弄得到处都是，最远的离尸体原本位置超过 27 米。我们的研究团队最终找回了 66% 的动物骸骨。换成人类死者的话，由于遗体和她原本穿的衣物相隔遥远，很难将尸体和衣物联系到一起。尽管那头猪被放在半封闭场所，事后搜索也很彻底，我们放在裤子口袋里的电话

---

[1] 以下部分信息来自 Beck et al. 2014。

[2] 亚利桑那死亡迁移者开放式地理信息系统倡议（Arizona OpenGIS Initiative for Deceased Migrants）：www.humaneborders.info/app/map.asp（查询时间：2015 年 2 月 28 日）。

名片还是完全找不到。

2012 年我们还放了一只母猪在牧豆树下，离直接曝晒的那头猪几百米远。附近的两只狗靠近过几次，东闻西嗅或用脚移动她，还在她身上撒尿。秃鹰直到二十二天后才密集出现大快朵颐。有五天时间，摄影机拍摄到两只至八只秃鹰断断续续啃食尸体，并尝试剥去猪身上的衣物。花了将近二十五天那头母猪才完全骨头化。之后还是有秃鹰在上空盘旋，不时叼走骨头和衣物，部分骸骨被带到距离尸体原本位置 20 米远处。此外，塞在裤子口袋里的电话名片也跑了那么远，而且附近没有衣物或骨头。即使我们只等了五周就去搜索，却依然只找回 62% 的骸骨。要是放着不管，遗骨还是会继续被啃食。这些持续不停的动态，再加上遗体与衣物的破坏，显示人的尸体只要弃置够久，很可能会完全消失。

埋葬死者

老人躺在胡安·博斯科收容所的上下铺床上，目光茫然望着天花板。他穿着白衬衫、棕色长裤和肮脏的黑绅士鞋。我注意到他是因为那时才傍晚六点，男宿应该至少再过两个小时才会有人才对。我往厨房走去，经过时跟他打了招呼，但老人要么是不理我，要么就是他没听见。我问在收容所工作的萨穆埃尔那老人是谁，他告诉我："他是刚来的。他老婆死在沙漠里，他们没办法把她的遗体带回来。你能想象吗？他们只是拿东西盖住了她，就把她留在那里了。"那位老人余悸犹存，不得不早点去休息。即使在这里，所有的人都命运多舛，显然还是有人比其他人更惨。[1]
后来那位老人整夜都没有说话，得由两名收容所工作人员扶着才
去了厨房；经过走廊时，他双脚几乎没有离地。他坐在桌前怔怔
望着碗里的炖豆，望了二十分钟，然后又被人搀着回了宿舍。再
也没有能说的了。

之后我遇到另一名收容所志工帕特里西奥，和他聊到命丧沙
漠的事，他告诉我：

> 有时候在小路上，你会看到皮肤或人骨。我觉得那些都是走
> 不动的人，被郊狼或我不晓得的动物吃掉了。经常有人被留
> 下，因为腿抽筋没办法走了，所以被其他人留下，然后被吃
> 掉，只剩下骨头。
>
> 我：你遇到过吗？
>
> 帕特里西奥：有。我觉得不是动物或鹿的骨头，因为看起来不
> 一样。比较像腿骨、踝骨、膝盖骨，或是还连着指骨的手骨。

我拿出一张小石堆的照片给他看。那是我去徒步时拍的。

> 我：你在沙漠里见过类似的石堆吗？
>
> 帕特里西奥：见过。他们有时会用石头盖住死掉的人，感觉
> 是因为挖不了坟墓，就用石头盖住，免得沙漠里的动物去
> 碰，所以才会那样做。通常因为死者是家人或同行的人，所
> 有人会一起帮忙。

---

[1] 参见 De León 2013b。

三个月后的这天，换成我用石头和树枝摆在死去的猪身上了。我吩咐协助实验的两名学生，跟他们说我们只有十五分钟，而且只能用手折树枝和搬石头。我想同行伙伴里如果有人死了，匆匆埋葬应该就像这样。我们捡拾方圆 20 米内的石头，赤手硬折干掉的牧豆树枝，把手都弄流血了，再用石头和树枝盖住尸体。大功告成后，我们将摄影机打开。

拿东西盖住尸体，免得尸体受风雨或动物侵扰，听起来很合逻辑，也难怪迁移者经常那样做。筹备实验时，我们心想动物啄食的时间会因此拉长，却没想到石头很会导热又很难散热（所以从以前的壁炉到现在的桑拿都爱用岩石）。这样一来，在气温逼近 40 ℃ 的炎夏将尸体用石头封住，产生的效果和我们预期的完全相反。石头迅速吸收阳光的辐射，把尸体给烤了。因此，在我们进行过的实验中，用石堆盖住的尸体被秃鹰啄食的速度是最快的，放置不到四十八小时就被黑翅膀包围住，第三天就开始被吃掉。石头和树枝对秃鹰完全不构成影响，部分骸骨和衣物很快就被叼到 20 米以外的地方。尸体不到一天就骨头化，最后树枝和石头底下只剩两根被啃得干干净净的腿骨和一条有点湿的蓝色牛仔裤。

沙漠死亡暴力

对待和处置遗体的方式反映了相关行动者的信仰与态度。

——科马尔（Debra Komar 2008:123）

除非你是藏传佛教徒，选择用"天葬"作为死后的布施，或主动捐赠个人遗体给鉴识科学家进行猛禽相关的实验，[1]否则对许多人来说，遗体被秃鹰肢解吞吃、尸骨流落四方，恐怕都叫作"未能善终"，死的时间地点都不对。这样的死意味着无可奈何，并且无法经历死者所处文化里该有的安葬过程与仪式。[2]

拉丁美洲人的信仰以罗马天主教为主，因此对拉丁裔迁移者来说，尸骨不全在宗教上至少有两大缺憾。找不到尸体就代表无法为死者守灵，家人也无法修筑坟墓，没有可以造访死者、祈求死者灵魂安息之处。而在意识形态上，尸体不全或遭到破坏则被视为有碍来世，让死者无法复活接受末日审判。[3]因为死于沙漠而无法满足天主教的葬礼仪典这件事"充满象征意义，是一种例外和公然贬抑"。[4]进一步探讨会发现，连非信徒和某些反宗教人士也会认为，这样处置尸体的方式并不人道。[5]因此，这种死亡暴力反映了"威慑预防"这类边境查缉政策对迁移者在身体上和精神意义上的漠视。这些埋葬学的事件已经系统性地发生了十

---

[1] 有关世界各地的天葬仪式，见 Martin 1996。另外也可参考 Goss and Klass 1997。有关猛禽实验，参见 Spradley et al. 2012。

[2] Bloch and Parry 1996.

[3] 可参见 Brandes 2001。

[4] Posel and Gupta 2009:301.

[5] 波瑟和古普塔（Posel and Gupta 2009）指出，就连没有宗教信仰的人"也很难接受尸体只是一摊血肉的看法"。（305）鲁索（Rousseau 2009）研究南非1980年代的政治暴力时指出，有些遭到谋杀的被害者会被人用炸药覆盖引爆，以湮灭证据。虽然政府将那些被害者打成"恐怖分子"，却还是指派警察收集残余的遗体并且埋葬，让被害者家属深感惊讶。尽管警察处置遗体的方式非常粗暴，却没有将尸体"扔掉"，显示政府就算决意对尸体开战，也还是有底线存在的。（363）

年以上，足以被视为无证迁移社会过程的一环。[1]命丧沙漠已经成为常态，有充分理由值得特别标示出来。

这种对待（或虐待）尸体的方式不仅引发道德忧虑，环境对身体的破坏还包括了其他意涵。从丧命地点的偏远、尸体迅速遭到啄食，到衣物、个人物品和遗骨被各种环境过程破坏，无不意味着现有的沙漠死亡者统计数字低于实际丧命人数。沙漠异质集合体会湮灭证据，而且几乎不会有现场目击者。皮肉被鸟喙扯碎，骨头被犬科动物咬断，剩下的被蚂蚁搬走，[2]大自然会清理杀人现场。我们既然明白了沙漠埋葬学，就会晓得永远不可能确定死亡人数，美国政府问责局 2006 年发布的报告《边境穿越者死亡人数自 1995 年来已经翻倍》也这样说："沙漠里可能仍有尸体未被发现，使得迁移者死亡人数统计的正确性有待商榷……未被发现的尸体总数可能永远无法得知。"[3]

这种尸体破坏不仅湮灭了联邦政策造成人命损失的证据，也让失踪迁移者的家属震惊悲伤，不晓得自己的丈夫或妻儿是死是生。这种感觉和拉丁美洲政治动荡时期家人失踪的感受非常像，以致不少人开始挪用失踪者（desaparecido）这个词来指称被沙漠吞噬、再也没有音讯的人。[4]我如实描述尸体经历的变化不是为了吓人，而是因为本章有个更大的目标，想将边境穿越者的骸骨放进沙漠地缘政治的脉络中，揭露迁移者不为人知的死亡与死

---

[1] Singer and Massey 1998.
[2] 2013 年，我们观察到蚂蚁搬走少量猪骨扛回地下蚁穴。（Hall et al. 2014）
[3] GAO 2006.
[4] Stephen 2007:xv.

后生命，进而阐明这些暴力的埋葬学是政治过程衍生的后果。在本书接下来的章节里，我将为沙漠里那些残缺不全的遗体补上名字、面孔和生命史。

———————

美国联邦政府刻意打造一个边境治安基础建设，让迁移者身陷险境。就算损坏和湮灭尸体的"自然"过程可以由动物、昆虫或各种化学和环境行动者来执行，却还是边境巡逻队擘画的标准查缉政策的一部分。秃鹰吃尸体、剥去死者的衣物，是这个异质集合体所制造的最后"威慑"。尽管美国政府也会对迁移者的死表达同情，却通常只有能在政治上加分时才那样做。[1]官员从来不曾为这台死亡机器的启动直接负责。描述沙漠里的死亡暴力除了能揭露罕为人知的威慑要素，还可以阐明这个理论如何有助于我们理解这些大多发生在民众视线之外的死后暴力的脉络、形式、功能与效应。如同阿甘本笔下的集中营，亚利桑那沙漠是个偏僻遥远的**死地**（deathscape），将美国的死亡政治刻在那些我们视为可排除者的尸骨上。[2]这个沙漠"坟场"跟考古学家对中世纪和现代初期爱尔兰等地的描述令人毛骨悚然地相似："遗体在权力中心内的分布地点遵循一个模式，就是头和身体部位通常出现在中世纪遗址边缘。将遗体放置在边缘地带除了在视觉上传递更强烈的讯息给聚落内外居民，同时强化了对这些逝者的象征性

———————

[1] Magaña 2011.
[2] Maddrell and Sidaway 2010（死地）。有关死时及死后暴力留下的骨骼图样，参见 Walker 2001。

排除。"[1] 看着这些被遗弃在沙漠的身躯，它们显示了主权的具体界线和人性的象征边界（symbolic edge）是如何地相似。

后　记

某天下午，我和基离开科罗拉多国家森林时行经一条泥土路，看见了坐在牧豆树下的文森特。他没有起身，只是疲惫地挥挥手吸引我们的注意。幸好我们车开得不快，否则肯定会错过他。文森特年近五十岁，身材矮矮胖胖，衣服破烂满是汗渍，手里拿着一个半满的水罐，里头的水是浊的。他很吃力才站起来和我们打招呼。"我是跟团的，但他们留下我们先走了。我和一位女士跟不上向导。后来我让那位女士待在小路旁的大树下，自己过来求援。"他告诉我们。那已经是好几小时前了。文森特状况很差，显然需要进医院。他小口喝着我们给他的水，继续往下说：

> 我住在爱达荷州，一周前因为无照驾驶被遣送出境。但我必须回去，因为我下周要动手术，我必须回到家人身边。他们需要我。你们可以告诉我爱达荷还有多远吗？我得继续出发。

文森特全身上下都散发着急切，从声音、眼神到动作都是。

---

[1] O'Donnabhain 2011:132.

遇到这种情况，你还能说什么？我和基走到一旁讨论该怎么做，最后觉得让文森特继续前进等于判他死刑，他自己一个人走绝不可能再熬过一天。于是我们跟他谈起他的身体状况和家人：

基：文森特，你一个人再走下去可能会死。你已经没办法再继续了。图森还要再走 60 多千米，爱达荷就更远了。[1]

文森特：我必须再往前走。我需要回到家人身边。

基：我们知道你不想去医院，也不想回墨西哥，但我们两个都觉得你的家人应该希望你活着。你愿意让我们打电话叫救护车吗？

文森特呆望着地上，点了点头。这一切早已超过他的负荷：长途跋涉的身体疲劳、家人分离的心理痛苦，以及只想不顾一切继续往前的急迫。他开始啜泣。我和基伸手搂着他。我们打了紧急救助电话。一小时后，我们目送医护人员将文森特扶上救护车，然后回到车上再次出发。我们在沙漠一带漫无目的地开着，直到太阳下山。我们在找那位小路旁大树下的女士。

---

[1] 交谈期间，我有时充当西班牙语的翻译。

第二部分 在路上

梅莫与路丘在路上，索诺拉沙漠，2009 年 8 月（*Memo y Lucho en el camino, Desierto de Sonora, Agosto 2009*）（安赫尔摄）

4

梅莫与路丘

我同意玩这个社会游戏。我摆姿势，我知道自己在摆姿势，也要你知道我在摆姿势，不过……这个额外讯息绝不能更动我作为个体的珍贵本质：那照片外的我。

——罗兰·巴特，《明室》

墨西哥母牛！（*¡Vacas mexicanas!*）

我笑得前仰后合停不下来，而我愈笑，梅莫就讲得愈起劲。我完全入迷了，他很清楚这一点。以用谐谑手法扮演农民著称的墨西哥喜剧泰斗坎廷弗拉斯（Cantinflas）要是真有个农夫胖老哥，肯定会是梅莫。两人都是圆脸、黑胡须，笑起来很有感染力，很懂得讽刺那一套。差别只在于梅莫没有好莱坞脸；除非你想到好莱坞时，脑中浮现的除了家住日落大道的电影明星，还包括替明星家除草的工人。疤痕累累的手臂、龟裂的牙齿和饱经风霜的脸庞，这些全是梅莫过去二十年在加利福尼亚州弗雷斯诺果园干活留下的痕迹，反映他际遇的拮据与辛苦。他体现着墨西哥劳动阶级的惯习（*habitus*）[1]，总是能将悲惨的遭遇说成好笑又讽刺的故事。

梅莫让我想起我已故的舅舅克鲁斯（Tío Cruz），或许这是我立刻就喜欢上梅莫的原因。克鲁斯生于墨西哥萨卡特卡斯州，大半辈子都在得克萨斯州格兰德河谷生活、工作与酗酒。他爱开黄腔，却也教会我"打嘴炮"（*chingaderas*）的文化意义，搞懂墨西哥劳动阶级那种充满幽默、咒骂与性双关语的对话"日常"。[2]小时候，他老喊我 *pinche cabron*，到我九岁那年查字典，读到那个词是什么意思时，气得眼珠子差点爆出来，心想我自己的舅舅竟然骂我"死王八蛋"骂了快十年。我到现在都还记得他身上雪茄和廉价古龙水的味道，还有他对着坐在他瘦削膝盖上的我说："别难过，亚森（Yason）[3]！那样说只是代表我爱你，你这小王八蛋！"

年近四十岁的梅莫或许没有电影明星的长相，却有着老练说笑者的节奏感、姿态与把握时机的能力，知道什么时候怎么喊人王八蛋最有喜剧效果，而路丘则是他的好搭档。[4]路丘长梅莫七岁，高他一个头，少他 9 公斤，皮肤黝黑，性格温和得不可思议，脸上总是带着微笑，仿佛他心里有个秘密很想告诉你却又不

---

[1] 惯习是指人在社会中习得、引导他们与他人或事物之间关系的观点、品位与秉性。（Bourdieu 1977）

[2] Limón 1994:123-140. 亦可参见 Peña 2006。

[3] 讲西班牙语的人常将英文 Jason（杰森）的实音 J 发成轻音的 Y。

[4] 梅莫和路丘在我之前发表的论文里（De León 2012）化名是维克多和米格尔。"我不想叫维克多，"有天晚上梅莫对我说，"因为我只认识一个维克多，他长得跟企鹅一样。叫梅莫顺耳多了！"

能说。他在加利福尼亚州和亚利桑那州无证生活和工作了三十多年，干过许多粗活，牙齿却保持得非常完美，外表更看不出任何岁月风霜留下的痕迹，和梅莫很不一样。乍看之下他好像是两人中比较严肃的那个，但只要梅莫开始讲故事，他就会切换成捧哏，不时补上精彩的细节或惹人发噱的笑声。两人一搭一唱非常有效果。就像以下这段发生在收容所的对话，这个收容所负责留置刚被遣送出境的迁移者，即使感觉场合不对，我还是笑得合不拢嘴。

梅莫：照理说他知道路。[1]

路丘：他知道个屁！（笑）

梅莫：他不是走过两三次吗？

路丘：才怪，哪里有。

梅莫：他是这样跟我说的。

路丘：那他怎么会迷路？

我：你是在说你们第一次穿越沙漠时遇到的人吗？

梅莫：没错，我们在说加西亚。他六十多岁了，我们在拘留所遇到他。他说他三年前走过，认得路，所以我们就跟着他走。

路丘：我们翻过那座山，然后越过一道围篱。天开始暗了，有卡车开过去。

梅莫：那里离（边界口岸）马里波萨不远。我们翻越围篱然

---

[1] 除非另有注明，所有对话都译自西班牙语。

后一直走，走了很久之后终于坐下来休息。加西亚说，"好了，我们越过边界了，这里是美国了"。当时天很黑，什么都看不清楚。我问，"你确定吗？"他说，"嗯，我们做到了，这里是美国，我三年前就是从这里走的"。这时我们看见有车开过，以为是边境巡逻队，就躲到树下。

路丘： 我们在那里等着，坐了很久。后来我们看到很远的地方出现一对情侣，很担心他们是不是迷路了。

梅莫： 我大声喊道，"嘿！你们还好吗？需不需要水？"我很想给他们水喝，因为那两个可怜人两手空空，身上连背包什么的都没有。他们停了半秒钟，朝我们挥手。我一直大喊要拿水给他们，但他们还在挥手。这下我真的替他们担心了，怕他们被抢匪抢。但那两个人似乎一点都不担心，继续往前走，于是我们只好也出发了。没多久，我们看见一大堆垃圾。我说，"加西亚，你确定我们真的在美国吗？这里那么脏！老外应该没那么不爱干净吧？"但他一直跟我们保证，说我们已经越过边界了。

路丘（窃笑一声）：后来我们经过一个畜栏，里头全是牛。

梅莫： 我看到牛就真的起疑了（笑）。我说，"操你妈的，加西亚，这些牛那么瘦！你看它们有多丑！老外的牛都很肥！很漂亮！你这个王八蛋！去你的，它们是墨西哥母牛！（*¡Oye cabron! ¡Estos pinches vacas son mexicanas!*）搞什么！我们还在墨西哥！"（我们都笑了）

路丘： 难怪那对情侣没停下来跟我们说话，因为我们还在墨西哥，他们一定觉得我们三个是疯子。他们应该是去约会，男的正要送女的回家之类的。

梅莫：去你妈的，搞半天！我们在墨西哥境内迷路了一整晚，拼命躲卡车，谁晓得卡车都是开进墨西哥的（笑）。后来我们总算搞清楚围篱在哪里，顺利穿越了边界。再后来我们把水喝完了。几天后，加西亚喝了牛槽的水不舒服，拼命呕吐和拉肚子。

路丘：我们在亚利桑那的阿瓜林达被逮到。我们在沙漠里走了五天，最后加西亚实在走不动，我们只好去自首，因为我们不想抛下他。我们三个从诺加莱斯出发，一开始就讲好了，只要有谁走不动，其他人就去自首，不会抛下对方。譬如谁生病，我们就自首，不然就是我去找商店，打电话给911，跟他们说我朋友快死了或被我们留在哪里。加西亚就是那样。他很不舒服，胃痛得很厉害（语气转严肃）。我们回去后把他送到诺加莱斯的医院，之后他就回墨西哥城了。

我听到这个故事时，整件事才发生没几周。梅莫和路丘跟加西亚一起回墨西哥，之后两人又尝试穿越沙漠，结果再度失败。他们跟我讲起那两次遭遇，很多时候都在笑。然而，不是只有他们两个会将惨事当成笑话讲。这些年来我访谈了数百人，讲到边境穿越的艰苦之处时，总有人用开玩笑的方式带过。在许多男性对话者讲述故事和回忆经历时，幽默经常扮演着复杂的角色，以致不少外人会因刻板印象错误认为那是大男人（macho）的表现，或是他们不想让研究人员看到自己脆弱的一面。

如同拉丁裔研究学者利蒙（José Limón）所指出的，这些生动的语言叙述是"从互动中产生意义的动态论坛，将被动的命运转为主动投入，从而克服焦虑"。[1]这些让许多人的故事生色不少的幽默、咒骂、微妙讽刺与自我解嘲，通常叫作"打嘴炮"[2]或闲扯淡（*pendejadas*），既是墨西哥劳动阶级主体性的核心要件，也是反抗和迁移者建构认同的重要方式。[3]

　　梅莫、路丘和本书其他人讲述经历时那些看似轻松的时刻，其实必须认真以对。那些幽默反映出人对自身社会地位难保的认知，有时也是一种"弱者的武器"，是迁移者面对美国联邦政府使用权力吓阻他们入境的言语反抗工具。[4]边境穿越者或许无法看穿政府权力与移民执法策略的复杂，但不论非法穿越边境或在美国无证居留，他们每天都在亲身感受政府权力与执法策略。本书许多故事里的玩笑话都不只发生在墨西哥劳动阶级文化内部，更是受此文化及美国联邦移民政策和资本主义体系所形塑。幽默不仅可以凸显迁移者在边境穿越过程不同阶段经历的紧张，缓和美墨两国边境查缉和社会边缘化对他们的打击，还能帮助他们保持乐观与专注。就像培尼亚（Manuel Peña）在研究加利福尼亚州中部的墨西哥采果工人时，一名信息提供者对他说的："我们就是这样熬过来的，靠着奚落嘲笑让事情变得轻松一点，暂时忘

---

[1] Limón 1994:133.

[2] 西班牙文的动词 *chingar* 除了"干"或"搞"的意思外，还有许多含义。而 *chingaderas* 则是一种语言游戏，此处相当于跟某人"打嘴炮"闹着玩，见 Limón 1994。

[3] Rosaldo 1989:150.

[4] Scott 1985.

记生活的问题，忘记那些困苦与辛劳。"[1]

我很早就明白，拉丁裔劳工家庭出身的男性研究者这个身份往往会影响别人跟我互动，还有向我讲述边境穿越故事的方式。和我对谈的许多男性都会用"打嘴炮"的调调跟我分享他们的倒霉遭遇，因为他们晓得我知道这种表达方法的巧妙所在，[2] 好比会用咒骂、性暗示和开我玩笑来让故事变得有趣。但这些"嘴炮"不是为了羞辱我，而是一种语言游戏，代表对话者对我的信任（confianza）和尊重（respeto）。[3] 在这个脉络（contexto）下，男性对话者跟我开黄腔不仅代表着信任，也削弱了两个世界的区别。

社会科学家往往会忽略这种用生动色情的戏谑语气讲述通常很悲惨的边境穿越经历的墨西哥式幽默，这点并不令人意外。原因可能出在研究者（大多是不会讲西班牙语的中产阶级白人或受过教育的中产阶级墨西哥人）与信息提供者的文化和阶级差异，[4] 以致边境穿越者用较为正式的语言和研究者或记者交谈，或是那些人根本没听懂他们的笑话。我认为正是这两个因素让边境穿越故事往往变成一本正经的逆境搏斗，完全不见幽默与讽

---

[1] Peña 2006:160.

[2] 虽然研究期间我也访谈了几十名女性，但我在边界带还是比较容易找到男性迁移者。部分原因在于我的性别，但女性迁移者通常社会和经济资本较足，很快就能筹到钱再度尝试穿越边境，因此比男性迁移者更少在边界带"闲晃"。而且在被捕的迁移者中，女性只占不到 15%，见 Simanski and Sapp 2013: table 10.

[3] Limón 1994:135.

[4] 相关批判见 Limón 1994:123-140。

刺。加上有些研究者习惯将研究对象描绘得很高贵,不会骂脏话也不会动不动就拿肛交开玩笑,这使得情况更为复杂。此外,至少在描绘边境文化的经典文学作品中,许多作者就算写到"打嘴炮",也会贬低其文化重要性,认为那只是用言语表现性焦虑、羞辱和男性强势而已。[1]

我不是说自己身为拉丁后裔,因此特别能洞察边境穿越者的困境。我只是想表达许多接受访谈的人都觉得跟我讲话很自在,可以免去言语上的正经,并且知道我有足够的文化知识,可以理解他们在不同情境下"闲扯淡"的意义。我既是自己人(拉丁裔男性)又是外人(大学教授),让我得以体会到边境穿越文化的"厚度",又不致愚蠢地认为光凭我的种族出身就能拥有内部观点,了解踏进沙漠那种孤注一掷的心情。[2]

我曾经问梅莫关于他爱开玩笑和努力保持乐观的事,他的回答既幽默又悲伤:

梅莫:想象我们正在翻越一座大山好了。你不能一开始就想着这座山太难爬。我都告诉别人一定要乐观,要鼓起力量不停往前走。你必须假装自己是去野餐。我都会说,"让我们翻过这个小山坡吧!"你必须一边开玩笑,让自己继续往前,坚持下去,保持活力。我会说我们要不停往前走,然后保持开心和乐观。有些人会问我,"你不累吗?"我会跟他

---

[1] Limón 1994:129; Paz 1961:73-82.
[2] 参见 Peña 2006:144。

们说我当然很累，但我们必须保持乐观……想想走了那么远，玉米饼也会变成山珍海味。就算又冷又硬，肚子饿的时候还是觉得好好吃（笑）。有些人会抱怨，说他想吃热的玉米饼。我会说饼虽然很硬，但还是很好吃！……我知道那很讨厌、很悲哀。我也不晓得。我记得有时走到饿得渴得不得了，手脚都好痛……我相信神。我在收容所遇见很多人。小孩、女人，甚至孕妇都有，很可怜。我总是求神保佑穿越边境的人，保佑做父母的，还有孩子。

故事（*Historias*）

我和梅莫、路丘相识是在 2009 年 7 月，在墨西哥诺加莱斯一间名为胡安·博斯科收容所的地方（详见第五章）。这个收容所留置刚被遣返的迁移者，最长三天，但梅莫和路丘说服负责人让他们待下来，条件是帮忙煮饭、打扫和照看这个非营利组织每天接济的大批迁移者，数目在 20 人到 200 人之间。我当时完全没想到，这两个用"墨西哥母牛"让我哈哈大笑的家伙很快会成为我的关键信息源。

我起初以为他们是多年老友，相约一起穿越边境。因为感觉他们很投缘。后来才发现他们竟然是我到收容所之前几周才认识的，这简直太不可思议了。他们是 *amigos del camino*，也就是"路上的朋友"，两人一起在美国联邦拘留所待了一晚，隔天被遣送到诺加莱斯，友谊就这样开花了。他们都被遣送到一个陌生的边境城市，必须设法生存，也都想再穿越边境回美国，因此很快就惺惺相惜了起来。他们过去的经历也很相近。[1]两人都出身劳工家庭，1980年代很轻松就移民到了美国。

梅莫：我1969年出生在哈利斯科州和米却肯州的边界小镇上，但很小就搬到了韦拉克鲁斯州，所以算是在韦拉克鲁斯长大的。那里生活很不错，问题是薪水很低，老板给的钱很少。因为处于经济危机中，[2]跟美国现在一样。[3]赚的钱只够温饱，几乎买不起衣服打扮自己。有钱读书的会去上学，钱不够的就上午上课，其余时间工作，没钱的就直接去工作了。而我刚开始念书时下午就还得去工作，五年级结业前一个月更是连学校都去不成了。之后就是一直在工作。

二十多岁的时候，我遇到一个男的，他找我一起穿越边境。我认识的人里头没有人穿越过边境，我也没有家人在美国。我那个朋友很想穿越边境，但很害怕。他有个姐夫在加利福尼亚州，他说我们可以投靠他，他可以帮我们找工作。我说"让我想想"。四个月后，他还是想去。那是差不多1988年的时候，我有两个小孩，但已经跟他们的母亲分开了，所以是单身。朋友一直催促我去。他说："走啦，一起去啦，我

---

[1] 为了保护当事人，我对梅莫和路丘的出身经历略有改动。

[2] 由于1973年阿拉伯国家石油禁运，加上沿海地区发现新油源，墨西哥1976年至1982年经历了一段经济荣景。但随着禁运结束，国际供油量回升，墨西哥经济便一落千丈，导致比索大幅贬值和恶性通胀。许多人将这段时间称为"失落的十年"，见Cerrutti and Massey 2004:21。梅莫1988年离开墨西哥时，无证移民潮正达到三十年以来的最高峰，见Cerrutti and Massey 2004: figure 2.1。

[3] 梅莫指的是美国2008年爆发的经济危机。

已经跟我姐夫说了，他在等我们。"于是我想办法凑了点钱，就跟他一起出发了。我们经过阿瓜普列塔（亚利桑那道格拉斯市南边的墨西哥边境小镇），沿着高速公路走了一段，只走了三五小时吧，我不大记得了，但没有走太久。我们穿越高速公路，一辆车把我们送到菲尼克斯，然后朋友的姐夫再找人到菲尼克斯来接我们，我就这样到了加利福尼亚州。那是我头一回穿越边境，当时大概十九岁吧。

路丘离开墨西哥的时间比梅莫早了快十年，因此即使我叫他努力回想，他对那趟旅途的记忆还是很模糊：

路丘：我 1980 年十八岁的时候离开哈利斯科。我搭巴士到蒂华纳，再从圣迭戈进美国。那时穿越边境真的很简单。我们越过围篱之后，"郊狼"就带我到洛杉矶，我的奶奶和姑姑都住在那里。

后来两人又数度穿越边境，每次的理由和方式都不一样。因为路丘离开墨西哥的时间比梅莫早，在加利福尼亚州又有现成的家庭支持网络，所以算是好过许多。1986 年，美国国会通过《移民改革与控制法》，给予近 200 万名无证者永久居留权，也就是绿卡。[1] 路丘依此获得赦免，得以返回墨西哥探望临终的母亲。然而，让议员们懊恼的是，国会赦免已入境者原本是为了阻止无证迁移，没想到却有许多人利用这一点将其余家人统统非法带进

---

[1] Donato et al. 1992.

美国。路丘也不例外。

路丘：1987 年，我回墨西哥去看我妈最后一眼。因为我已经
拿到赦免资格（永久居留权），所以回程就把爸爸、两个妹
妹和两个弟弟一起带着了。我那时跟姐夫住，他也有绿卡。
他帮忙，让我带着家人从蒂华纳穿越边境。我们穿越拉利伯
塔德（La Libertad）[1]，从那里到了加利福尼亚州的圣伊西德
罗，然后让家人坐上小巴，由我开车往洛杉矶去。所有人都
很害怕，但我说车由我开，因为我有证件。我们避开边境巡
逻队的检查站，顺利到了洛杉矶。我那时在加利福尼亚州的
工作不错，可以照顾爸爸和弟弟妹妹。

1994 年，路丘偕同妻子搬到图森。他妻子是美国公民，在
图森长大。虽然她设法替丈夫申请更新居留权，但路丘未能及时
缴交文件，以致失去了合法身份。这迫使他必须保持相对低调，
而且得避开移民官员。搬到图森几年后，路丘被边境巡逻队查
获，将他遣送出境。但他很快就从诺加莱斯非法回到了美国，而
且过程并不难。

路丘：我是有天在工作时被逮到的。他们把我赶走，因为
我没证件。我周五下午被逮到，他们晚上就把我送到墨西
哥。我老婆到诺加莱斯来找我。我本来当天晚上就要一个人

---

[1] 拉利伯塔德位于美墨边境的蒂华纳市附近。1980 年代，威慑预防政策实施
前，那里每晚都有数百人非法穿越边境。参见 McDonnell 1986。

穿越边境，但天真的很黑。我深夜十点左右到了边界，心想："怎么可能！"你能想象独自穿越（位于亚利桑那南部山区的）里奥里科（Río Rico）吗？我怕死了（笑）。我跟老婆说我那晚没办法过去，但周日会再试试。我要她在入口（entrada）等我，也就是诺加莱斯和格兰德的边界口岸。那里会检查护照，放车通行。我排在队伍里往前走，试着避开海关人员。我直接从他面前走过，他大喊，"嘿，回来排队！"我不理他继续往前，结果被他们抓住，让我回到队伍尾巴。我说，"好吧"。等他再次转身背对我，我又从他身边溜过去（笑）。我趁他没注意看的时候快速走过，然后拔腿就跑，跑到美国边界内的小店里（亚利桑那诺加莱斯市的杂货店）。你知道那些亚洲人开的店吗？我过了红绿灯跑进其中一家店里。边境巡逻队缓缓开车经过想找我，我在店里隔着玻璃看着他们。我在店里一直等，直到我老婆开车过来。等她停在红绿灯前，我立刻冲到店外，跳进车里。我老婆大喊："你做了什么？"我叫她只管快点开车。

我们开了大约三条街，结果被警察拦住。他问我们从哪里来，我说墨西哥那边的诺加莱斯，因为我老婆是美国公民。我跟他说我们要去图森。他问车是谁的，我跟他说是我的，因为车子登记在我名下。他要看我的驾照，我老婆就从皮包里拿出来递给我。我展示给他看，他又要检查后车厢。就在这时，我老婆害怕了。她真的很紧张。我打开后车厢，他们检查之后说："好了。我们拦停你们，是因为你们的车在冒黑烟。小心开车，祝你们顺利。"我笑到不行，我老婆却在发抖！她大吼："你到底在做什么？我要把你留在诺加莱斯！"我说："不可能，警察要留人也是留你，因为车子登记在我的名下！"（笑）我们开车回图森，一路都很顺利，因为那年头高速公路上都没设检查站。隔天周一我就回去上班了。那时穿越边境很简单，根本没什么。

这次事件后，路丘有十多年没被移民单位逮到，直到2009年他酒驾被捕，才又被送到亚利桑那埃洛伊市的联邦拘留所。

路丘：我2009年犯法了。我想解决身份的问题，正在弄资料，结果酒驾被抓……就是那次他们把我送到了埃洛伊。我在那里关了三个月，后来找了个律师，让我保释离开。我和律师一起打官司，我们去了三次法院，最后法官说我们会败诉，他们会把我遣送出境。他们给了我一张移民及海关执法局的卡片，上头说我必须带着所有个人物品去报到，因为他们要将我遣送出境。但我没有去。我心想"老子才不去咧，他们有本事就来找我"。结果……唉，我工作的地方离移民及海关执法局很近，大概只隔五条街吧（笑）。我告诉你，过了三个月左右，我有天看见一辆车缓缓开过我工作的地方，里头一个人东张西望（模仿开车和探头张望的动作）。后来我去工作时，一辆车窗涂黑的车就停在外头。我四处问，但没人晓得那辆车是谁的，车里又是什么人。三天后，六名警察不知道从哪里冒出来，突然上前把我抓走。他们把我的午餐和其他东西扔到一旁，给我上手铐，送我到移民局（拘留所），然后就把我踢出那个国家，扔到墨西哥。我就是在那时认识了梅莫。我们一起在拘留所待了一晚，就成了朋友。

我：你们是怎么熟起来的？

路丘：你知道，待在那种地方很自然会找人攀谈。"嘿，你是从哪里来的？之前从哪里穿越边境？"我们话匣子一开就成为朋友了。三个人（包括加西亚）一起被遣送到诺加莱斯。

梅莫的边境穿越经历以及和法律对抗的过程，就比路丘惨痛和频繁许多。1980年代晚期到2009年，梅莫一直住在加利福尼亚州的弗雷斯诺。因为他三不五时就会出事被警察逮捕，所以曾经数度遭到遣送出境。和路丘的家人不同，梅莫的家人几乎都留在墨西哥。

梅莫：1988年头一回穿越边境后，我回过墨西哥几次。我出过几次差错，在弗雷斯诺被遣送出境过几次，通常是无照驾驶或没有保险。1990年代头一回被遣送，我在墨西哥待了三个月探望家人，然后又回美国，在弗雷斯诺采葡萄。那时穿越边境很简单，没什么问题。每次被逮到，把我送回墨西哥，我都想说"随便啦（*Ni modo*），反正我还会再越境过去"。但第二次被遣送出境后，我就再也不想回墨西哥的老家了。我只想从蒂华纳打电话回去，要邻居"跟我家人说我很好"。我被逮到从来不会跟家人说，我不想让他们难过。事情就那样维持了一阵子。我会穿越边境，回美国工作，有闲钱就寄回家。我在弗雷斯诺的工作不错，薪水也好。很久以前移民还不是什么大问题，穿越边境比较容易。

2001 年"9·11"事件后，美国持续强化治安，梅莫发现移民变难了。2009 年初被遣送出境后，他试着越境了几次，都没能成功，而且每一次都比前一次更危险。

梅莫：真正出问题是在"9·11"事件之后。世贸双塔一倒，情况就复杂起来，穿越边境就变难了，检查站什么的也变多了。现在穿越边境永远是场苦战……我在弗雷斯诺的工作很好，但我酒喝太多了。那是我的毛病。我采葡萄，在果园干活。我真的很喜欢我的工作。老板提拔我开拖拉机，那工作真的很棒。问题是我有次下午喝醉了，忽然觉得开拖拉机到店里买啤酒应该很不赖。我一边喝啤酒，一边开着拖拉机在街上慢慢前进，跟朋友挥手打招呼，很开心！那阵子我真的很疯！后来我因为酒驾被捕，接着就被遣送到蒂华纳了。[1]

我：你尝试穿越边境过几次？

梅莫：大概十五次吧。[2]有时自己一个人，有时跟其他人一起。我总是跟自己说，我要试到成功为止。我从蒂华纳穿越

---

[1] 梅莫和路丘定居美国期间都曾因酒驾被捕。许多无证劳工（和许多美国人）都有酒驾问题。梅路两人和我后来访谈的几十位男性迁移者都经常抱怨，他们在美国失去了墨西哥的一些文化自由，包括在街上喝酒与酒驾。亦可参考 Boehm 2012:77。

[2] 记录梅莫的边境穿越经历很困难，访谈和对话期间不时会冒出新的细节，从好笑到可怕的都有。我在这里对叙事做了简化，以最后几次闯关失败导致他待在诺加莱斯的经历为主。

边境大概五次，把他们气坏了。他们说："你在这里被抓到太多次了。这样吧，我们决定把你送到别的地方去。"后来他们真的把我送去别的地方，有一回还送到华雷斯城。[1] 他们最后一次在蒂华纳逮到我时，不仅把我和伙伴分开，还把我送到墨西哥的索诺伊塔（Sonoyta）。我在索诺伊塔遇到一个普埃布拉来的家伙。他和他老婆一起。我们大约十个人找了个向导一起穿越边境。那回我们走了很久，真的差点就到接应点了，实在……我不晓得怎么跟你形容，我们就差那么一点，结果被抓到，感觉很糟。所有人都很伤心，因为我们走了那么远，走到都没力气了，浑身是血。很多人脚都不行了。有些人想把其他人留下来，例如那位普埃布拉来的朋友和他老婆。但我对那些人说："想都别想！我会陪他们，跟他们一起慢慢走。"总之那回我们被逮到了，所有人都被送回索诺伊塔。但我们立刻又尝试穿越，只不过一出发就走得很辛苦。我知道我朋友的老婆走不完，其实我也是。我感觉我们就快迷路了，但还是不停对大家说："我们不会死的，我们不会死的。"神给了我们力量，让我们继续往前，没有死掉。我一直说我们必须不停往前走。我们找到了水，但我朋友老婆的脚实在不行了，因为我们已经走了十一天。我们跟着向导在沙漠里过了十一个白天和黑夜，但他却带着我们四处乱走，最终被边境巡逻队逮到。

我：经过十一天感觉如何？

---

[1] 关于横向遣送，参见第五章。

梅莫：被捕真是松了一口气，因为天晓得我们到底走不走得到。我们差点死掉。边境巡逻队给我们电解质和水。我们一直喝水，我甚至喝到抽筋。之后他们取了我们的指纹和行囊，把我们分开。其中一位边境巡逻队员告诉我："我说你都尝试过那么多次了，何不休息一阵子，不然真的会死在那里。听我的话，别马上又试，稍微休息一下。"

我：边巡的这样对你说？

梅莫：没错。他说，"休息一下，大概一年左右，因为我们这里都有记录，你最近试了非常多次"。我说，"没办法，我就是要再试"。

他告诉我，"这里是不可能了，我们要把你送去诺加莱斯"。

我说，"没差，反正我会再试"。

那名巡逻队员说，"好吧，我想从诺加莱斯可能比从索诺伊塔这里容易"。

我说，"既然你都这么说了，那就这样吧"。

后来他们真的把我送去诺加莱斯。他对我实话实说，我想我也应该对他实话实说。

他说，"这样吧，你可以再试，但先休息一阵子，然后记得带很多电解质。带四升到十二升的水，还有很多电解质"。

我：那名巡逻队员真的那样说？

梅莫：对。

我：他是白人还是墨西哥人？

梅莫：我想他爸妈是墨西哥人。他长得像拉丁裔。他告诉我如果要再试着穿越边境，最好先休息一阵子，吃很多维他命。他还嘱咐我去沙漠要带维他命。

他说，"我知道你的状况，因为我看过你所有记录，知道你试过的所有地点。你为什么拼了命也要进美国？"我说，"呃，因为我想自力更生，我想干活。我有工作，因为我想在墨西哥买一小块地，盖几个小房间租给别人。我会求上帝让我出人头地"。我让那位巡逻队员不要逮捕我，因为我不希望家人受苦，不希望老婆和小孩难过。我自己受苦没关系，一个人没问题。但我不能在墨西哥干等，让老婆和小孩受苦，而我一直赚不到钱。

他说，"你知道吗，我们会送你去诺加莱斯。那里穿越边境比索诺伊塔近很多，但非常危险，处处是危机。你必须小心响尾蛇和遇到的人"。我想当时那里有很多抢匪。

他告诉我，"你身上有钱最好交给抢匪，这样他们才不会绑架你或杀了你。把钱给他们就是了。你想穿越边境，我只能告诉你这点"。

我说，"如果你想帮我，何必给我建议，不如直接送我一程？与其把我关在这里，不如放我回街上"。（笑）

我（也在笑）：他怎么回答？

梅莫：他说，"少来了，笨蛋！（¡No, cabron!）你现在是怎样？干脆叫我开车载你四处找工作好了"。（笑）老天，那段经历真是太神奇了。后来他们把我送到诺加莱斯，呃，应该说先送我到图森的拘留所。我就是在那里认识了路丘。那是我头一回经过图森。等他们把我们遣送到诺加莱斯，我们已经混熟了。

跟梅莫和路丘首次谈话后，我发现他们俩显然无论如何都要穿越边境。两人都不认为待在墨西哥是个选项。尽管人生经历不同，在美国的人际网络也不一样，但两人都是边境穿越的"老油条"，不仅懂得如何对付边境治安措施，也很清楚如何不被移民查缉的雷达扫到。

边境迷思

美国人对移民管制有许多误解。其中一个主要误解就是只要政府肯花钱在围篱、无人机、动作传感器和边境巡逻队身上，让迁移过程变得够危险，就能彻底杜绝迁移者。将近二十年的研究告诉我们，边境查缉对吓阻迁移者穿越边境的效果微乎其微，社会经济因素才是迁移率的决定要素。[1] 2013 年 2 月 12 日，美国总统奥巴马在国情咨文中进一步加深了这个误解，他认为强化治安减缓了无证迁移潮："真正的改革来自加强边境治安，而我们可以在既有的进展之上继续前进。在我任内，南方边境部署的空前警力使得非法穿越边境人数达到四十年最低。"[2] 要是总统能将移民潮减缓归于 2008 年的经济危机，包括无证者工作机会减少和反移民情绪高涨，而不是"南方边境部署的空前警力"，他的说法会更正确。只是这样的观点不仅点出了美国经济趋势的负

---

[1] 可参见 Parks et al. 2009。
[2] 美国白宫新闻秘书办公室总统国情咨文，2013 年 2 月 12 日美国白宫官网：http://www.whitehouse.gov/the-press-office/2013/02/12/remarks-president-state-union-address（查询时间：2015 年 3 月 4 日）。

面效应，也与许多民众认为严守边界就能遏止移民的看法背道而驰。

在我结识梅莫和路丘的前一年，加利福尼亚大学圣迭戈分校比较移民研究中心发布了一份调查报告，主题为"迁移者从墨西哥三州移民的决定，是否受其对边境穿越危险度的看法影响"：

> 对我们 2008 年在瓦哈卡取得的数据进行多变量回归分析后……结果显示，在控制年龄、性别、婚姻状态、教育程度、过往迁移经验和现居美国家人数目之后，迁移者对边境穿越困难度及危险性的看法与其移民意愿并没有统计上的显著关联。我们在之前三次（于墨西哥哈利斯科和尤卡坦不同的外迁社群进行的）调查中使用了相同问卷，并对答复进行了相同分析，同样没有见到显著关联。总而言之，就算迁移者认为边境设下重重障碍很可怕、很危险，也无法打消其迁移的念头。[1]

根据这份资料，就算迁移者知道地缘政治边境比以往任何时候都危险，但对他们决定是否穿越边境的影响仍然微不足道。报告作者还指出，边境穿越的成功率高得惊人："在四份研究中，我们发现穿越边境遭到巡逻队逮捕的迁移者不到五成，包括逮捕一次的……研究显示被捕率在 24% 到 47% 之间。而且迁

---

[1] Cornelius et al. 2008:3.

移者就算被捕，绝大多数最后还是会越境成功，比例为 92% 至 98%，视其国籍而定。第一次越境不成者，几乎都会再次或三度尝试。"[1]

这些数据证实了安德烈亚斯的主张，美墨边境的治安措施向来对阻绝移民没什么用。[2]遗憾的是，上述发现往往被某些政治人物和联邦官员刻意忽略。这些人利用民众对外来侵入者的恐惧和边界到处是漏洞的印象，一方面将其当作政治烟幕弹转移人民对其他经济与外交议题的注意，另一方面用作生财工具，简单又系统地替自己争取军备经费。

"没人可看了"

梅莫和路丘因为都想回美国而结为莫逆，两人的越境动机和经历却大不相同。梅莫认识路丘时，已经多次尝试穿越边境，路线从加利福尼亚州、亚利桑那州到得克萨斯州都有。虽然他有亲戚在弗雷斯诺，但穿越边境主要是出于经济动机。在美国生活二十年，他已经彻底成为无证劳动大军的一员，觉得离家多年两手空空回墨西哥是人生失败。由于书读得不多，在家乡又缺乏赚钱机会，梅莫才会选择常年无证工作，而且只要一被遣送就会再次非法越境。他为了寄钱回家给小孩而待在美国，这个想法让他付出了极高的代价。他已经十多年没有见到孩子，反复穿越边境

---

[1] Cornelius et al. 2008:3.
[2] Andreas 2009.

显然也让他感到羞耻与难堪。

我：你家人对你穿越边境有什么看法？

梅莫：他们以为我有身份，生活过得不错。后来我告诉他们实话，说我会用走的方式穿越边境。我小孩都很担心，跟我说，"不行啦，爸，走路太远了，路上可能出事！"我说，"不会的，别担心，一切都很好"。我只要到了就会打电话给他们。我回到加利福尼亚后不久，他们就要我回去看他们。他们会打电话来问我何时回去。我总是回答"不晓得，说不定明天就回去"。我从来不说自己哪天会去看他们，因为我不想说谎。有时我一被遣送到边境就会立刻回美国。除非我有钱，否则我不想回韦拉克鲁斯。

我：你觉得没有身份一个人待在美国辛苦吗？

梅莫：不会。呃，没有家人是挺辛苦的，但又没那么辛苦，因为找工作和生活都比较有弹性。我觉得在墨西哥生活比在美国辛苦多了。10美元在美国可以吃三天，100比索在墨西哥却做不到，一天就用得差不多了，要是有家庭就更别提了。在美国机会更多，更有办法活下来。

有些迁移者可以存到钱，回墨西哥经营小生意或买地种田，但梅莫从来没有攒到够多的积蓄，而且因为没有身份，他也无法在银行开户。他在美国大多数时候都只是勉强糊口，工作也常因无证劳动力的需求而起起落落，差事好找时可以寄钱回家，难找时只能打零工或靠朋友邻居接济苦撑。他很想回去看家人，但没存到钱不想回去。一边是低薪资高剥削的美国无证劳动环境，一边是身无分文返回墨西哥的耻辱，这种拉扯是许多墨西哥男性迁移者常有的心境。[1]

相比之下，路丘在美国就有很深的家人联结，而且从首次迁移之后就再也没有尝试过穿越边境，直到"9·11"事件和认识梅莫。听完"墨西哥母牛"的故事后不久，我和路丘坐在胡安·博斯科收容所外聊天，两人聊到他为何尝试穿越沙漠。

> 路丘：我在亚利桑那住了很久。从被遣送到现在将近一个月了，我一直想穿越边境回美国。我在那里有房子，呃，其实是拖车，但我已经在那里住了很久。我有两辆车，所有家当都在那里，女友和小孩也都在等我。我的家人现在几乎都在美国了，回哈利斯科其实已经没人可看了。
>
> 我和梅莫已经尝试穿越边境快一个月了，被抓了两次。我以为他们会让我坐牢，因为我已经被遣送过一次。我有个朋友，她儿子在移民单位工作。她说："我跟我儿子提到你的状况，他说你最好小心，如果被捉到可能得坐两三个月的牢。我有哥哥在诺加莱斯可以帮你。你可以租个房间，租金他们会帮忙，这样就有地方睡，而且至少有工作。"
>
> 我：但老实说你也没有多少选择，不是待在诺加莱斯这里，就是再次穿越边境。

---

[1] Boehm 2012:71-80.

路丘：这里没有选择，选择都在亚利桑那。穿越边境是我最后剩下的选择，也是唯一的选择。

胡安·博斯科

随后几周，我和梅莫、路丘愈混愈熟。白天我会到边界带采访刚被遣送的那些人，大部分时候都在贝他组织办公室外头或附近的墓园，傍晚再走5千米的路回胡安·博斯科收容所，通常正好赶上帮忙准备晚餐或最后打扫的时间。

那几周，我每天晚上都跟梅莫、路丘和其他收容所员工在一起，有什么能帮忙的就尽量帮，通常包括递肥皂和卫生纸、向新来者解释收容所的规矩（例如不准抽烟；不要在收容所外闲晃，因为附近的帮派分子喜欢抢劫迁移者）及供餐等等。我在收容所里花了大把时间跟迁移者闲聊，一次正式访谈也没做，因为迁移者刚到收容所通常很累，肚子又饿，只想快点洗澡，换上干净的衣服，最不想看到有人把录音器材推到他鼻子前面。

我一直以为收容所是少数几个对迁移者来说相对安全，不用担心被剥削或不当对待的地方。但这些年下来，我看过不少研究者霸凌精疲力竭的迁移者，要他们参与研究，也看过记者咄咄逼人，抓着被遣送者想挖"好"故事。我就曾经亲耳听见一位很有名的电视记者对摄影师说："我们最好找一个因为被遣送而失去小孩的妈妈，找那种故事狗血到不行的人，那样才有看头。"

我没有将收容所当成访谈基地，也没有四处挖掘"狗血"故事，而将多数时间用在帮助员工上，或向新来者解释自己是人类学家，正在写一本有关迁移的书。收容所成了让人熟悉我面孔的地方，而这些人很可能隔天就会在边界带看到我。在我五年的研究里，有非常多访谈都是前一天我在收容所结识某人、隔天又在街上遇到对方而进行的。[1]话虽如此，胡安·博斯科收容所对我

---

[1] 就方法论而言，我在民族志田野调查时遇到的最大问题就是研究母体不固定。有些人可能只会在诺加莱斯待一两天就又尝试穿越边境，这使得结识迁移者相当困难。我和信息提供者的关系通常只有几小时，顶多两天。基本上，我做了五年田野，一直找不到合适的做法让我更深入观察边境穿越过程，因为那个过程往往太过仓促混乱，记录起来很麻烦（不是开玩笑）。虽然我在书里参考了不少出色的边境穿越研究，但我发现其中多数都有方法论上的局限，限制了能产出的民族志知识。首先，这些以边境穿越为主题的研究有许多在访谈迁移者时，几乎只访谈收容所或上次穿越边境已经是很久以前的迁移者（Slack and Whiteford 2011; O'Leary 2009）。经常变动的母体确实很难研究，研究者必须发展各种策略来处理这个问题。2006 年 9 月到 2007 年 6 月，奥利里（Anna Ochoa O'Leary）访谈了胡安·博斯科收容所里的女性迁移者，她便提到了这个问题，并点出在这种场域进行研究的难处（O'Leary 2009）：

> 因为母体变动迅速，所以本研究使用快速评估法（Rapid Appraisal）……依据这个方法，我们由话题引导者负责访谈抵达收容所的女性迁移者，切入她们迁移经验的核心……我开始每两周造访收容所一次，以便系统地收集数据。每次造访都包含连续三晚访谈，时间是晚上七点到十点，由我访谈被美国移民官员遣送出境的妇女……我共访谈了一百位女性，但每晚出现在收容所的妇女人数不固定。（92）

虽然奥利里的研究得出不少关于索诺拉沙漠女性迁移者经验的重要观点，但只访谈收容所里的女性还是造成了几项局限。首先，受访者在收容所里往往无法畅所欲言，担心说话触怒所方（例如批评其他组织或抱怨收容所员工的对待方式）。我有好几次在胡安·博斯科收容所内和所外跟同样的人交谈，他们讲述的故事细节和语气常常完全两样。有些受访者觉得在收容所里讲自己的遭遇就是要愈"狗血"愈好，才能引发同情或取悦研究者。其次，只在收容所进行访谈往往对那些研究者只认识几小时的受访者的故事有利。因为互动时间有限，所以研究者很难细致描绘这些受访者或他们在（转下页）

而言确实变得很重要，因为它让我有机会认识可能的访谈对象，观察红十字会、人道组织及其他机构如何对待被遣送者，并从收容所员工身上了解迁移，因为他们都有穿越边境的经验。

胡安·博斯科收容所的洗澡和用餐时间通常是晚上七点到十一点。第一批男女入住者和小孩用餐完毕、分配好床位后，通常会有一段空当。这时所有员工就会聚到厨房区闲晃、打牌和看电视。我很快就发现十一点到凌晨两点这段时间很重要，可以跟包括梅莫和路丘在内的员工聊他们的生活和迁移经验。事后证明，这些人对我了解白天收集到的访谈资料与田野观察非常关键。虽然收容所禁酒，但熟门熟路的梅莫总能夹带啤酒进厨房，让深夜的巴拉哈（*baraja*）扑克玩起来更热络。那是我第一季田野调查最喜欢的时光。我在那里了解到收容所员工的生活，而他们的友谊也帮我排遣掉不少做研究的寂寞。他们则非常开心多了一个"打嘴炮"的对象。

我将焦点摆在梅莫和路丘的边境穿越故事是有理由的，我想我得稍微解释一下。这些年来我结识了数百位迁移者，他们两人是我在墨西哥边境相处时间最久的。我认识他们的时候，他们才刚到胡安·博斯科几周而已。而他们是临时员工，这代表我晚上

（接上页）访谈过后的遭遇。再者，以访谈为主的研究取径很难提供关于边境穿越其他部分的民族志观察，包括如何预备进入沙漠或不在收容所时都在诺加莱斯的哪里出没等等。不过，我的确发现正式访谈（类似奥利里的方法）有时对回答某些关于迁移过程的问题很有用，也会得出一些我收集的其他类别数据以外的信息。因此，无证迁移计划的研究人员于2013年的春夏两季以半结构式调查方式访谈了四十五位男女，其中几次（尤其是对象为女性的）是在胡安·博斯科收容所里进行的。

可以有大把时间和他们在一起，贴身观察他们如何预备穿越边境。我后来也找了其他迁移者，观察他们如何预备进入沙漠，但那些迁移者我顶多只认识几天，几乎没机会拉近距离。因为梅莫和路丘可以待在收容所里花好几周预备第三次越境，所以白天有空闲时间，我们经常一起吃午餐、看棒球，做些平常会做的事。相比之下，我在边界带认识的其他迁移者往往急着再次穿越边境；就算住在收容所，也得在晚上十一点就寝，没办法跟我或其他员工混熟。而三天收容时限一到，许多人就会躲到诺加莱斯墓园或其他地方，免得夜里被抢。

我要强调的是，梅莫和路丘除了受得了被我烦，并不是迁移者中的特例。他们俩在许多方面都是相当典型的无证边境穿越者：男性、未受正式教育、曾多次穿越边境，并且早已完全融入美国的无证劳动力多年。他们大半辈子都待在美国，不认为回墨西哥是选项。此外，我认识他们的时候，他们俩已经对索诺拉沙漠异质集合体的危险有切身体会，并决心要成为最终克服重重障碍穿越美墨边境的那"92% 至 98%"。[1]借由洞察他们的生命，我希望读者看见移民数据背后的人，而他们俩的边境穿越故事只是沧海一粟，光是亚利桑那南部每天就有数百个相同故事在上演。我在书里描述的事件只是该区自 2000 年以来数百万次越境尝试里的一丁点。[2]

---

[1] Cornelius et al. 2008:3.

[2] 2000 年至 2013 年，边境巡逻队在图森区逮捕了 4463083 人，见附录。其中不包括一次就越境成功的迁移者，因此实际尝试穿越边境的总人数应该高出许多。有关逮捕人数统计的诠释问题，参见 Andreas 2009:85-112。

5

遣送出境

　　单调的金属门打开，一名武装法警走进空荡荡的法庭。坐在门附近正在看手机的边境巡逻队员察觉有人进来，抬头朝警卫轻轻颔首。一名三十多岁、头发炭黑的壮硕男子从门外进来。他低着头，手脚都上了镣铐，铁链沉沉垂在身前。这名墨西哥囚犯穿着纽约洋基队 T 恤，腋下大片干了的汗渍，加上肮脏的蓝牛仔裤和磨损的运动鞋（鞋带被抽掉免得他上吊），全是在沙漠折腾了几天后的标准装扮。他拖着疲惫的步伐朝座位走去，套在他手腕、脚踝和腰间的铁链铿铿作响，打破了法庭里的寂静，听起来像有袋钉子在晃。

　　接着进来的囚犯是个留着冲天头的少年，身材瘦瘦高高，穿着一件山寨版的浅蓝色麋鹿牌马球衫。他举起铐住的双手，朝左边旁听席的十几名地方人权观察者和大学生行动分子打招呼，又朝两名年轻金发女子微笑，一脸酷样。他后面跟着一个步履蹒跚的中年先生（*señor*），身高只有 150 厘米出头，仿佛刚从瓦哈卡山谷的萨波特克村（Zapotec）出来似的，搞不好还真的是。粗重的铁链拴在他瘦小的身上让他显得分外矮小，他周围的其他囚犯看起来就像巨人一般。他吃力地跟在少年后头，每走一步就瑟缩一下，仿佛踩在碎玻璃上。后面又进来更多囚犯，每个都让铿锵声更响一些。整个跛行队伍包括娃娃脸的十八岁少年、目光黯淡的中年男女和几名满脸倦容的老人。法庭里的廉价消毒药水味很快就被这些经历过沙漠，又被关在拥挤的拘留所里等着见法官（*el juez*）的身躯散发的汗臭味给掩盖了。

不到十五分钟，法庭前方就坐了五十五位男士和十五位女士。他们用被铐的双手费力戴上无线耳机，以便听法院请来的西班牙语口译转述审判过程。庭审开始前，被告们对着法院人员、旁听席和感觉很不真实的场景，有些人匆匆环顾了法庭一眼，有些人紧张微笑，用手指调整塑料耳机，还有些人低声啜泣，但大多数人只是在座位上扭动身子，想替上铐的手脚找个舒服的姿势，搞得铁链不停哐啷作响，跟开着白噪声机没两样。欢迎来到"流线行动"（Operation Streamline）。

———————

近年来，全球不少国家都提高了边境军事化的程度，以应付为了经济因素或躲避全球暖化、全球化及武装冲突而涌入的移民与难民。[1]这股强化边境治安的趋势让许多国家将目光转向了美墨边境，因为那里不仅是国家之间经济政治实力悬殊以致关系紧张的具体象征，[2]也是应付不受欢迎（或看起来不受欢迎）移民的典范。更多高墙、更多监视摄影机、更多带刺铁丝网。不仅移

———————

[1] Dunn 1996; Lucht 2012; Andreas 2009; Andersson 2014.
[2] Alvarez 1995:451.

民管制更加严苛，遣送出境[1]也愈来愈常成为世界各国维系主权的重要规训方式。[2]这种驱逐手段虽然已经正规化，却鲜有人看出它是一种独特的政策策略，自有一套"社会政治逻辑"，影响远超过任何特定国家的边境。[3]

虽然遣送出境是无证迁移群体进入美国这个社会过程的基本元素，却几乎没有民族志研究探讨遣送出境是怎么回事、实际体验如何，以及遣送出境和边境穿越其他部分的关系。[4]在本章中，我提供了亚利桑那南部和墨西哥北部遣送过程的步骤、场域与行动者的快照，以便阐明这个现象如何既是这个研究不足的异质集合体中的一个官僚元素，也是它的实体要件。对这个过程的分析将会透露出，当这些人试图在墨西哥边境生存、重新结伙成伴时，强制迁移对其生活的影响。

有效执法

进入 21 世纪后过了五年左右，美国开始实施移民改革。在此之前的几十年，从墨西哥非法入境被捕的迁移者通常都以"自愿离境"（voluntary departure）办理，几乎无需程序就能离开。[5]不同于正式遣送出境需要经过行政听证程序，自愿

---

[1] 即强制驱逐"外来者"。

[2] Peutz and De Genova 2010:6.

[3] Peutz and De Genova 2010:1.

[4] 当然也有例外。近年的例子可见 Boehm 2012。

[5] 本处只讨论威慑预防策略实施前的那几十年。Hernández（2010）对遣送出境有更深入的历史分析。

离境的流程很快，迁移者只要宣告放弃会见法官的权利，就能不经审判或长期拘留而返回墨西哥。[1]因此，过去翻墙者（*alambrista*）被捕后只要回答边境巡逻队几个问题，在拘留所待一小段时间，就会很快地被送到最近的通关口岸释放，几小时后又能回到围篱再碰运气。纵观 20 世纪，巡逻队员一天之内连续逮到同一个家伙两次的情形并不罕见。[2]这种捉捉放放的游戏不仅让边境巡逻队感到无力，也几乎阻止不了迁移者再次尝试。[3]

如果你是边境穿越新手，头一回碰上边巡队员自然有点恐怖。他们会揍你吗？从背后朝你开枪？还是让你坐牢？但当迁移者发现边境巡逻队（通常）不可能伤害他们或将他们关进牢里，被捕就不再那么吓人了。渐渐地，边境穿越惯犯会愈来愈熟悉遣送的标准流程，[4]就这样捉了又放，放了又捉。一位 1990 年代初期接受海曼（Josiah Heyman）访谈的巡逻队员就对这项无效政策的无限循环大加嘲讽："他们可会玩这个游戏了。被捕就乖乖听话，拖个八小时后又能重来一次。我们每天干的基本上就这回事，拖住他们。"[5]这个社会司法过程向来是美国大众文化批评移民政策的经典笑料。[6]不过，同一时期的非墨西哥人，也就是

---

[1] Heyman 1995:266.

[2] Ettinger 2009:132.

[3] Heyman 1995; Hernández 2010; Rosenblum 2012:8.

[4] Singer and Massey 1998:574.

[5] Heyman 1995:270.

[6] 例如 1987 年的电影《生于东洛杉矶》。

边境巡逻队员口中的"非老墨",非法闯越地缘政治边界的待遇更好,通常会获得保释,之后再出庭接受正式的遣送或驱逐听证程序。可想而知,出庭率非常低。

2005 年,美国国土安全部开始实验新的遣送听证程序,希望研拟出更具惩罚力的驱逐方式,或如政策规划者所说的"有效执法"(enforcement with consequences)。[1]国土安全部后来实行了几项颇有争议的措施,流线行动便是其中之一。这套用于美国南疆的政策不再提供自愿返回母国的选项,而是强制违反移民法的非暴力迁移者接受联邦刑事司法审判。依据流线行动,初犯者将判轻罪,最高刑期六个月;再犯者则可被判重罪,一般最高刑期两年,若有刑事前科可加至二十年。[2]理论上,这项"零容忍"政策应该比之前速理速送的驱逐策略有效,只可惜国土安全部万万没想到,联邦法院根本无力应付每年穿越边境的数十万人,以致政策根本不可行。

虽然每周有五天在亚利桑那州、加利福尼亚州和得克萨斯州执行流线行动,但图森等地的联邦法院每天最多只能审理七十人。换句话说,某区的边境巡逻队可能在二十四小时内逮捕了数百名迁移者,却只有少部分人会见到法官,其余大多数还是自愿离境,一点麻烦都没有就回到了墨西哥。捉捉放放。迁移者不仅在沙漠会碰到阻力或助力全凭运气,连被捕后会不会上法庭也是。2013 年这天我在法院旁听就感觉到,被边境巡逻队送来受

---

[1] Rosenblum 2012:8.

[2] Lydgate 2010:481; ACLU 2009.

审的那七十人根本是随便挑的。[1]上法庭常常只是因为你倒霉。

袋鼠法庭

法官迟到了，十四位律师坐在旁听席上等候自己的客户出庭应讯。其中几位忙着翻阅卷宗，一位穿着廉价西装，外表邋遢，拿着手机在玩填字游戏，坐他旁边的那位则是打着哈欠在看《纽约时报》，还有两位和坐在法庭前方的联邦法警聊天说笑。通常律师们早上九点会到，花三小时见四五名客户，每位客户身上花半小时翻阅卷宗和询问，接着再陪对方进法庭向法官认罪，接受判决。[2]这项服务时薪为 125 美元，因此每位律师每年光靠流线行动就能轻松赚进 12.5 万美元，难怪笑得那么开心。

法官总算来了，比预计的一点开始晚了二十分钟。庭审开始，先用英语宣读所有指示和命令，再由坐在法官席旁的口译翻译。每次念到名字的五人到法庭前方，同时起诉。

“点到名请和律师一同上前。12-31324MP。[3]美国诉……”

“乔纳森·里瓦斯·绍塞多。”

“有（*Presente*）。”

“12-31325MP。”

“比森特·巴迪洛·里瓦斯。”

---

[1] Lydgate 2010:500. 亦可参见 Trevizo 2014。

[2] 除非另有注明，有关图森流线行动的所有统计数据均来自 Lydgate 2010。

[3] 为保护当事人，所有案号、日期、姓名和个人资料均略有改动。

"有。"

"里卡多·狄亚兹·奥多涅斯。"

"有。"

"戴维·鲁伊斯·冈萨雷斯。"

"有。"

"鲁菲诺·华雷斯·加西亚。"

"有。"

五名被告到齐后，就会轮流回答基本问题。

"绍塞多先生，您是否于 2013 年 3 月 13 日或该日前后于萨萨比镇附近非法入境美国？"

"是（*Si*）。"

"奥多涅斯先生，您是否于 2013 年 3 月 12 日或该日前后于诺加莱斯附近非法入境美国？"

"是。"

不是所有被告都了解状况，例如第一批走进法庭的那位不良于行的矮小先生。

"加西亚先生，您是否于 2013 年 3 月 13 日或该日前后于萨萨比镇附近非法入境美国？"

没反应。

"加西亚先生，您是否于 2013 年 3 月 13 日或该日前后于萨萨比镇附近非法入境美国？"

沉默。

"麻烦你告诉被告，他必须口头回复我的问题。"

加西亚先生一脸困惑。律师在他耳边低语几句，加西亚先生忽然跪在法官面前，仿佛哀求怜悯。

"麻烦你请被告站起来。加西亚先生，您了解今天来是做什么吗？"

"法官大人，我的客户不大会说西班牙语，因为那不是他的母语。他只会讲方言。"[1]

"你觉得他能用西班牙语认罪吗？"

"应该可以，法官大人。"

"加西亚先生，您知道我们在做什么吗？"

"我认罪（*Culpable*）。"

"先生，我还没请您认罪，只是问您知道今天是来做什么的吗？"

---

[1] 近来有不少迁移者是来自墨西哥南部瓦哈卡州和恰帕斯州的原住民。

"知道。"

"很好，好极了。我们继续。加西亚先生，您是否于 2013 年
3 月 13 日或该日前后于萨萨比镇附近非法入境美国？"

"是。"

最后庭上宣读了五人的罪名，并要他们认罪。五人用西班
牙语讲了五次"我认罪"。流线行动的被告认罪率估计为 99%。[1]
接着法庭逐一宣读判决。

"绍塞多先生判处徒刑七十五天，里瓦斯先生判处徒刑三十
天，奥多涅斯先生判处徒刑三十天，冈萨雷斯先生判处徒刑
三十天，加西亚先生刑满获释。"

下一轮审讯开始。

"点到名请和律师一同上前。12-31329MP。美国诉……"

一小时后，将有七十位男女完成首次出庭、传讯、认罪及判
刑，统统压缩在一次快速听证里。这些迁移者绝大多数都会被判
刑满获释，但也有人必须入狱服刑，最长一百八十天。一般拘留
时间约为三十天。[2] 因为被告都不是美国人，所以即使这场审判

---

[1] Lydgate 2010:484.

[2] Lydgate 2010:528.

秀明显欠缺适当程序与法律辩护，还是不被联邦政府或政策支持者在意。这是一场司法大戏，好让政府看起来"对移民严惩严管"，而做法就是将非美国公民交到司法重拳手上，却不给他们一般美国人面对公诉时拥有的权利、特权与程序。阿甘本要我们正视例外状态创造的例外之地，而这套"司法"程序正凸显了他的洞察有多犀利："倘若集中营的本质在于实践例外状态，创造一个让裸命与司法治理难以分辨的空间，那我们就不得不承认，只要这个结构出现，不论其中发生何种罪行，也不论其名称与地貌，它就是集中营。"[1]

尽管国土安全部宣称流线行动有效吓阻了未经允许的迁移，却缺乏有力的实证。许多分析者都主张，和流线行动约莫同时出现的美国经济下滑与偷渡成本提高，更有可能是迁移减缓的主因。[2]不过，就如利德盖特（Joanna Lydgate）等人所言，我们倒是有具体证据显示这套可疑的司法程序在大笔花费联邦预算方面可是颇有成效。[3]以我列席旁听的亚利桑那法院为例，如果加上律师费，每年支出将近 230 万美元，而每位迁移者每日拘留成本是 100 美元，因此光是图森区每年就要花费 5250 万美元。[4]

过去十年，不断升级的反移民战争已经成了一门赚钱生意。提供人员场所来羁押非暴力非法迁移者的私人企业每年都能从美国纳税人手上赚进数十亿美元。而获利提高多少跟这些企业与反

---

[1] Agamben 1998:174.
[2] Lydgate 2010:515–516.
[3] 可参见 Robertson et al. 2012。
[4] Lydgate 2010:528.

移民议员的不当生意往来脱不了关系。[1]双方达成共识，你盖拘留所，我就设法把人填满。

最后一名迁移者被判刑并送回拘留所后，图森区边境巡逻队再次从被羁押的迁移者中随机挑选了七十人接受次日的审判。下午一点，司法铁链声将会再次响起。几小时后，加西亚先生和其他数十名迁移者搭上巴士，返回墨西哥。

欢迎光临诺加莱斯（*Bienvenidos a Nogales*）

周二晚上十一点，从迪康辛尼（DeConcini）边界口岸进入墨西哥诺加莱斯的车子不多，不像往美国方向塞了几十辆车，只能缓慢前进。一辆挂着亚利桑那车牌往南走的红色皮卡车正在接受两名深蓝制服的移民及海关执法局官员盘查，看车上是否藏有金钱、突击步枪或其他违禁品。其中一人拿着前端粘有镜子的金属棒伸到车底检查，另一人牵着喘着气的德国牧羊犬绕着车兜圈子。一辆车窗涂黑还架了铁条的白色巴士等在后面，离墨西哥人行入境通道的入口只有 15 米，引擎轰隆作响。车身原本漆有"威康贺运输公司"字样，但已经被白乙烯基涂料盖掉。这家颇受争议的安保公司每年都跟联邦政府签约，负责拘留及载送迁移者回墨西哥；因为曾经和其他同行一起被控虐待迁移者，所以在被士瑞克保全集团收购后便刻意保持低调。[2]

---

[1] National Immigration Forum（美国全国移民论坛）2013。
[2] No More Deaths 2011; Silva 2013.

巴士门开了，一名身材走样的武装保安走下来和两名边境巡逻队员打招呼。其中一名队员说了句"走吧（Adelante）"，巴士上那群衣冠不整、神情憔悴的男人鱼贯下车。有些人背着黑色或迷彩背包，上头挂着一张写有"国土安全部行李检查站"的标签；有些人拎着印有"个人物品"字样的透明塑料袋，国土安全部的戳章盖得到处都是；还有些人两手空空，所有家当不是在沙漠里被边境巡逻队逼得扔掉了，就是在羁押时被看守员没收了。拘留中心的垃圾桶里塞满了食物、水、备用衣物、糖尿病药物、选民证和皱巴巴的小宝宝笑呵呵的照片。沙漠里也有这些物品，最终都成了这个秘密社会过程的考古遗留。

这群衣着灰暗的乘客半夜被人丢在边界，神色都颇为惊慌，而这点并不难理解。从疲惫的脸庞、迷彩服、脏球鞋到挂着政府标签的黑色背包，都在宣告他们是好欺负的被遣送出境者。不少迁移者戏称这叫"失败者制服"，让他们走在路上格外显眼。我曾经问一位边境巡逻队新闻处人员，通常是哪些人会在晚上被遣返。"晚上真的很危险，"他告诉我，"所以我们只遣送男性，不会遣送妇女和孩童。"但根据人道团体"终结死亡"（No More Deaths）和我个人的观察，边境巡逻队不一定那么守规矩。[1]

在深夜被驱逐的迁移者中，最提心吊胆的通常是从其他边境区被横向遣送到诺加莱斯的人，这一晚也不例外。而那些迁移者会被横向遣送，是因为"外来者移地出境计划"（Alien Transfer and Exit Program，ATEP）。这又是国土安全部"有效执法"的另

---

[1] No More Deaths 2011:29.

外一招。边境巡逻队声称,用巴士将迁移者送到距离被捕地点很远的边界口岸后再驱逐出境,可以达成两个目的。首先,这样的调动有助于"吓阻一再非法穿越边境或寻求人口贩子协助的外来者,进而破坏人口贩运集团的运作"。[1]其次,这种做法可以"让外来者免于落入人口贩子之手,不用被迫再次连日承受严苛环境的考验去尝试穿越边境"。[2]这两种说法都很有问题,因为墨西哥所有边境城镇都有人口贩运集团,联系新的"郊狼"比打开邮件还简单。此外,许多从加利福尼亚州圣伊西德罗等城市地区被横向遣送的迁移者都会发现,被扔在诺加莱斯这种地方最简单的脱身之道就是穿越沙漠。

我曾在其他地方指出,横向遣送与其说是为了打击人口贩运和保护迁移者,不如说是为了混淆被遣送者,让他们身陷险境。[3]施佩纳(David Spener)也表示,如果想找"郊狼"带路,最安全的做法就是在家乡雇人,可以大幅减少被讹诈、攻击或抛下的可能。[4]边境巡逻队将迁移者送往陌生的边境城镇,使其无法求助可能有点私交的人口贩子,不仅将迁移者推入险恶的地理环境,还促使他们求助不认识的人口贩子,导致被抢的几率比在其帮助下成功穿越还高。尽管"外来者移地出境计划"于2008年才启动,但将迁移者送到环境和人际关系都陌生的城镇的做法至少早在1950年代就已出现,而且事实证明后果

---

[1] GAO 2010:11–12.

[2] CBP 2008.

[3] De León 2013a.

[4] Spener 2009.

血腥。[1]

这里是墨西哥境内，我站在人行入境通道前的出租车候车站旁，几名头发抹油的男子靠墙坐在附近的长椅上抽着廉价香烟，等被遣送者出来。其中一位男子名叫加利亚多，长得圆圆胖胖，只剩一条腿，是这一带行走多年的"郊狼"，替新来的迁移者和能带他们穿越沙漠的向导（*guía*）[2]牵线。比起其他人，他显然算可靠的：地盘小，联络方便，就算你被他雇的向导抢了或抛弃了，回到诺加莱斯也不难找到他。他就跟"老忠实"喷泉（Old Faithful）一样，不是坐在国际大道的雷希斯旅馆酒吧门口，就是把车停在马里波萨口岸附近的墓园前，跟刚被遣送的迁移者闲聊。他经常开着那辆老旧的栗色庞蒂克往来各据点，用木拐杖踩油门，剩下的腿踩刹车。这晚，他和其他人正紧紧盯着站在怠速巴士前的那群迁移者，物色下一位客户或冤大头。他们当中大多是男的，偶尔有女的，个个带着给迁移者一张温暖的床和便宜迅速偷渡的许诺，只不过他们除了带人穿越沙漠，也可能绑人勒索赎金。

可怜加利亚多和他的同伴们了（对迁移者来说则是走运），一辆亮橘色的公务卡车在边界口岸前停下，两名贝他组织人员从车里出来。贝他组织隶属于墨西哥国家移民中心，负责为迁移者（包括取道墨西哥前往美国的非墨西哥人）提供医疗、信息和一

------

[1] Hernández 2010:134-136.
[2] 向导也是"郊狼"，但会亲自带领迁移者穿越沙漠。

般协助。[1]此外，保护被遣送者不受人口贩子、黑道帮派与组织犯罪网络侵犯也是他们的工作内容。这两位仪容整洁的男性到这里来是为了充当便车（un raite），载那十几名迁移者到几千米外的胡安·博斯科，诺加莱斯最大的迁移者收容所。倘若他们没有出现，那群新人就得在街上碰运气或等到破晓再自己找路去贝他组织办公室了。

　　梅莫和路丘凌晨两点被遣送出境那次，两人害怕会被在出租车候车站等着的那些人攻击，所以睡在边界口岸附近的长椅上。有些人搞不清状况，决定摸黑走去收容所，结果往往被附近专门欺负迁移者的小混混追着打。公务卡车载货似的载着迁移者离开边界口岸，加利亚多跛着脚横越马路，重新坐回酒吧门口，几小时后再回来等待。

收容我

　　胡安·博斯科收容所，典型的夏日夜晚。下午气温几乎都在38 ℃左右徘徊，这会儿太阳终于下山了，闷热的夜晚空气有如湿毛毯裹在所有人皮肤上。六十个男人、十二个女人和三个不到十岁的小孩挤在收容所的教堂里，虽然这地方是为了宗教活动而盖的，但多半时候是充当新来迁移者的等候区或临时寝室，如果床铺都满了的话。角落一台风扇颤巍巍地转着，将热风从教堂的一头推到另一头。附近一台电视大声报着地方新闻，声音震耳欲

---

[1] 贝他组织的正式名称为 Grupos Beta，但大多数人都称它为 Grupo Beta。

聋。不晓得为什么总是有人把音量调大。不过也没区别，反正你也听不到主播在讲什么，因为教堂里几十个人都在同时讲话。

"不骗你 (*No mames cabron*)，我们走到萨萨比，他妈的'郊狼'竟然丢下我们。我们还被抢匪洗劫了两次。我敢说那个'郊狼'和他们绝对是一伙的。"

"你知道哪里有阿兹特卡银行？我哥说他要汇钱给我们，让我们再试一次。他搞不懂我们怎么还没穿越边境。"

"喂，这地方叫什么名字？佐诺拉吗？"

梅莫探头到教堂里大喊："男士们 (*Caballeros*)，今晚人很多，快出来排队。"他口气严肃，想让众人相信他有管人的权力，明明他自己也是被遣送者，而且才来没几周。男人们一边嘀咕一边从座位上起身，鱼贯朝门口走去。途中他们经过一个供奉瓜达卢佩圣母的小祭坛和一座耶稣受难木雕，祭坛前堆满了祷告卡、零钱与照片，全是之前的迁移者留下的。耶稣脖子上挂了好几串玫瑰念珠和圣母圣衣，保佑奉献者下回能躲过边巡人员或水不会喝完。耶稣头上、手上和脚上都漆上了血色。一名双脚都缠着绷带的男子从木雕前走过，纱布渗着墨点般的血渍；还有几个人在胸前画十字，对着墨西哥最重要的两个信仰对象低声祈祷。

萨穆埃尔坐在缺了角的木桌前，在入住单上草草写下这天的日期。他虽然不高，但坐在椅子上显得很魁梧，墨黑的头发中分得非常完美，还抹了一大把芳香发胶固定，简直就像等着考问紧

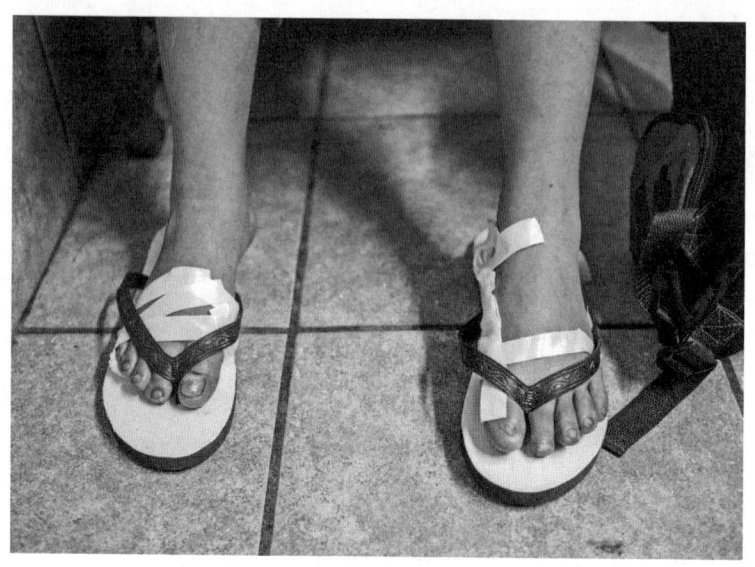

胡安·博斯科收容所内，2013 年（迈克尔·韦尔斯摄）

张的面试者、判断他们能不能留下来的大主管。他是收容所里最洁身自爱，也是唯一真正受人尊敬的员工。他讲话音量不高，而且几乎不带情感，但咬字非常用力，就像刻在木头上一样，给人一种永远气冲冲的感觉，完全无法想象他本人其实喜欢"打嘴炮"。当他递餐盘给你，问你要不要多一点辣椒时，那讲话的语气永远让你猜不透他到底是不是在开玩笑。

萨穆埃尔已经在胡安·博斯科待了快十个月。他在菲尼克斯因为无照或无保险驾驶被捕，然后被遣送到这里。他一直在存钱，想买假证件蒙混进美国，那些东西至少要花掉他几千美元。他告诉我："梅莫和路丘打算在沙漠里走很远。我不想那样做。那太冒险了，我不想拿自己的性命冒险。"萨穆埃尔是普埃布拉人，几个月以来一直负责着收容所的日常运作，依照负责人伊尔达（Doña Hilda）和洛雷罗（Don Paco Loureiro）[1]的指示办事。伊尔达和洛雷罗每天只会来收容所几个小时。两人三十年来协助了将近200万名迁移者，目前则是将多数管理工作与劳务交给萨穆埃尔和其他几人。这些员工被遣送来之后，选择永久待在收容所里从事低薪工作或担任志愿者。梅莫和路丘虽然是新来的迁移者，而且打算再次穿越边境，却不知如何打动了伊尔达，允许他们长住下来，而不是只能待三天。梅莫傻笑的模样和温和的态度让人倍感亲切，似乎常替他带来意外的好处。他和路丘保证会守规矩，并协助维持秩序与整洁。

被遣送的男士们在萨穆埃尔的桌前排队，个个都像野人一般满脸伤痕，穿着肮脏的上衣与脱线的球鞋。有些人拿着满是尘土的背包，上头还挂着拘留期间国土安全部别上的标签。一名十九岁少年穿着住院服和拖鞋，鼻梁断了，额头上缝了十四针。"带我们的'郊狼'想加速赢过边境巡逻队，结果卡车翻了。"他告诉我。一名来自恰帕斯的独臂男子要人帮他压饮水机的出水龙头，好往小塑料杯里装水。他独自穿越边境，结果在沙漠里迷路了六天。他完好的那只手臂上有一个褪色的黑色痕迹，曾经是戴着荆棘、双手祷告的耶稣头像。他说神在沙漠里保护了他，让他免于一死。

另一个名叫拉洛、一脸严肃的墨城佬（*chilango*）*说他在菲尼克斯住了很多年，最近才被遣送出境。那天他和几个好兄弟在

---

[1] 此为真名。

* 墨城佬是墨西哥人对首都墨西哥城居民的嘲讽用语。

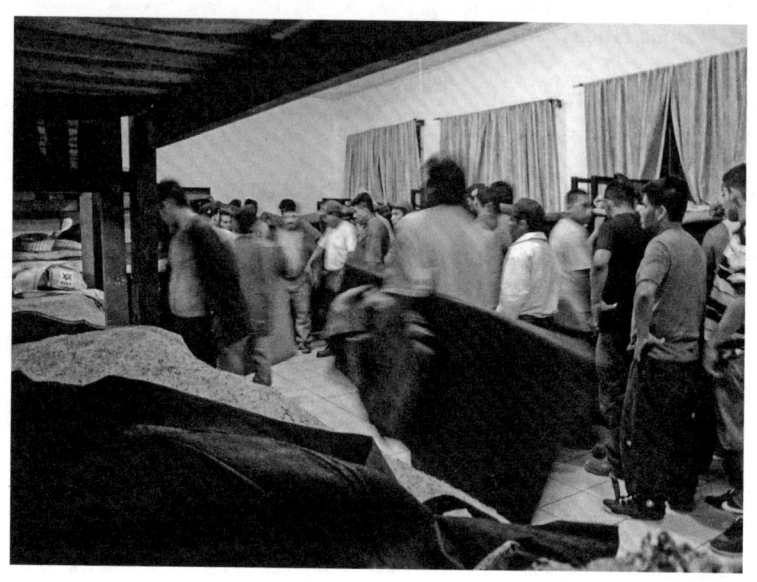

在胡安·博斯科收容所排队上厕所，2009 年（作者摄）

一处空地等逛完"家得宝"（Home Depot）的顾客出来，看有没有零工可打，结果被警察逮捕，理由是非法侵入。两名来自瓦哈卡的中年男人用米斯特克语交头接耳，接着用很糟的西班牙语问梅莫有没有东西吃，他们已经饿了两天肚子了。梅莫开始说厨房里有七菜全餐和冰啤酒等着他们。尽管大伙儿都饥肠辘辘，还是被他这番胡扯（chiste）逗笑了。只有这样才能不让眼泪掉下来。

除了人物略有不同，同样的场景一年到头天天都在胡安·博斯科上演。男女老幼排队等着住进收容所，不论丈夫、妻子、亲友、子女或萍水相逢的陌生人，只要你肯听，他们都有关于疲惫、脱水、心碎与倒霉的故事可说。过不了多久，所有疲惫的面孔与悲惨的故事都混在了一块儿。

"一次一个人。"萨穆埃尔说,"请拿出你的遣送单(*comprobante*)。"

"所有人把文件拿在手上。"梅莫说。

"大名?"

"米格尔·洛佩斯·培尼亚。"

"年龄?"

"二十七岁。"

"出生地?"

"恰帕斯州塔帕丘拉市。"

"大名?"

"劳尔·帕斯·奥内拉斯。"

"年龄?"

"三十七岁。"

"出生地?"

"瓦哈卡州瓦哈卡市。"

"大名?"

"吉列尔莫·威尔逊·托雷斯。"

"年龄?"

"十九岁。"

"出生地?"

"特拉斯卡拉州阿皮萨科市。"

唱名登记持续了二十分钟。瓦哈卡、恰帕斯、韦拉克鲁斯、格雷罗、哈利斯科,感觉就像上了一堂墨西哥地理课。光从几名入住者就能看出某种模式：瓦哈卡、瓦哈卡、恰帕斯、瓦哈卡、韦拉克鲁斯、恰帕斯、瓦哈卡，原住民人口最多、最贫困的州比例奇高。绝大多数的被遣送者来自墨西哥，但每天也有来自危地马拉、洪都拉斯和萨尔瓦多的被遣送者。据估计，美国每年逮捕和驱逐的迁移者中，有 15% 来自这些国家。[1] 十七岁、四十一岁、六十三岁，偶尔甚至有婴儿或七十多岁的长者，看不出对年龄有什么限制。女性入住者的出生地与年龄分布也遵循相同的模式。

一个男的谎报国籍被逮到。

"出生地？"

"尤卡坦。"

"尤卡坦半岛？真的吗？我们这里很少遇到尤卡坦人。你住尤卡坦哪里？"

"呃，其实我是洪都拉斯人。"

"我想也是。你没有遣送单，所以只能住一晚，明天就得离开。"

没有遣送单的，尤其是那些还要往北走的中美洲人，只能拿到一日住宿证。虽然墨西哥对外邦人的歧视很严重，但这项规定主要是为了防止吸毒者和小偷假扮成离开收容所的迁移者。

最后，入住手续总算完成，所有人的姓名资料都记在簿册

---

[1] Simanski and Sapp 2012.

里。同样的流程午夜十二点和凌晨三点还要再来一次，贝他组织会用卡车载送新一批被遣送者过来。收容所员工到隔天清晨都没什么时间睡觉。

手续完成后，接下来就是说明入住的相关规定。这时拉斐尔（或拉斐）就会上前对着疲惫的迁移者咆哮："所有人到这里集合，注意听！"三十一岁的拉斐长得矮矮胖胖，肤色很浅，有着一张稚气的圆脸和绿眼眸，从外表绝对猜不到他曾经在家乡恰帕斯当军人，反而更像爱玩 Xbox 游戏机和抽大麻的家伙。他在罗利-德拉姆住了几年后，决定回家乡探望生病的母亲。几个月后，他尝试横越沙漠返回北卡罗来纳州，结果在路上伤了腿，最后被遣送出境，拄着拐杖到了胡安·博斯科。收容所准他延后离开以便静养，但他很快就成了员工。虽然他成天嚷着自己很快就要穿越边境，但我感觉他在这里管人还蛮自在的，而且也待上快一年了。他显然很喜欢凶新来的迁移者。

拉斐：好了，各位，这里是私人机构，不是公家单位。我们跟政府、移民机构或贝他组织没有任何关联。他们把你们送来这里，免得你们流落街头。我们希望所有人和气相处，彼此尊重又守秩序。我们要做的第一件事就是维持这地方的整洁。浴室里有蓝色垃圾桶，所有不要的东西都可以丢在那里，例如脏衣服和袜子等等。别扔在地上或从窗子扔到浴室外面，懂吗？

迁移者（异口同声）：懂。

拉斐：很好。这里不准骂脏话，也不能光着上身四处走，因为还有女人小孩在，不是只有男人。我不想听到有人骂脏话，懂吗？

迁移者（异口同声）：懂。

拉斐：浴室在后面左边。你们可以去那里上厕所、洗脚和冲澡。水龙头打开应该随时有水，但最好检查一下。如果没水，就拿桶子下楼去装，桶子排队使用。下面有两个黑色水槽，有龙头可以给桶子装水，让你冲澡、洗脚或冲厕所。最近有很多人很懒，上完厕所也不拿桶子下去把水装满，害下个人没办法冲水洗手。这里什么都不用钱，住宿也免费，所有东西都是共享，因此需要保持浴室整洁。洗完脚记得把鞋子拿走，放进这些黑垃圾袋摆在这里，免得臭气冲天。所有鞋子都摆在这里，如果能放进背包或自己的袋子里，就随身带着，不然就收进黑垃圾袋里。装满一个袋子，就封好再开另一个垃圾袋。有没有问题？

迁移者（异口同声）：没有。

拉斐：这里禁止吸烟。身上有烟、火柴或打火机的人记得把它放在桌上，我们隔天早上第一件事就是还给你们。身上有尖锐的东西，可能割伤或刺伤人的，也放在桌上，我们隔天早上归还。警察很快就会来这里给各位搜身和检查行李，只要找到违禁品就会把你赶出去。所以烟、火柴、打火机、刀和利器都交出来，我们明天会归还。警察明天早上也会过来，这是法律规定，不只保护你们，也保护我们这里。

各位，睡觉的地方有折好的毯子，可是数量有限，所以有些人今晚不会有毯子或床位，但有床垫可以睡地上。

迁移者：这里有肥皂吗？

拉斐：肥皂？你们可以去浴室看看，但我想应该没有。你们得自己去看。我们没办法提供物品给每个人，你们得自己互相分享。这里没有政府补助。因为没有补助，所以我们东西不多，只能提供现有的物品。有问题吗？梅莫，你有要补充的吗？

梅莫：别把袜子或内裤摆在浴室窗子上，免得下一个洗澡的人闻到你他妈的臭内裤（笑）。

规定说完了，拉斐和梅莫开始分配床位。

拉斐：你睡上铺。嘿，你，你过来。你睡你爸旁边。还有谁是结伴的吗？好，那你们都睡这张床。

梅莫：鞋子不要放地上，收进垃圾袋里。

拉斐：你睡上铺。你不想睡上铺？为什么？

迁移者：我脚痛，没办法爬高。

拉斐：好吧，那你睡下铺。还有谁身体不舒服，没办法爬高的？

床位安排好，警察就来了。棕皮肤的身躯一字排开接受搜查，背包里的东西被掏出来扔在地上。警察刻意想让气氛轻松点："各位，我们来找毒品、枪支和保险套啰！"搜查时，有几个人趁机发消息给家人，告诉他们自己到了哪里，而我则是和角落一个名叫约翰尼的洪都拉斯少年攀谈了起来。他一脸愁容，浑身脏得要命，衣服满是污渍，破破烂烂，感觉在桥下住过。他的遭遇很坎坷："我大概三周前离开洪都拉斯，想去路易斯安那投靠亲戚。我以为接近边界会轻松一点，没想到更辛苦，进出墨西哥都有生命危险。"他看了警察和拉斐一眼，压低声音对我说："这里没人会帮你。"

除了两脚缠着绷带站不起来的先生，所有人都搜查过了。警察一无所获，没有毒品、枪支或是保险套。梅莫宣布晚餐快好了，等女士们吃完，就有二十个人可以先下去用餐。我刚要往厨房走，就被萨穆埃尔抓住手臂拉到一旁。"我看见你刚才在跟那个洪都拉斯小伙子讲话。你要小心点，免得被他抢。"我跟他说，我觉得他比宿舍里大多数墨西哥人还惨，可能也是最害怕的。萨穆埃尔用他一贯严厉的语气冷冷说道："洪都拉斯人都是强盗和骗子，统统都是，他们最会装哭脸。"

————————

大厅里，长方形的塑料桌上摆了几碗炖豆和几小叠温热的玉米饼，女人们和三个孩子坐在桌前狼吞虎咽。帕托一边弯腰对着炉子搅动大锅里的食物，一边跟年纪比较轻的几个女人搭讪。他已经在胡安·博斯科待了好几年，被遣送出境前住在圣迭戈，在那里的几家高级餐厅都当过厨师。"我会做意大利菜、做寿司，你说得出来的料理我都会做。"他常这样吹嘘。他没有选择返回家乡瓦哈卡，也没有尝试穿越沙漠，而是在收容所里还算舒服地待了下来。现在的他就像美食魔术师，不论别人捐了什么食物或收容所的微薄经费能买到什么食材，他都能变出美味的饭菜。

几个女的称赞了他的厨艺让帕托笑得合不拢嘴，他告诉她们自己还单身。我找了个位子坐下，跟一位名叫蕾蒂的年轻女孩攀谈了起来。她挺着大肚子，看上去怀了八个月的身孕，因为双脚肿胀，肚子太大，所以鞋子脱了，裤扣也都解开。她告诉我和帕托，她今年十五岁，来自恰帕斯，和丈夫在沙漠里走了五天，顺利到了接应点，可是答应要来接他们的人却没有出现。两人别无选择，只好向边境巡逻队自首。从在座每个人的表情来看，大伙儿都特别同情她。这里所有人都很惨，但总是有人更惨。

来自瓦哈卡、年近三十岁的两姐妹开始逗帕托，说他厨艺这么好，哪可能还单身。帕托想把她们的注意力转移到我身上，就跟她们说我因为老婆不在身边，所以想来收容所找个"墨西哥女朋友"。两姐妹觉得很好玩，就开始跟我说她们的故事。姐姐芭芭拉定居宾夕法尼亚州多年，在一家大型购物中心附近的芝乐坊餐厅上班。她回瓦哈卡探望小孩，妹妹决定和她一起去美国找工作，于是姐妹俩在沙漠里走了五天，最后被边境巡逻队逮到。我问她们还有谁同行，芭芭拉指了指坐在她们旁边默默吃饭的四十多岁女人，并跟我说她叫埃斯特尔。埃斯特尔马上问我有没有小孩。我说没有，她说："我在沙漠里走了五天，就算要我再走五天也行，我不在乎。主啊，我一定得过去（*Primero Dios tengo que pasar*），我要见我的孩子。"在奥巴马的大遣送时期，"我要见我的孩子"成了支持原定被遣送者的口号。埃斯特尔开始啜泣，芭芭拉搂住她。接着埃斯特尔又问："你知道什么时候可以冲澡吗？"帕托说："晚餐结束就可以了，但可能还要再等半个钟头，我记得有个时间。"埃斯特尔擦去眼泪，转头破涕为笑对我说："这个澡我都已经等了五天，再等一小时有什么关系呢?"

女士们用完餐,回到了女子宿舍。帕托和我开始清桌子,让梅莫带第一批二十位男士来吃饭。他们吃得很安静,交谈大多围绕着有没有盐巴或多的玉米饼打转。所有人都像几天没吃饭似的,而且搞不好还真是那样。我正在炉子上热玉米饼,用餐区通往外面街上的金属门忽然砰砰作响。帕托开门发现外头是高瘦结实的贝他组织人员弗拉可。"嘿,我送了一个女孩过来,她在卡车上。"我朝窗外瞄了一眼,只见一名二十岁出头的年轻女人坐在前座。

"你怎么不两小时前把她跟其他女的一起送来?"帕托问。"因为我得先带她去打个电话。"弗拉可咧嘴微笑,接着转头朝我眨了眨眼,做出地球人都知道的口交动作。我面无表情点了点头,努力不让怒火表现出来。所有人都知道弗拉可是混账下三烂,经常以协助寻找亲人之类的小恩小惠占女性迁移者身体的便宜。他卡车里有一把没执照的手枪,老是在深夜迁移者下车后故意亮出来。有一回我们在厨房玩牌,他忽然掏出手枪像小孩一样朝人乱比,我感觉我们当中一定有谁会成为倒霉鬼。收容所员工都不喜欢也不信任他,但没人能对他的滥权说什么。帕托要他带那个女的进来,然后立刻陪她去了宿舍。"别担心,"他说,"我待会儿就拿晚饭给你。"

接下来三个小时,贝他组织又载来两卡车的迁移者。帕托又做了八十多份晚餐,最后把豆子都用完了。我们只好改供盐渍小黄瓜、面包片和食橱里搜得到的任何东西。到了半夜,帕托告诉新来的迁移者没食物了,不少人只好饿着肚子去睡觉,但所有床位都满了，有些人睡在教堂的地板上。

　　我和梅莫、路丘又聊了一小时，觉得该睡了。回男宿舍途中，我不小心踢到了好几个因为晚来而只得睡在过道上的迁移者。我找到萨穆埃尔的床位，拉出他替我留的地垫铺在地上，随即倒头躺在路丘的床旁边。我觉得好累，却迟迟无法入睡。房里高温、空气不流通，再加上七十五个汗涔涔的身躯，把整间宿舍弄成了臭烘烘的桑拿房。几个人打呼打得厉害，让我好生嫉妒，其他人则是躲在毯子里发消息或只是在闷热里不停翻身。最后我总算沉入梦乡，但半小时后就被窸窣声和某人的咒骂声吵醒。宿舍里很暗，但我听出其中一个讲话的人是路丘。

　　"妈的，你在搞什么鬼？"
　　"没事。"
　　"什么叫没事？"
　　"我在找我的鞋子。"
　　"现在是睡觉时间，你为什么需要找鞋子？喂，那件他妈的T恤是我的！"

　　忽然间，萨穆埃尔从我身上跳过去，一把抓住路丘在骂的人。"我认得你！"他吼道，"你就是几周前偷了别人鞋子的混球！"我坐起身子，听见几声挥拳的闷响。路丘打开前门，一道光线透了进来。我瞥见萨穆埃尔揪着某人的脖子离开，房门砰的关上，宿舍再度一片漆黑。一分钟后，两人悄悄摸回床上，赶在贝他组织卡车再一次载人来之前小睡片刻。

边界带

清晨七点，收容所里的迁移者几乎都已经换好衣服，从黑垃圾袋里拿出鞋子，并收好行李。由于早上七点至傍晚六点收容所必须清空，所有人都得离开。你要是才在诺加莱斯待了一晚，那就还可以回到胡安·博斯科收容所停留两夜，有地方休息和热食可吃。已经待到第三晚（也就是最后一晚）的人就得另谋他途，包括找地方过夜。迁移者鱼贯走出前门，一边从大塑料袋里拿回昨晚被收容所员工收去"保管"的烟。不少人会发现自己的那包烟变薄了，只因为拉斐半夜趁四下无人悄悄抽了"烟税"。

贝他组织的卡车载着女人和小孩离开了，预备送往办公室。贝他组织的办公室是一栋亮橘色的混凝土建筑，位于迪康辛尼边界口岸（也就是迁移者被遣送出境的地点）以西 1.8 千米处，距离马里波萨边界口岸大约 800 米。才在沙漠跋涉了几天的男士们则得自己走上几千米到办公室。这条狭长地带是贝他组织办公室的所在地，也是被遣送者通常的归处，迁移者通常称之为边界带。

在边界带，每天都上演着由女英雄、骗子、无所事事者和圣人合演的同一出戏码，仿佛斯坦贝克小说《煎饼坪》(*Tortilla Flat*) 里的情节无限反复，让人心碎又受到鼓舞。同一个对话和互动中，你可以看到人上一秒哭哭啼啼，下一秒就失控大笑，上一秒对人性绝望，下一秒又惊喜于陌生人的善意。站在边界带，我很快就发现边境穿越故事里这个特殊的部分没有开始，也没有结束。在这个人员流动不居，充斥着各种社会关系、经济交换与政治操弄的场域里，任何尝试划定明确界线的想法都是徒劳的。

如同索诺拉沙漠异质集合体，这片文化界域有太多元素不停演化变动，以致无法一眼窥其全貌。面对母体不固定的情形，研究者只能尽量接触随时随地出现在你面前的各种人，而他们的故事就像扭曲的万花筒里的图案一样，时而清晰时而模糊。今天吃着塔可饼向你倾诉生命故事的人，明天可能不见踪影，被新的面孔和故事所取代。时间一久，你会发现有些故事大同小异："我无照驾驶被遭送出境，我得回到小孩身边。"其余故事则是莫名其妙、惊奇、有趣、悲伤、分裂或普通至极。对边界带进行深入民族志研究注定是片面的，有时混乱，永远形貌不定。接下来的民族志速写是我个人的微小尝试，希望捕捉到诺加莱斯两个主要边界口岸之间土地上的一丁点日常。

在本章剩余的篇幅里，我将带读者回顾我 2009 年至 2014 年在边界带观察到的一些时刻。我刻意抹去这些民族志速写的时间，因为归根结底，我所描绘的迁移者经历和时间没什么关联，直到今日还在发生。边境文学作者乌雷亚说得好："只要对边境有一点了解的人都会告诉你，墨西哥边境城镇二十四小时都在剧烈改变，却也不曾和不会改变。"[1]

这些迁移者叙事没有固定的结构，全是拍立得照片和毫无定论可言的故事。我在诺加莱斯遇到的那些人，许多只跟我交谈过一两次就去了沙漠，从此我就没再听说他们的下落。这里就跟其他边境城镇一样，只是迁移之路的中途站，而我能做的往往只是

------

[1] Urrea 1996:9.

在这些人从我眼前出现到消失在地平线之间做下记录。

贝他组织

被遣送者会发现自己选择有限，有些甚至干脆放弃穿越边境的希望，决定回墨西哥或中美洲的家乡。他们通常是初次穿越边境的迁移者，因为沙漠里的经历而留下巨大的心理阴影。不过，绝大多数刚被遣送的迁移者都不会放弃，只要休息够了或攒足购买旅途必需品的钱，甚至雇"郊狼"的费用，就会再次尝试。这可能只需要几天工夫，亲戚能汇钱帮忙的话更是如此。至于境况比较糟的人，预备期可能长达一周或数周，甚至得在边界带偷拐抢骗才有办法应付，手法包括四处打给肯接电话的亲友、洗窗户、乞讨、偷窃和兜售各种物品。当地多数商家都不想雇用迁移者，而雇用迁移者的商家往往恣意剥削他们。这时，"我要见我的孩子"或"瓦哈卡已经没什么可留恋的了"之类的念头就变得格外重要。面对艰难的预备期需要有东西保持动力，才不会灰心放弃。但不论你决定如何，所有事情都在贝他组织办公室里或围绕着它发生。

不可能会有人没看到贝他组织办公室，它非常显眼。从公务车到主建筑都漆成亮橘色，在一堆肮脏的棕色房舍与灰色混凝土建筑之间格外突出。这里的居民以劳动阶级为主，小孩走路上学，主妇上街买菜，迁移者等待奇迹发生。贝他组织办公室和美国梦只有咫尺之遥，连我的手机都还收得到亚利桑那的信号。我坐在办公室前的人行道上，旁边是最近才从加利福尼亚州横向遣送过来的里卡多。他三十六岁，帅帅的，个子很高，有着绿色眼眸与和善的面孔，灿烂笑容和轻松的神态很容易让人放下心防。他开始用玩笑的口吻描述自己和一群显然更习惯途中疲累的农人们同行的经过，将穿越边境和被巡逻队虐待的几次经历讲得生动有趣，把我逗得哈哈大笑。

里卡多在美国住了十五年。他十八岁时去了美国，原本只打算工作一年存点钱就返回老家哈利斯科。但他在旅馆找到一份工作，很快就适应了高薪生活，也娶了美国公民为妻。几年后，他妻子生了一个女儿。他几次尝试成为公民都没有成功，甚至还曾经被移民律师骗了几千美元，最后决定维持无证移民的隐形生活。虽然他很小心不触碰法网，却还是因为酒驾被捕而遭到驱逐出境。现在他被送到诺加莱斯这个陌生地方，最近才跟他在贝他组织办公室前遇到的本地"郊狼"搭上线。那位"赶鸡人"答应几天后带他穿越沙漠。里卡多很想回到家人身边，整天都在心里计划。我把手机借给他，让他打给老婆报告自己在哪里。"我很快就会回去。"他说，"记得，如果'郊狼'打电话去，一定要先跟我说上话才汇钱。"

贝他组织办公室露台篱笆旁的长椅上坐着几名迁移者。今天除了墨西哥人之外，还有两名留着雷鬼头的非裔伯利兹人窝在角落，不想引人注意。两人的肤色、发型和口音都清楚显示他们不是墨西哥人，而这样的人很容易成为抢劫、攻击和绑架的对象，因此最保险的做法就是待在贝他组织办公室，太阳下山再搭车回收容所。为了确保安全，贝他组织用黑色防水布围住前院，唯有走进来才能知道里面有多少（或哪些国籍的）迁移者，免得迁移者被当地的人口贩子或罪犯侵扰。

两名衣冠楚楚的"郊狼"正在办公室停车场上对着一群刚来的被遣送者灌迷汤。其中一人身体靠着贝他组织的卡车，询问被遣送者之前穿越沙漠的经历。这位"赶鸡人"讲话轻声细语，循循善诱，比起在街上强拉搞不清楚状况的迁移者上车的同行，他的方法温和许多。他告诉两名来自杜兰戈（Durango）的自耕农，由他陪同穿越沙漠绝不会像两人上次那样，保证路程短，轻松又便宜，"只要走个几小时就会到了"。听得那两个穿着破牛仔靴和汗渍斑斑的珍珠扣衬衫的乡巴佬眼都直了。

几名新来的被遣送者从我和里卡多身旁走过，进了办公室。他们向坐在桌前的办事员登记姓名，然后出来坐着。迁移者必须签到才能使用厕所或打电话给家人，跟他们说你被困在了诺加莱斯。不论你在边界的哪一边，都有文件要填。无证迁移留下的档案多得惊人。

体型壮硕、负责看门的私人警卫罗莎走到门口大喊："艾瑞克·苏苏纳达！电话！（¡Erik Susunaga! ¡Llamada!）"接着就看见艾瑞克手忙脚乱进去接电话。许多迁移者在这里枯等几小时，就为了等亲戚回电。"嘿，表哥（Oye primo），你可以汇75美元给我们，让我们在旅馆好好休息几天再试一次吗？"运气不好的人如果有耐心，愿意在贝他组织办公室外等上一周多时间，或许能拿到墨西哥政府发给被遣送者的救济金。这张价值将近120美元的支票主要是让被遣送者买折扣车票返回偏远的家乡。只可惜为了一张支票在边界带苦等两周是一件辛苦又危险的事，尤其当你身无分文，没地方住，看上去百分之百就是个走投无路的迁

等待（*esperando*），墨西哥诺加莱斯市贝他组织办公室，2009 年 7 月（作者摄）

移者时。

　　一对年长夫妻将车停在办公室前，生锈的皮卡车扬起一阵索诺拉的沙尘。车上的女士朝我和里卡多走来，跟我们说她来找她二十三岁的儿子，他刚从圣伊西德罗被遣送过来。她哭着说他们强忍悲痛开了十二小时车到这里，还在高速公路上付了一堆罚款并贿赂了政府官员。她抓着一张裱框照片，里头是她抱着儿子的合影。只要谁和她对上眼，她就拿照片给对方看，但没人见过他。罗莎走到门口咆哮："勒内·奥赫达！电话！（*¡Rene Ojeda! ¡Llamada!*）"

一小时后，一辆车门印有政府标志的亮银色休旅车停在办公室前，一名身穿笔挺白色礼服衬衫和打褶裤的黑发中年男子从车上下来。他手提公文包，怀里挟着颜色鲜艳的手册，开始发给前后左右的人。那是墨西哥政府印的宣传品，警告穿越沙漠的危险。来自瓦哈卡的老夫妻安娜与胡安接过手册，开始翻阅铜版纸上一张张拍有烈日、毒蝎与双脚水泡的骇人照片。他们上一回穿越沙漠时遇到抢匪，又被人口贩子抛下，最后遭送出境。胡安说他被关时询问妻子的下落，结果脑袋挨了边境巡逻队员一拳，安娜的双腿双脚则是被长途跋涉折磨得不成样。两人都穿着夹脚拖，身上没有任何家当。他们已经在边界带耗了快十天，一直想找办法回到肯塔基，家人在那里从事农活。两人最近在马路对面的废弃货柜住了下来，货柜里有两张带着污渍的 La-Z Boy 沙发和一张国家行动党海报。国家行动党是墨西哥经济保守派政党，支持与美国签署贸易协议，导致胡安和安娜这样的人无法务农维生，只能离开瓦哈卡乡间。货柜晚上是他们睡觉的地方，白天则成为众人的厕所。

　　发手册的官员开始对着长椅上的众人打官腔，有点高高在上地警告他们穿越沙漠有多危险，还有为何最好不要尝试。有几个人开始打哈欠，目光恍惚。那里所有人都知道沙漠有多危险，也都不可能因为这套官方说法而打消念头。官员接着又说，遇到美国执法人员滥权就要申诉："如果滥权发生在美国境内，一定要记下所有细节，做证时才能用上。不只是女性，男性也是。对方穿着哪种制服？什么颜色？制服正面通常会有执法人员的大名，最好记下来。如果滥权的人开车，就记下车的颜色和车牌号码。"有人表示自己被边境巡逻队不当对待了几次，官员说他应该申诉，但没有说明该怎么做，只是重申举报很重要。更多人打起哈欠，尤其前一晚露宿街头或睡在口岸的迁移者。有些人开始低声交谈，不再理会这些安全宣传，其余的人则是一脸无聊，频频看表，心想是不是该去街上那家餐馆（comedor）领取免费提供给迁移者的早餐或午餐了。官员知道自己是在对牛弹琴，但还是努力强调几个重点：

> 如果你需要医护、打电话、汇款或折扣车票，贝他组织都能协助，而且免费。但这些服务不是无期限的，只有你返回户籍地之前的那几天有效……我离开之后，各位如果想把手册扔了，记得撕下最后一页留着，上面是你需要紧急协助时的联络电话，譬如其中一个号码是你在美国境内的沙漠里发现尸体、有人受伤或被抛弃时打的。墨西哥领事馆的电话也在上头。你们之后可能会上法院，拘留期间可以要求会见领事。如果你被拘留，你有权告诉边境巡逻队你要见墨西哥领事。

在沙漠发现丧命的同伴竟然有专线电话可以打，但大伙儿似乎都不以为奇。接着官员开始向这群已经有半数亲身体验过"外来者移地出境计划"的人解释计划内容：

> 墨西哥人会被遣送到边界。他们可以将你遣送到任何边境城镇，没有义务送你回当初穿越边境的地点。譬如你在诺加莱斯被捕，别以为他们就必须把你送回诺加莱斯……美国人可

以将你放在墨西哥边境的任何地方，用意是防止你再次尝试从同个地点穿越边境。这就是他们的目的，希望能"阻断通路"。你或许跟谁结伴同行，例如家人或朋友，而他们就会把你送到一个地方，把对方送到另一个城镇……所有边境城镇都有贝他组织和人权团体的办公室可以寻求协助……联络上家人之后，千万记得将你所在地的贝他组织电话号码告诉他们。

官员滔滔不绝念了半小时，最后总算拿起公文包祝大家好运，坐进闪闪发亮的车子里飞快地走了。将近午餐时间，所有人起身准备朝山上走去。他们踏出贝他组织办公室的大门，留下了一地的手册。

等　候

我们坐在距离贝他组织办公室几十米的老旧篮球场前的水泥墙上聊天，迭戈开口问道："你在书里会照实说，还是会改动我们的话？"接着又说："我要你写下来，奇卡诺（Chicano）边境巡逻队员全是超级大混账，对待自己同胞（*paisano*）跟对待狗一样。拘留所里只有那些老墨巡逻队会把食物扔在地上，让你像狗一样趴在地上吃。老外巡逻队员有时还会说好听话，例如'好好照顾自己'或'顺着神的旨意做'之类的。老墨只会'操你妈'。"五十八岁的迭戈个性冲动，他在这座篮球场上苦等了一周，就为了墨西哥政府的那张支票，这搞得他更容易发火。他打算用那笔钱跟最近才认识的萨尔瓦多、奇诺，还有其他几个身无分文的迁移者一起去蒂华纳。他们计划凑钱搭巴士到下加利福尼亚州，因为二十四岁的帮派分子萨尔瓦多来自凡奈斯（Van Nuys），说他知道怎么从圣伊西德罗附近的围篱翻墙入境。"我应该被遣送了十次有吧，"他用英语骄傲地说，"我可以从圣迭戈溜进去。我很弱，这片沙漠太可怕了。"他还知道以自己目前的状况可能不适合再闯沙漠了：

> 我们（他和一位五十一岁的同伴）爬得很慢，其他年轻人和"郊狼"攻顶都用跑的。等我们好不容易爬到山顶，其他人都休息过了，我们只好不休息继续往前走。再说那个"郊狼"比我们所有人都装备齐全，电解质什么的都有。他带了一堆东西，我们都不晓得应该带那些玩意儿，而且他还吃我们喝我们的。最后他抛下了我们。我们到后来都神智不清了，甚至想挥手拦飞机。

萨尔瓦多和来自墨西哥城的中年技师奇诺将迭戈纳入了麾下，三人几天来几乎形影不离。在边界带，你可能被警察抢劫，被人口贩子绑架，被地方帮派勒索，或被住在篮球场旁的市立墓园里、喝龙舌兰喝到烂醉的混混攻击，所有人都知道人多势众的好处，即使硬凑也无所谓。有些人将这种迁移者小团体称为"临时社群"（accidental community）。[1]这样做虽然有短期的好处，但迭戈很清楚这种结合只是权宜之计，彼此的关系非常薄

---

[1] Malkki 1997:99.

弱。"这里所有人都相亲相爱，因为没钱的迁移者只有对方可以靠。大伙儿身上什么都没有，所以称兄道弟。但只要有人找到工作或弄到什么好东西，就会立刻忘了你。"

聚集在篮球场周围的迁移者几乎都是贝他组织的拒绝往来户。萨尔瓦多最近才和一名在办公室前面摆摊卖塔可饼的面包师（panadero）吵了一架。那位面包师除了卖吃的，还充当汇款揽客赚了很多钱。少了他，那些因为各种理由没有身份证件的人就收不到亲友的汇款。看门警卫罗莎将迁移者介绍给面包师，再由面包师骑单车到西联办公室（Western Union Office）领钱，小额汇款每笔费用 10 美元，大额汇款则按比例抽成，实际费用多少全看你讨价还价的本事。

萨尔瓦多之前就扬言要痛扁面包师，因为他听说对方敲诈了一位不大会说西班牙语的危地马拉原住民姑娘。罗莎看见两人争吵，立刻将萨尔瓦多踢出了办公室。因为凡是对塔可饼老板有害的，肯定对她的油水不利。在边界带，生意就是一切。

五十一岁的克劳迪奥刚被赶到篮球场，因为办公室有人听见他抱怨贝他组织。他讲得毫不避讳：

> 我在联邦特区（el DF，墨西哥城的旧称）住过不少龙蛇杂处的地方，小时候待的特比托区更是恶名昭彰，但全比不上诺加莱斯。所有人似乎都想把你弄来这里……我不懂贝他组织在搞什么。我来这里之前，听过很多关于他们的好话。"他们会供你吃饭，还会协助你。"但等我来了才发现他们什么也不干。他们不供你吃饭，是教堂供你吃饭。他们没有让你

洗澡，是收容所让你洗澡。他们也没让你过夜，是收容所让你过夜。贝他组织只会要你填表格，把你放进名单里，还说一定要签名，否则你什么事都不能做。我就算只读过小学（*la primaria*）也看得出来贝他组织什么也没干。他们弄出一长串名单只是为了给政府看："瞧我们帮了多少人。"他们有新卡车，有高薪水。名单只帮到他们，没帮到我们。

虽然支票迟迟不来，但迭戈、萨尔瓦多和奇诺还是比胡安夫妇好过一点。他们发现距离边界围墙 30 米的小山丘上有个单个房间的水泥建筑能提供住宿，于是就待在那里。那个灰色建筑没有窗，是一群没钱的基督教传教士盖成的迁移者临时收容所。只要愿意每日祷告数次，说自己爱耶稣基督，就能免费睡在纸板床垫上过夜。不过，那里虽然比挤在废弃的货柜里好得多，也安全得多，却还是躲不过拿枪抢劫这些迁移者并警告他们敢报案就会被杀的当地警察。[1]

白星（*Estrella Blanca*）

所有人都认识丘乔。他是外表邋遢的爱心天使，每天孜孜不倦在边界带来回穿梭，分送牙刷、水、刮胡刀和所有他收集到的可能对迁移者有用处的东西。他在亚利桑那无证生活了三十多年，后来被遣送到诺加莱斯，成为游荡街头的流浪汉。自此之

---

[1] *Arizona Daily Star*（《亚利桑那每日星报》）2014。

后，他便只求糊口，把时间全花在挣得各种物资送给被遣送者上。我在篮球场往山坡上走的白星公交车站遇到他。你可以在那里买到折扣车票回"家"或造访肯接济你的亲友。对有些迁移者来说，这是他们成年后头一回返回自己出生的地方。

丘乔正在替一个手臂下侧划伤一道深口的男孩急救，那伤口是男孩躲避边境巡逻队时被铁网钩到的。丘乔一边替伤口涂上碘酒，一边跟我说他不想再协助迁移者收亲友汇款了，因为他们拿了钱几乎只会再次尝试穿越沙漠，而不是买车票回家。他一口气接着往下说："巴士会经过墨西哥城，但如果车上乘客人数不够，没办法开到瓦哈卡或科尔多瓦，司机就会放所有人下车，给他们100比索。"一个来自瓦哈卡乡下的农夫被扔在墨西哥城，其风险可能不亚于待在边界带。

一位名叫露西的四十一岁女士正在等巴士。她刚结束拘留，决定回家乡格雷罗州：

> 我从来没有想过他们会像那样把我们铐起来。他们把我们当什么了？他妈的罪犯吗？我以为他们只会逮捕我们，把我们送回出发地点，完全没想到他们会把我们铐起来……我在那里待了快一周。那个地方真的很可怕，你想不到自己会去到那样的地方，被人当动物对待……你才刚离开他妈的热得要死的沙漠，就被扔到冷得要命的牢房……离开法院时，律师说我只要再穿越边境一次，就得去坐牢。

这天只有三个人搭车，她是其中一位。其余几十名迁移者都

在巴士站验伤分类（作者摄）

待在山下的篮球场和贝他组织办公室，那里就像进入沙漠的等候室。我和丘乔一起离开巴士站，他朝屈指可数的候车乘客点头告别，呵呵笑着说："今天'赶鸡人'赢了。"

我们走着走着，忽然看见玛利亚和她七岁的女儿卢皮塔沿着泥土路朝我们走来，不禁心底一沉。我一周多前在胡安·博斯科空荡荡的教堂里遇到她们，看见母女俩正跪在瓜达卢佩圣母画像前专心祷告。卢皮塔两手交握紧闭双眼虔诚默祷的模样，简直可以当成主日学校的宣传照。玛利亚是第一次穿越沙漠。她和先生带着女儿从恰帕斯出发，结果没有成功。全家在图森联邦拘留所被分开拘禁，她到现在都不晓得先生的下落。玛利亚在边界带等了一周，依然没有丈夫的消息，便决定带女儿去阿尔塔再试试运气。我和丘乔都希望她们能成功，不会再回到诺加莱斯。但这会儿看到她们出现，就代表她们又被逮捕和遣送出境了。

我们停下来和她们打招呼，了解事情经过。玛利亚一身黑衣，小背包里装着她们仅有的家当，看上去精疲力竭。虽然才一周不见，她的脸却像老了十岁。不过，卢皮塔的眼睛依然亮闪闪的。她穿着粉红条纹上衣、蓝牛仔裤和卡通人物尼龙球鞋，仿佛要去上学似的。玛利亚告诉我们，她们在阿尔塔找了另一位"郊狼"，但才走一天就被捉了。同行伙伴有些人顺利逃脱，但她抱着卢皮塔跑不动。她为了买补给品把钱都花光了，身无分文回到了诺加莱斯。她一边说着，泪水一边滑落她的脸颊。她转过头去，不让卢皮塔看见她在哭。丘乔立刻跪在小女孩身旁，问她喜欢哪种糖果。这里所有人遇到这个小女孩都会特别呵护她，不让她感受到周遭的凶险。虽然她两次穿越沙漠失败，又在联邦拘留所待了几天，还失去了父亲的音讯，但她和妈妈在边界带的这将近两周，我从来没有听她哭过或大声抱怨。

我们走到角落的超市买点心给卢皮塔，然后坐在人行道边。玛利亚问我们诺加莱斯哪里可以找工作。她需要赚钱买票搭巴士到蒂华纳，因为她先生被遣送到了那里。"这里没工作，孩子（*mija*）。"丘乔回答。"有人找我去小酒馆（*cantina*）帮忙，"玛利亚告诉我们，"但我知道不会只是当女侍。"她表示自己带着卢皮塔很难工作，还说有"郊狼"提议替她"看"孩子，让她先去蒂华纳。"你觉得呢？"她问我们。玛利亚显然走投无路了，才会连这种话都考虑。她又开始掉泪，语气里充满绝望。"你可以替我看着她吗？"她问我，"你看起来人很好。"我回答她说没办法，还有她最好不要和女儿分开。丘乔说她可以买折扣车票回恰帕斯，但玛利亚说得坦诚："我为了这一趟借了3000美元，而我一个月才赚850比索（65美元）。我已经没钱了，不能两手空空回去……跟人讨钱买票到蒂华纳比空手回恰帕斯更简单……我必须继续试着穿越边境。"

我们谈话时，卢皮塔就在便利商店旁的空地上跺脚，玩得呵呵笑。她跑过来递了一颗糖果给我。丘乔起身转头对玛利亚说："孩子，你不能待在诺加莱斯。这里没有工作给女性迁移者，对你也没有任何好处，留下来最后很可能会卖身。你最好去巴士站讨钱，大伙儿看到那个孩子都会同情你的。"他伸手到口袋里掏出一张皱巴巴的50比索钞票递给她，接着忽然再也止不住泪水。丘乔在边界带看过许多可怕的事，但有些就是让人难以承受。"帮她买点吃的，然后去车站。"

鲁伊斯

我们被死者包围，但他们的存在却莫名地令人安心，仿佛这个满是铸铁十字架、歪斜的墓碑与廉价塑料花的地方保护了我们，挡开了边境的一切扰攘与动荡。我和三十岁的鲁伊斯默默感受这一刻。五分钟前，我看见他和他的朋友楚伊站在篮球场附近一个生锈的垃圾桶旁，两人身上都覆着薄薄一层沙，被背上塞得满满的绿色迷彩背包压得身影渺小。我会注意到他们不是因为两人穿得像迁移者，而是他们正拿着一张索诺拉地图在埋首研究。那东西在这里可是很罕见的。"这是朋友借给我们的，"鲁伊斯对我说道，"我们只是想看看自己走过哪里，还有接下来要去哪里。"我向他自我介绍，没过多久我就已经坐在墓园里听他描述自己的现况了。

鲁伊斯来自墨西哥普埃布拉州，身高170厘米，头发乌亮，五官很深，讲话轻声细语，乍看很严肃，但没两下就会因闪出狡黠的笑而露了馅。和许多新来的被遣返者一样，他2000年十七岁时穿越沙漠，之后就在美国住了下来。他坐在周围都是墓碑的人行道边，跟我说他怎么会流落到诺加莱斯：

> 我那时正在开车。我很守法，车子也有牌照，但警察把我拦下来，说我超速。我明明开在限速内，所以就跟警察说："超速的是你，因为你刚刚加速追上来。你没有理由把我拦

下来。"警察说:"请你出示证件。"我说:"老实说,我没带证件。"警察又说:"警告你别用假名。"于是我就报上本名,并跟他说:"你要我照实说,我就照实说。"

结果我还是被逮捕了,因为身上没证件。他们抓了我,把我送到坦佩(Tempe)。我在那里见了法官。他问我认不认罪,但他已经说我有罪了。他们说只要我认罪,就不会把我关起来。但如果我不认罪,他们就会一直关着我。我说:"好吧,那我认罪,因为我想离开这里。"

他们第一次逮捕我的时候,跟我说会把我送回墨西哥,结果却把我送到阿尔帕约警长[1]的大牢。我让他们打电话给移民及海关执法局,并且以500美元交保,但被拒绝了。他们说我不会付钱,所以不打算放人。我在那里关了一阵子,那个地方对待人的方式真的很恐怖。你得在所有人面前脱光。虽然他们给了我衣服,但是对我来说太大了,他们也不在乎……后来他们送我到另一座监狱待了两天,接着便把我交给移民单位。

我想抗辩,但他们把我送离亚利桑那,拘留在埃尔帕索。我在那里待了六个月,没人可以帮我,我也不相信任何人。我和家人完全失去联络,他们把我的东西统统扔了,手机什么的全丢了。从那之后,我就没跟任何人联络了。我到现在都还不晓得家人在哪里……我那时正在跑家事法庭,因为我

---

[1] 阿尔帕约(Joe Arpaio)是马里波萨县警长,以公然发表反无证迁移者言论而为人所知。他的部门曾经数次因被控刻意针对拉丁裔盘查(尤其在路口)而遭到调查。

和老婆有点状况，结果中途就被警察捉了，没办法出庭，什么都不能做……我觉得美国政府打算夺走我的小孩。我敢说他们现在就在政府手上。我想回去找到他们……我什么都没了。

鲁伊斯数度穿越沙漠。头一回是 2000 年，花了他 1000 美元和短短四个小时就越境成功了。2009 年他在亚利桑那被邻居殴打，结果警察来了却逮了他，因为他拿不出证件。那年他试了六次才顺利回到美国。他说，到了 2013 年，边境迁移变得前所未有地困难。

我：路现在好走吗？

鲁伊斯：现在更危险（*peligroso*）了。你得走得更远，地形也更难走。沙漠很狡猾，白天可能看起来很好、很平静，夜里就会变得无边无际，漆黑一片，而且晚上出来的动物都很危险。

我：声音呢？

鲁伊斯：你会听见有郊狼在叫，听见它们在靠近，躲在你的身后。所有声音都围住你，感觉整个沙漠就只有你在，只有你一个人。

他和同伴楚伊已经因为穿越沙漠被捕了两次。两人住在诺加莱斯街上，睡在桥底下或墓园里，靠着垃圾桶里捡来或好心人施舍的东西填肚子。鲁伊斯跟我说他有糖尿病，幸好周日会送三明治给迁移者的一位老人买了两瓶胰岛素给他。他和楚伊只要存够了水和食物，就会再次穿越沙漠，不找向导。鲁伊斯身上没有证件，只有一张写着亲戚地址的纸条。就算纸条掉了，他还是记得电话号码。

尽管危险重重，鲁伊斯仍旧不为所动：

鲁伊斯：我曾经在没钱没东西的情况下从华雷斯穿越边境，就像现在我也打算想办法从诺加莱斯过去一样。我想越境回去，这样才能去找我的小孩。我想越境回去问法官把他们送到哪里去了，想知道状况。我想知道自己可以做些什么。我只求神给我一个小小的机会，如此而已。目前我们正在找带上路的食物，但没那么简单。这里和华雷斯都一样……我只是试着前进，我还没失去一切。我只是不断往前。虽然什么都可能发生，但对神来说，没有不可能的事。

我：你穿越边境时会想到小孩吗？

鲁伊斯：会。我只是想回美国，这样才能见到他们，跟他们团聚。我想吻我的儿子们，找出他们去哪里了。他们可能以为我抛弃他们了。如果是，我要告诉他们不是那样。我要他们知道我离开是因为移民单位逮到我没有证件。我需要当面跟他们解释情况。我想叫他们不要害怕，我回来了，可以帮助他们。

说到这里，鲁伊斯从背包里拿出一个小塑料袋，袋子里放着他在美国出生的三个孩子的照片，分别是四岁、六岁和七岁。照片里，老幺手指指着镜头，对着他笑。

我：你穿越边境时会拿照片出来看吗？

鲁伊斯：不会。我有时只会在穿越沙漠前看一眼。虽然难过，却也能让我振作，让我有正面的事可以想……我还带着一张很小的瓜达卢佩圣母像。我会向她祷告，祈求她在路上指引我、保护我。

简短的聊天结束前，我问鲁伊斯还有没有什么话想对我或可能会在本书里读到他个人遭遇的读者说。

鲁伊斯：这里所有人都想去那里。我们在墨西哥过得很苦。至于我，我想回家去，想再有机会见见我的家人。这就是我要的。我有时候什么也没做。他们却说我们迁移者老是在违法，但我们不是所有人都有钱。差别就在这里。白人（güero）希望我们能合法进入他们的国家。我知道那是他们的国家，但他们应该有点同情心，了解一下边界这一头的状况。他们应该要看见两边的差别。我们去那里是为了追梦。有时梦想只实现了一半，有时有些人就回头了。我见过有人哭着回头，因为失去了家人。但无所谓，我们只是试着继续前进。

我们握手道别。鲁伊斯转身离开，走了几步又回头说："我会穿越边境的。"

周而复始

脱水的身躯戴着手铐脚镣求法官开恩；心惊胆战的男子通过边界口岸，直接落入狼群之中；妇人在饭桌前崩溃，被陌生人扶去床上休息；年轻的母亲抬头望着边界围墙，预备再试一次。对许多迁移者而言，被遣送后的边界带世界只是下一次越境尝试前一个混乱的中途站。那里是索诺拉异质集合体的起点，有时也是终点。有些迁移者可能在短短几小时内就经历本章描述的许多情节。不少人可能数度体验政府的遣送机器和诺加莱斯的危险生活，直到成功入境或决定放弃。遣送后的世界，其复杂程度堪比沙漠，甚至可怕得多。如同围篱另一头，迁移者在边界带的遭遇有许多都仰赖运气、技巧与坚持。边界带的叙事没有定论，因为它还没有完结。人的身躯在这个空间来来去去，有些顺利通过了，有些没有。入境成功的人或许还平安地躲在美国，直到破掉的车尾灯或工地移民临检将他们再次送到贝他组织办公室前面。

里卡多跟他在诺加莱斯找到的"郊狼"一起离开了。出发不到半小时，他和同伴就被抢匪袭击。抢匪拿枪指着他的太阳穴，拿走了他所有东西。我最后一次看到他是在贝他组织办公室前，哭着跟我说他要去蒂华纳，因为他觉得从那里穿越边境比较安全。爱生气的老头迭戈终于拿到墨西哥政府的支票，准备和萨尔瓦多、奇诺还有其他答应要帮他的伙伴一起去蒂华纳。罗莎说服迭戈将钱交给她保管，直到所有人都准备好离开。她告诉他口袋里装着那么多钱走来走去很危险，但等迭戈找她拿钱时，罗莎却装作没这回事，还将他赶出了贝他组织办公室。

洛杉矶黑帮分子萨尔瓦多后来真的跟迭戈、奇诺和其他几个人离开了，到其他地方碰运气。我到加利福尼亚州凡奈斯造访他家时，他说他中途就和其他人分道扬镳了，因为奇诺偷了他们的钱去买酒。也是那阵子，奇诺打电话跟我借钱，还说萨尔瓦多是混蛋，将他们扔在蒂华纳的迁移者收容所里自己溜了。我上回跟萨尔瓦多聊天时，他说他想去亚利桑那干人口贩运，因为他"认识几个白人，那些家伙可以去沙漠接迁移者，然后载他们通过检查站"。丘乔将身上仅有的 50 比索给了玛利亚和卢皮塔买食物之后，母女俩当天就和一名在贝他组织办公室遇到并答应带她们去蒂华纳的男人离开了。丘乔在边界带讨了几年生活后，终于展开了新生活，不再睡在巴士站长椅下，而是成为诺加莱斯一家非营利组织的员工，协助刚被遣送出境的迁移者。我敢说他现在还是会拿钱给那些比他更需要的人。我和鲁伊斯聊天的六个月后，他发了消息给我："我在亚利桑那。"

————————

接近傍晚，我走到马里波萨边界口岸。耶稣会在那里摆了流动厨房，而墨西哥边界内的小山丘顶上停着一辆废弃的红十字会拖车。几名迁移者和当地游民已经排好队等着领餐。一只瘦成皮包骨的狗在门口徘徊，希望有人离开时赏一点碎屑给它。两名身穿马球衫的青少年站在马路对面，手里都拿着望远镜和对讲机，密切观察边境巡逻队的公务车在围篱附近的动静。两人频频回报边巡人员的方位，身上的无线电不时吱喳作响。几名穿着深色衣服的男女耐心躺在拖车旁的阴凉处。沙漠正在等候他们。

6

科技战

"明天就走"

初识梅莫和路丘几天后，他们某天傍晚跟我说就要去闯边境了。"我今晚要好好休息，因为我想明天应该会出发。"梅莫意兴阑珊地说。老实说，我想到能观察他们着手准备并跟着踏进沙漠，心里就很兴奋。那天晚上离开时，我告诉了萨穆埃尔最新进展，跟他说我明天一早会回来记录预备过程。萨穆埃尔冷笑一声，点点头说："好吧，那就明天见啰。"

隔天一早我七点就到了，结果发现路丘和梅莫躺在床铺上发呆，享受收容所清空后的闲散时光。他们看起来不像有事要干的样子，更别说穿越边境了。"我想我们明天再走好了，我们还没准备好。"我难掩失望，但不想过问太多。我哪懂得什么叫准备好了？于是我陪他们耗了一整天，帮忙打扫收容所，直到傍晚准备晚餐时，我才开始追着梅莫问，他们会采买哪些东西？怎么做心理准备？什么时候离开最好？"明天你就知道了，"梅莫告诉我，"明天你就能看我们怎么做。"于是隔天清早我又带着相机和录音笔出现在收容所，而梅莫又跟我说他们还没准备好。"天气不大对，我们想再等几天。"我开始明白萨穆埃尔的冷笑了。

到了周末，我已经不再问梅莫和路丘何时出发了，心想他们可能会变成收容所的长期员工，就跟帕托、拉斐、萨穆埃尔和帕特里西奥一样，从事着一份可以换得住处和温饱的工作，一天天、一月月（帕托是一年年）慢慢失去了穿越边境的梦想。萨穆埃尔他们总是开玩笑自己"明天就走"。我继续在边界带访谈迁移者，而梅莫和路丘则慢慢变成胡安·博斯科的老面孔。几周过去了，我和他俩成了朋友，不再问他们何时穿越边境。我不再想知道了。不是因为不在乎了或不再相信他们，而是我自私地不想要他们离开我。晚上跟他们待着让我在边界带的田野工作愉快许多。每天倾听艰辛的边境穿越故事，看着几小时或几天来对我敞开心胸的新面孔消失在夕阳下，总会在我心里留下一个大洞，而他们的友谊正填补了那个缺口。或许因为如此，当梅莫有天下午忽然说他们隔天会去采买补给品，当晚就要穿越沙漠时，我根本无法相信。他要我隔天一早就来，才能记录。"我跟你保证，"他说，"我们明天就走。"

26 美元的补给品和一本《圣经》

隔天一早，收容所里最后一批留宿者正要离开，我就到了胡安·博斯科。梅莫和路丘心情很好，感觉对要去买东西很兴奋。[1]我们沿着马路走到当地的超市，开始在货架上东挑西拣。

---

[1] 这件事在 De León 2012 也有描述。

这家店（tienda）没有专为迁移者准备的物品，像是迷彩背包或黑色水罐之类的你会在沙漠的考古遗留中常见到的那些。它就是一个普通超市。这让梅莫和路丘的采买显得更加诡异。看他们拉着推车查看商品名称和标价，这感觉很怪。为了将钱花在刀刃上，两人花了快一小时，左选右比才买好东西。其他顾客是为了周日的烤牛肉（carne asada）来买肉，这两位仁兄却是为了穿越"冥界"（Hades）而采买。我记下结账前他们推车里的商品：

　　四瓶四升装的水

　　三包快餐豆泥

　　十一个鲔鱼小罐头

　　两个沙丁鱼大罐头

　　0.5 千克酸橙

　　两袋面粉饼皮

　　一块面包

　　0.1 克生大蒜

　　0.22 克新鲜青辣椒 [i]

　　一包柠檬口味荷氏止咳糖

　　一包牛肉干

　　其中显然有不少是必需品。鲔鱼和沙丁鱼盐分高，能让他们体内水分维持更久，减缓脱水。面包、豆泥和薄饼富含碳水化合

---

i　经向作者求证，此处为半瓣大蒜和两小根辣椒。

为末日血拼（作者摄）

物，因为他们每天步行会耗掉几千卡的热量，所以希望这些食物能让他们穿越沙漠时不致挨饿。水很重要，但他们每人背包里只能塞得下两大瓶共八升的水。他们不想用手拿水，因为那样会拖慢步伐，无法在难走的路段快速移动。这些补给品总共26美元。以美国的标准这没多少钱，但已经耗去他们攒了好几周的积蓄。我想起几周前跟路丘和萨穆埃尔在收容所的对话：

路丘：嘿，墨西哥这里一个比萨多少钱？

萨穆埃尔：120比索到130比索（按2009年8月的汇率约合9美元到10美元）。

路丘：那是你一天的薪水，对吧？

萨穆埃尔：对。

路丘：拜托，你工作一整天只能他妈的买一个比萨。工作八小时才买得到一个比萨。这里一条裤子多少钱？

萨穆埃尔：好裤子吗？

路丘：对，好裤子。

萨穆埃尔：不一定，可能 600 比索（46 美元）吧。

路丘：600 比索，那是一周的薪水了！一周！工作四十个小时买一条裤子。

采买穿越边境的必需品很困难，因为梅莫和路丘在诺加莱斯找不到稳定的工作。过去一个月，他们偶尔会到建筑工地当临时工，一天收入不到 120 比索。根据墨西哥政府统计，2009 年一般最低薪资为每日 53.3 比索（约合 4.1 美元）。[1]梅莫和路丘很幸运，工钱是这个数字的两倍出头，因为美元和墨西哥比索在北方边境城镇可以互兑，所以起薪较高。尽管如此，他们因为刚被遣送不久，也没有证件可以在诺加莱斯合法工作，所以即使跟当地人做同样的工作，也只能领取台面下的、比当地人低的工钱。他们连在"自己的国家"工作都被剥削。

回到收容所，我看着他们将那些一般补给品塞进背包。两人一边打包，一边向我解释每件物品的重要性。

---

[1] 数据来自墨西哥国家最低薪资委员会税务处（Servicio de Administración Tributaria, Comisión Nacional de los Salarios Mínimos）：http://www.sat.gob.mx/informacion_fiscal/tablas_indicadores/Paginas/salarios_minimos.aspx。

梅莫：蒜头（他拿给我看，然后放进背包）。

我：为什么要带蒜头？

梅莫：为了赶蛇，响尾蛇。衣服和鞋子都要用蒜头抹。

我：有用吗？

梅莫：有。

我：谁说的？

梅莫：我不知道。

路丘：动物不喜欢大蒜味，就像吃了很多蒜头，蚊子就不会叮你一样。动物就算来了也会离开。

我：但你怎么知道响尾蛇也怕蒜头？

路丘：他们都那样说。

梅莫："郊狼"会这样跟你说。但我们只在沙漠用蒜头，加利福尼亚州不用。蒜头只在沙漠有用。

我找不到科学证据支持蒜头防蛇的说法，但墨西哥红十字会还是在手册里建议你进入沙漠之前用大蒜涂抹身体、衣服和鞋子。路丘给我看他的备用袜和鞋粉，万一脚湿了或那双山寨阿迪达斯球鞋害他起水泡时可以用。他还塞了两件黑T恤，说可以帮他避开边巡的。"黑衣服会让他们晚上比较难看见我们。"路丘表示。我问他，沙漠温度那么高，穿黑衣服不会更热、更不舒服吗？他说："太热总比被捉好。"

梅莫和路丘一边打包，一边尽力回答我五花八门的问题，还不忘保持幽默。我们三个有说有笑。路丘对我说："这是路上最重要的东西。"他手里挥着塑料响炮枪，枪口对着梅莫比画。"你

掏枪！（*¡Saca el arma!*）（作者摄）

在沙漠里拿枪做什么？"我问。"为了赶走小动物，你可以用枪吓走它们。它们不喜欢枪声和硝烟味。"我开始想他们会遇到什么动物：莫哈维青皮响尾蛇（Mojave green）[1]、黑熊和美洲狮。我脑中浮现路丘举起玩具枪朝扑来的猯猪开火的画面。

打包期间，拉斐和萨穆埃尔开始在背包上留言道别。我抢过马克笔写了"梅莫，别忘了你欠我的苹果汁"。"苹果汁"是暗语，我们晚上在收容所打牌想溜出去买啤酒时，就会有人说："嘿，苹果汁快喝完了，最好快去店里买。"为了防止外人起疑，我们会用毛巾包着海龟牌啤酒的瓶子，从后门溜出去，但常把酒瓶裹成婴儿一样，引来更多揶揄与玩笑："喂，亚森，我想宝

---

[1] 莫哈维青皮响尾蛇，学名 *Crotalus scutlatus*，是北美洲最毒的蛇类之一。

宝需要喂奶了，快点带他去店里。""嘿，小杂种（*cabroncito*），你最好多喝点苹果汁，才会长得又高又壮！"后面这句话几乎总会引来粗俗的反唇相讥，说在场某人的奶大到能喂饱其他所有人。[1]我开始在脑中重放这些极具男性气概的有趣时光。回想这些美好片刻比面对梅莫和路丘即将身负危险一事轻松多了。

将食物和衣服收进背包后，两人开始塞那两大瓶水。感觉背包缝线就要绷开了，但最后他们还是顺利将背包拉链拉上。梅莫开玩笑说他打算再腾出一些空间，塞几瓶海龟牌啤酒在路上喝。我们想到他在野地里仰头痛饮大瓶啤酒的滑稽画面，不禁哈哈大笑。"喝你的奶！（*¡Toma yu leche!*）"梅莫果然是梅莫，立刻说起他曾经真的在穿越沙漠时喝过啤酒（*cerveza*）。

> 梅莫：和加西亚同行那次，我们在亚利桑那的里奥里科喝过啤酒（笑）。还记得吗，路丘？我们喝了酒，开心得很。
>
> 我：你们从哪里弄来啤酒的？（笑）
>
> 梅莫：我们在里奥里科附近停了一下。那里有一间小店。我们虽然躲起来了，但看得见那间店，马路上还有人在施工。我们的食物吃完了，所以我自告奋勇到店里。工地附近停着警长的车，但我照样前进，表现得好像自己是工人。我在沙漠走到全身脏兮兮，所以看上去真的很像工人。我直接从警长面前走过去，进到店里准备买吃的，但忽然想顺便买半

---

[1] 有关男性气概、开玩笑和同性情谊（homosociality）的讨论，参见 Peña 2006。

打啤酒。于是我买了食物和啤酒，然后走出来，走回路丘和加西亚藏身的地方，把薄饼、鲔鱼和可乐分给他们，接着说："好了，你们只能一人两瓶。"然后把啤酒拿出来。我们坐下来开始喝啤酒（chela），感觉就像小派对（笑）。我们一边开派对一边讲笑话，结果三人都喝得有点醉，因为脱水严重，而且走得很累。我们笑得很大声，仿佛忘了自己在偷渡，而是在森林里开派对似的！（在场所有人都笑了）直到听见车子开过去，才吓得再次动身。

这下所有人都笑了，开始讨论如果他们越境成功，就要买一座啤酒山来喝。梅莫开始耍宝，背起背包假装跟我们挥手道别。

这时开玩笑已经不大跟男性气概有关，而是为了放松心情。我们完全避谈他们俩可能面临的危险。萨穆埃尔和拉斐尽说些乐观话，例如"到了亚利桑那记得联络我们，你们有我们的手机号码"。当时是 8 月中旬，气温逼近 40 ℃，所有人都知道他们俩带的水只能在沙漠撑个几天。他们得沿途找水，最后很有可能被迫寻找散布在亚利桑那南部沙漠的牛槽，饮用槽里长满细菌的绿色液体，而且他们的装备显然严重不足。梅莫穿着笨重的工作靴，而路丘的廉价球鞋肯定会被沙漠折磨到解体。以他们需要消耗的热量来看，两人准备的食物可能顶多撑四天。他们还必须凭着前几次经验和路丘对那地方的认识设法穿越山区。两人没有带地图或罗盘，因为要是边境巡逻队逮到他们，从他们身上搜出这两样东西，他们就会被当成人口贩子，真的有可能坐牢。

他们带了衣服、食物和水，但非必要物品带得不多。路丘有一本小记事簿，他在里面写下自己和梅莫的全名及出发日期。他还带了一本翻烂的《圣经》，那是他酒驾被关期间某人给他的。梅莫没有私人物品，他眼下有的就是背包里的衣物，全是收容所里的人给他的。我在皮夹里找到一张绘有瓜达卢佩圣母像的墨西哥电话卡递给他，他告诉我电话卡会保护他，给他好运的。他们俩带着 26 美元的补给品、一本《圣经》以及希望走进沙漠。

我们跳上巴士，默默奔向诺加莱斯郊区。他们俩会徒步进入沙漠。这时梅莫忽然转头对我说：

> 我现在心里好乱。我想到我的家人。我很怕自己会死在那里。每次都不一样，你永远不晓得会发生什么……抢匪今晚应该在开派对，因为今天是周六。我们应该可以躲过他们。

朝边界带出发（作者摄）

我们有食物和水；上帝保佑，我们会过去的……我们会尽量撑久一点，想尽办法撑下去。

我们三人下了车，朝贝他组织办公室西方的涵洞走去。我在边界带做田野时，每天都会从旁边经过，但直到现在才晓得它的功用。涵洞通过高速公路底下，迁移者走出涵洞就会来到诺加莱斯市区边缘，走上通往沙漠的小路。梅莫和路丘之前用过这个涵洞，而且有一套做法：

梅莫：涵洞里很黑，进去后必须专心听，才听得出有没有响尾蛇，免得有人被咬……你还得留意里头有没有人，如果有就立刻回头，因为对方一定是抢匪。你可以回头，但他们如果看到你了还是会追上来。他们会在那里守株待兔。你有时可以从烟味判断有没有人躲在里头。有的话我就会叫路丘停下来，因为有人躲在里头。穿越边境的人没有理由在涵洞里等。他们不是迁移者，是打算抢你的抢匪……你必须一直很小心，因为走那里的人很多。我们看过有人白天很早就进去了，但我们评估应该下午进去，因为我觉得最好等天有点黑，几乎看不见了再到边界带。

我们停在涵洞附近，三人互相拥抱道别。梅莫开始前进，但忽然转头大喊，要我拿出相机来："拍张照片给你的学生看！放进书里！"那是我头一回不想拍照。观察这个过程很难受，但我努力振作，脸上挂着笑容。他们俩踏进沙漠前最不需要的就是看我哭哭啼啼。贝阿尔（Ruth Behar）曾经写道："不让你伤心的人类学就不值得从事。"[1]这句话很有力量，我也一直很赞同，但有时实践起来并不容易。目送路丘和梅莫一点也不令人兴奋，也不是什么发人深省的人类学田野经验，只让我感觉自己没用，替他们俩担心。接下来我再也帮不了他们了。

我脑中千头万绪，不晓得自己会不会再见到他们。难道会是认尸？各种末日景象瞬间朝我袭来：梅莫张口大声呼救，白沙如巨浪翻腾，一口将他吞没；路丘的《圣经》遗落在地上，一页一页被风雨慢慢毁去，手背和脸上的皮肤干枯碎裂，转眼随风而逝，没有皮肉的骷髅头睁大眼睛，咧嘴微笑。我开始想象自己之后会如何描述此时此刻。想到这场经历可能会变成我作品里的数据，对我有利，却无助于他们活下来，就让我恶心想吐。眼下的我就只是个学术偷窥者。我和他们的距离从来不曾如此遥远。

我勉强拿出相机拍了几张模糊的照片，让出发的梅莫开心。他停在涵洞前，露出牙齿朝我微笑挥手，接着放声大喊："别担心，我带了苹果汁！"然后就和路丘消失在黑暗中。我往回走了15米，在墓园前的人行道边颓然坐下，任由穿着洁白制服和发亮皮鞋的刚放学的孩子们从我身旁走过。

科技战

手机拍照声此起彼落，几名学生呵呵轻笑。冈萨雷斯和我

---

[1] Behar 1996:177.

看到我那挺着肚子的老婆穿上9公斤重的军绿战术背心，头戴夜视镜，看上去就像导演吉列姆（Terry Gilliam）电影里的人物，都不禁咧嘴笑了出来。冈萨雷斯兴冲冲告诉我们："夜视镜很酷，但好戏还在后头，等你们进到枪炮室就知道了。"这些年来，我常带学生参访边境巡逻队，负责导览的巡逻队员多半是年轻的拉丁裔男性，而且讲起他们的"玩具"就很兴奋，冈萨雷斯也不例外。我们所有人拿下夜视镜，跟着他在走道穿梭，浏览两边墙上的政府宣传海报、"9·11"事件罹难者的追悼影像，以及巡逻队员靠在没收的大麻砖金字塔或载有安非他命的后车厢旁露齿微笑的照片。照片里的男性（几乎都是男的）个个都像站在猎物旁的猎人一样。我们经过一个布告栏，上头贴着美国头号通缉犯传单，包括恐怖分子、毒贩与"郊狼"，还有一张某位墨西哥人口贩子的影印照。有人用铅笔在那个墨西哥人的额头上戳了个洞，并且写上"哈哈"两个字。

枪炮室是个没有窗户的白色小间，里头收着的泵动式霰弹枪和突击步枪多到可以打一场小型内战。我目光落在一把雾黑色的黑克勒-科赫HK-33型5.56毫米突击步枪上。这种枪一分钟可以射击750发子弹，初速每秒950米，我在沙漠看到巡逻队员带过几次，所以很眼熟。2010年，我们在阿里瓦卡的田野工作站遭到十一名边境巡逻队员包围，带头冲锋的蒙面队员就拿这种枪，并且随即开始盘问在屋外清洗和记录在沙漠收集到的迁移者遗留物的大学生。说这种武器吓人还算保守的。我敢说那些来自莫雷洛斯（Morelos）的玉米农和特古西加尔巴（Tegucigalpa）的失业教师被巡逻队员压在地上，用这种枪指着，耳朵里听见对

方大喊"妈的，别动！（¡Parense putos!）别逼我开枪！"时肯定
吓得屁滚尿流。

导览继续进行，我们见识到更多边境巡逻队用来"提高现
场警觉度，加强对边境威胁之侦测、识别、监控与反击能力"[1]
的装备器械，有如魔法阵一般令人目不暇接，包括"生物特征
辨识系统、手持热感应装置、行动监控系统、无人地面传感
器、行动影像监控系统……远程影像监控系统……车辆及货物
检测系统……夜视装置……集成固定塔"。[2]别忘了还有突击
步枪、无人机、四轮车、马、手铐、电击棒和老派的军靴踩
脖子。

每回造访边境巡逻队，参观他们的科技火力展示秀，我都会
想起梅莫的笨重工作靴和路丘的《圣经》，想到他们用 26 美元
买到的东西和美国边境查缉单位每年花费的数十亿美元。政府不
断将纳税的钱奉献给边境治安工业复合体，迁移者则是不断购
买黑色衣服和大蒜。双方都相信自己的工具和策略很有效，就
如同马林诺夫斯基在《西太平洋上的航海者》（Argonauts of the
Western Pacific）里描述的："要知道，岛民坚信魔法的价值，就
算如今有太多当地信仰与习俗遭到破坏，但依其行为来看，岛民
对魔法仍然深信不移。"[3]

1989 年，也就是梅莫首度穿越边境下一年，美国边境巡逻
队的年度预算为 2.32 亿美元，到了 2010 年已经飙涨到 38 亿

[1] USBP 2012:15.
[2] USBP 2012:15.
[3] Malinowski 1984:115.

美元，原因除了 1990 年代中期查缉措施改变，也和 2001 年 "9·11" 事件导致治安疑虑升高有关。38 亿是很惊人的数字，但这还不包括分配给其他相关单位的数十亿预算，例如主管边界口岸治安的移民及海关执法局与负责边界围墙修筑和维护的数个机关。根据最近一份国会报告的粗略估计，美国 2012 年度的边境治安开销高达 148 亿美元。[1]

曾任亚利桑那州州长及国土安全部部长的纳波利塔诺（Janet Napolitano）对记者说过："道高一尺，魔高一丈，这就是边境的最佳写照。"[2] 美国和墨西哥隔着一道墙，但所有人都晓得那道墙阻拦不了人和不法药物，不信你问那些经常找到或想出新方法越墙而过的人就知道。有些走私者会建造投射器，像射弹弓一样把毒品射过围篱。[3] 有影片录到某位蒙面男子一边拿着手机闲聊，一边用普通的千斤顶将围墙举起，让人从底下钻过去。[4] 还有影片录到运毒者修筑坡道直接开车越过围墙，[5] 甚至花费数百万美元挖掘隧道从围墙底下通过。[6] 别忘了还有那些嘴里骂着"去你妈的围墙"，然后就直接翻墙的小老百姓。威慑预

---

[1] 有关边境治安开销的讨论，参见 Rosenblum 2012:12–14。

[2] Lacey 2011.

[3] Associated Press（美联社）2011。

[4] "千斤顶突破边界围篱"，2012 年 2 月 17 日由 NumbersUSA 上传至 YouTube: https://www.youtube.com/watch?v=Qdc-kv7nzaU&feature=youtu.be（查询时间: 2015 年 3 月 7 日）。

[5] "吉普车闯越美墨边境失败，卡在围篱动弹不得"，美国有线电视新闻网（CNN）外电记者 2012 年 11 月 1 日更新报道: http://www.cnn.com/2012/10/31/us/mexico-border-jeep/（查询时间: 2015 年 3 月 7 日）。

[6] González 2014.

边界围墙，亚利桑那诺加莱斯（迈克尔·韦尔斯摄）

防策略施行后，翻墙的人确实少了，但数量还是不容执法单位小觑。美国联邦政府 2009 年一份文件显示，诺加莱斯的边界围篱那年平均每周有八人翻越。[1]那一带明明有那么多监视摄影机、巡逻队员与动作传感器，这个数字简直惊人。我曾经亲眼目睹两个男的大白天直接翻越诺加莱斯市区内的边界围墙，从边境巡逻队的警车旁匍匐通过。有志者事竟成。

虽然证据显示筑墙阻挡不了弹射器、千斤顶和其他五花八

---

[1] 美国海关及边境保卫局：http://www.cbp.gov/sites/default/files/documents/fence_breach_3.pdf（查询时间：2015 年 3 月 7 日）。

门的创意，但美国人似乎依然坚信，修筑更多围墙可以解决国内许多经济和社会问题。政治人物很清楚选民的这个执念，经常加以利用。譬如 2011 年，共和党总统候选人凯恩（Herman Cain）在田纳西州库克维尔谈到移民治安问题，就用这席话获得台下群众的如雷掌声："我们会盖一道真正的围篱，不只高 6 米，还要加上带刺铁丝网、通电，并且在围篱另一边挂广告牌注明'足以致命'……结果我这样说被人批评，'凯恩先生，那样做太不考虑别人了'。什么叫不考虑别人？那些人偷渡到美国来，杀死我们的同胞和边境巡逻队的弟兄，那才叫不考虑别人。我一点都不担心自己不考虑别人。我只是要那些人别再溜进美国！"[1] 我总是忍不住想，到时凯恩这些保守派要找谁去盖超级围墙？总不会是 2006 年因为雇用无证劳工修筑蒂华纳—圣伊西德罗边界围墙而被罚钱的那个加利福尼亚工程公司吧？[2]

诉诸许多美国保守派心中的恐惧——棕皮肤的外人正在瓦解他们的经济与社区，残害他们的同胞——在美国政坛几乎屡试不爽。[3] 只可惜这些极端分子再怎么诉诸恐惧或仇恨，美国政府依然不为所动，认为在边界全线修筑围墙既没有效，又不可行。因

---

[1] "凯恩的通电围篱'玩笑'"，2011 年 10 月 17 日由 https://talkingpointsmemo.com 上传至 YouTube［最早出现在 MSNBC 新闻网的《每日节目表》(*The Daily Rundown*)］：https://www.youtube.com/watch?v=jO-q5lI7618&feature=youtu. be（查询时间：2015 年 3 月 7 日）。

[2] Horsley 2006.

[3] Nevins 2002; Andreas 2009.

为围墙从修筑到维护都非常贵，[1]而且可能严重破坏环境。[2]这就是为什么美墨边界全长 3145 千米，只有 565 千米（18%）筑有算是围墙的东西。[3]这些高耸慑人的障碍物目的在提高翻越的难度，但只出现在市区边界口岸及其周边。边境巡逻队总是得意洋洋向来访的政治人物展示这些庞然大物，而你在政治宣传照和公关照里看到的围篱也是它们。但你很少有机会看到围墙盖到哪里就突然没了。

说起围墙，不论你问边境巡逻队员或迁移者，他们都会告诉你：围墙根本挡不了越境迁移。对边境巡逻队来说，围墙只是将迁移者赶到对他们"战术有利"的偏远地区；而对迁移者来说，围墙就像路标，告诉你必须往亚利桑那沙漠走，只有那里才有一丝机会避开边巡。无论如何，美国政府每年花在治安科技上的数十亿美元掩盖了一个肮脏的小秘密，那就是比起围篱、动作传感器[4]、无人机和红外线摄影机，自然环境才是边境巡逻队最好用

---

[1] 过去二十年来，美国政府拨给边界围篱的年度预算波动得很厉害。1996 年的围篱修筑预算为 2500 万美元，2006 年暴增到 2.98 亿美元。2007 年的预算是 15 亿美元，但 2012 年只剩 4 亿美元。参见 Rosenblum 2012:16–17。

[2] McGuire 2013.

[3] Rosenblum 2012:16.

[4] 美国政府自 1998 年起投注了数十亿美元采购远程感测科技，而各家军事承包商也不时提供最新的改良系统，协助政府单位逮捕迁移者、毒品走私人员与恐怖分子。这项治安计划经历过多次更名及迭代，像是整合监控情报系统（Integrated Surveillance Intelligence System, ISIS）、美国盾计划（America's Shield Initiative, ASI）和最近的边境安全计划（Secure Border Initiative, SBI or SBInet）。尽管这些系统耗费巨资，却都无法"按照原定时程部署，提供边境巡逻队针对非法入境该有的'态势感知'（situational awareness）"（Rosenblum 2012:18），而边境巡逻队使用远程感测科技的查缉成（转下页）

沃克峡谷边界围篱（鲍伯·基摄）

也最致命的武器。

———

美墨边界许多地方不是设有三索带刺铁丝围篱，就是空空如

（接上页）功率也不尽如人意。马里尔（Robert Lee Maril）曾经对得克萨斯州南部的边境巡逻队员进行民族志研究，他（Maril 2004）指出远程传感器通常使用过时的科技，且维修不当，经常无法分辨边境穿越者和牛只（x）。此外，从触发传感器，到派遣员通知管区巡逻队员出动，可能有超过五分钟的时间差，以致很难推测迁移者的去向（76）。触发传感器后，管区巡逻队员只能使用其他方法追捕迁移者（例如痕印辨识，即根据鞋印、迁移者在荒野留下的其他痕迹，或红外线摄影机来追踪迁移者）。不过，就算传感器被触动后能及时派遣巡逻队员，他们还是必须推测早他们一步的迁移者往何处移动。一旦小路有太多人走过，边境巡逻队开始在附近装设传感器后，迁移者和"郊狼"就会改变路线，改走监控较少的区域。由于沙漠幅员辽阔，不可能随时随处装设及维护传感器，这使得科技的运用相当受限。

也。在诺加莱斯西北方的沃克峡谷甚至有一道没锁的闸门，可以随意开关。边境巡逻队很少在这些地方出现，因为他们没有理由在这片开阔区域设重兵。迁移者一入境就将之逮捕、送回墨西哥，这样几乎不会对迁移者造成影响，他们马上就可以精神饱满再度出发。更何况边境巡逻队人手不足，无法驻守整条边界。不过，这样的情况正在改变。[1]边境巡逻队发现，让迁移者经历几

---

[1] 美国边境巡逻队自"9·11"事件后，一跃成为发展最迅速的联邦执法单位，十年来人力增加一倍，比起1998年更增长了九倍（见 Rosenblum 2012:14）。路丘1980年首次穿越边境时，南方边境只有1975名边境巡逻队员。2012年9月的边境巡逻队员人数为21444人，其中18506人驻扎在美墨边境（见 Rosenblum 2012:14）。部分辖区人员增加和威慑预防策略有关，因为诚如本书第一章和第二章所言，威慑预防策略正是借由增加人力的做法，将迁移者引导至边境特定区域。美国政府1997年一份报告便指出：

> 边境巡逻队必须保持机动，以因应不断变动的非法外来者入境路线。移民及归化局官员指出，威慑预防策略施行后，边境巡逻队发现部分辖区（尤其是图森区和得克萨斯州南部的德尔里奥、麦卡伦和拉雷多区）被捕人数"几乎立即"增加。他们认为是非法入境圣迭戈及埃尔帕索的难度提高，导致非法外来者"调整"路线，才使得被捕人数增加。于是，边境巡逻队随即在1995年度将原本预定派往圣迭戈和埃尔帕索的部分队员改派至优先层级仅次于两者的图森及得克萨斯州南部。边境巡逻队官员表示，阶段加派人力是新做法。在此之前，只要补充人力，边境巡逻队都会尽量平均分配人力至二十一个辖区；但新做法实施后，边境巡逻队于1994年度至1997年度共增加2850人，98%（2792人）都派往其中六个辖区。移民及归化局将其中1235人（约43%）派往圣迭戈，351人（约12%）派驻至埃尔帕索。这两个地方是最高优先层级区。其余人力（1264人）几乎都派往优先层级居次的图森和得克萨斯州南部（GAO 1997）。

基本上，在埃尔帕索（后来又包括圣迭戈）派驻优势警力很快便造成一个后果，就是边境巡逻队必须将更多人力派往迁移者转移至的辖区，包括无证迁移人数向来不高的图森等区。迁移路线的改变，使得边境（转下页）

次中暑、抢劫和荒野里会遇到的各种危险，对他们更为有利。他们宁可等迁移者吃过一些苦头再追捕他们、将他们送回墨西哥，因为疲惫或濒死的边境穿越者更容易捉。人类学家马加尼亚曾经访谈一名巡逻队员，对方毫不讳言这套策略：

> 他们有一套战术，就是不管迁移者，让他们走上两三天，走得又饿又热。他们很清楚迁移者的位置，知道他们在哪里。他们会说："这个边境穿越者会到那里，他需要走两三天，所以我先回家睡觉，明天等他累了或等人时，我再去树下逮人。这样就不用费力追了，为什么？因为迁移者都累坏了，根本跑不动。"我告诉你……就两三天。他们都研究过了。他们知道哪时逮人，知道那个地方的状况，还有边境穿越者

（接上页）巡逻队必须也在其他主要边界口岸筑起"虚拟人墙"，不得不增加预算招募更多队员。于是，威慑预防策略最终造成了经费上扬的循环，从1990年代到现在都没有缓和的迹象。1993年只有281名边境巡逻队员派驻在图森区（GAO 1997:16），到了2013年5月已经增加至4200人（CBP, "Tucson Sector Arizona," www.cbp.gov/border-security/along-us-borders/border-patrol-sectors/tucson-sector-arizona）。2013年6月，美国共和民主两党议员通过"全面"移民法案的修正条款（Senate Bill 744），提议增加南方边境的巡逻队员，目标为2021年增加到38405人。然而，尽管派驻图森区的巡逻队员在1993年至2013年间逐年增加，迁移者人数仍然比巡逻队员多出几个数量级。以梅莫和路丘进入沙漠的2009年为例，被捕迁移者和巡逻队员的人数是58:1。不过，边境巡逻队只会在诺加莱斯等边界口岸及其周边加派队员形成"虚拟人墙"。由于巡逻队员人数众多，加上架设的大量围篱，虽然还是有人尝试，但想从诺加莱斯市内穿越边境近乎不可能。但迁移者只要往东或往西走出市界，就会进到人迹罕至的区域。那里巡逻队员少，围篱也几乎不存在。基本上，将巡逻队员派驻在看得见边界的地区比较像是当门神，吓阻有意穿越边境的人，暗示他们最好改去偏远的沙漠地带试试运气。

专卖越境补给品的露天市集，墨西哥索诺拉州阿尔塔城（迈克尔·韦尔斯摄）

会试图从哪里入境。一切都在他们的掌控中。[1]

美国海关及边境保卫局的统计资料似乎佐证了这位巡逻队员的说法。2010 年至 2011 年在图森区被捕的迁移者中，只有 21%（68813 人）在距离边界 1.6 千米内被捕。[2] 26%（83194人）穿越边界后又走了 8 千米以上才被捕，还有 27%（89972

---

[1] Magaña 2008:37–38.
[2] GAO 2012: figure 4.

人）走了超过 32 千米。[1]换句话说，当时遭到边境巡逻队逮捕的迁移者中，有 53%（173166 人）以上曾经长时间被索诺拉异质集合体掐着喉咙走（参见附录）。

科技（*Tecnología*）

据估计，未经允许的迁移者中有 92% 至 98% 最后都成功穿越边境。[2]就算这个数字过高，还是让人忍不住好奇，每年花在边境治安上的几十亿美元到底有什么效果？既然有太多迁移者在这场昂贵的猫捉老鼠游戏中毫发无伤，这些统计数据只让人觉得好笑。然而，真正笑的其实是政府承包商。他们卖给美国政府售价过高的装备及基础设施，赚得盆满钵满，但那些器材却甚少达到宣称的效果。[3]不过，不是只有承包商赚大钱。除了人口贩子每收一位迁移者就能赚到几千美元外，其实还有一整个地下产业在支持迁移者躲开侦测，横越沙漠。

在阿尔塔和萨萨比这些墨西哥边境城镇，都有小贩聚在市集一角专卖迷彩背包、黑色衣物、水瓶、高盐分食物及急救药物。[4]这些边境生意人会用哄抬过的价格向你兜售"保证"能预防侦测的黑水瓶和绝对不会留下鞋印的毯底球鞋。走在阿尔塔

---

[1] 这些公开资料并未区分在车辆检查哨被捕和步行穿越沙漠被捕的迁移者。有些迁移者可能由人口贩子用车送过边界，不必在沙漠走，但之后在检查哨被捕。

[2] Cornelius et al. 2008:3.

[3] 见第 220 页注释 [4]。

[4] 参见 De León 2012。

"科技"，胡安·博斯科收容所内（迈克尔·韦尔斯摄）

城中心，你不难听见"嘿，帅哥（*Oye, carnal*），这双鞋是特制的，走路不会出声音，我发誓（*te lo juro*）"之类的叫喊。如果钱够多，除了高档球鞋和近乎全黑或迷彩的衣物，你还需要鞋粉保持脚是干的、多一双袜子预防水泡、止痛药治疗脚酸、电解质饮料补充水分、红牛补充能量（但会害你脱水）、胶水修补鞋子（鞋子一定会解体）和绷带包扎迟早会扭到的脚踝。还有一样东西也很重要，那就是别忘了携带十字架、祷告卡，或任何你想得到的护身符。

不只美国联邦政府献给边境治安工业复合体的预算如脱缰野马，迁移者花钱添购各式科技行头也是毫不手软，目的就是躲过边巡的和他们在索诺拉沙漠的帮凶。只不过说来古怪，边境穿越者遇到的问题竟然和他们的阻拦者一样，就是买来的东西几乎都不管用。没错，食物、饮水和急救包是可以减缓痛苦，避免你早早丧命，但那些东西除了帮助你忍受沙漠的折磨，对你反制监控科技几乎没用。其余物品甚至害多于利，例如黑色衣物和黑水罐虽然某些时候能让你不容易被看见，却会吸收更多阳光，导致你体核温度上升，喝的水发烫。要是你已经被坐在监控车里的边境巡逻队员用红外线摄影机盯上，那你体温升高简直就跟背上用霓虹灯写着"我在这里！（*¡Aquí estoy!*）"没有两样。

　　然而，当你指出这些科技缺陷时，他们总是回答谁晓得这些小玩意儿到时会不会派上用场，所以最好有备无患。撇开运气不谈，迁移者都晓得，每回穿越沙漠不成都能帮助自己变得更机灵。每次闯关都是一次荒野求生和找借口的速成班，而迁移者学得非常快。就算第一次越境失败，只要能熬过严重脱水和不适应恶劣地形带来的创伤，就能大幅缩短学习曲线。社会科学家称呼这种习得知识为**迁移资本**（migration-specific capital），[1] 而事实证明只要累积这类资本，就愈有可能加入那92%的迁移者，成为顺利穿越边境的人。[2]

　　面对边境战争，迁移者知道自己从名义到能力上都居于劣势。但他们也有一个小秘密（*secreto*）是站在围篱对面的人始终不肯相信的，那就是边巡的装备再高档，也比不上迁移者坚定的决心。正是这份决心，每年驱使数十万经济移民朝美国前进。有一回我在边界带跟一位被遣送者边吃塔可饼边聊，他笑着告诉

---

[1] Singer and Massey 1998:569.
[2] Parks et al. 2009; De León 2012; Spener 2009.

边境巡逻队监控车（迈克尔·韦尔斯摄）

我："对墨西哥人来说，边界根本不存在（*Para los Mexicanos no hay fronteras*），我们会一直尝试到成功为止。我们相信瓜达卢佩圣母会保佑我们。只可惜有时你的身体跟不上信仰。"

铩羽而归

快到胡安·博斯科时，我听见厨房里传来电视声响，墨西哥版的《美国搞笑家庭录影集锦》音量大得刺耳。我还没进门，就从香味猜出帕托正在煮好吃的豆子炖饭。我肚子很饿。在诺加莱斯顶着酷热的夏阳走了一整天，我只想赶快坐下。我转个弯走进厨房，没想到站在大锅子前搅拌浓汤的竟然是路丘，不是帕托，把我吓了一跳，整个人愣住了。五天前我不是才目送他和梅莫走进涵洞吗？我呆立原地，说不出话来。路丘朝我微笑，什么也没说，只是摇了摇头。梅莫听见我进门，便从厨房储藏间里走出来轻声说："我们被他们逮到了。"我不晓得该为他们还活着而高兴，还是为他们第三次失败而难过。"怎么回事？"我傻傻问道。"我们被他们逮到了。"梅莫又说了一次。他想为我挤出笑容，但很勉强。我头一回见他开不出玩笑。"过来坐吧。"梅莫说。于是我们三个挤在一张塑料桌前坐了下来。电视继续咆哮。

他们两个都很狼狈，简直不成人形，几天下来的身体疲惫彻底改变了他们的讲话方式与动作。路丘得了重感冒，声音几乎哑了，梅莫则是无精打采，动作不再像之前那样活泼过头。两人开始讲述事情经过，却少了惯常的插科打诨。

我：你们这回在沙漠走了几天？

路丘：三天。

梅莫：我们走了很远。

路丘：没错，我们一路走到阿瓜林达[1]的检查哨附近，结果被他们逮到又送回了这里。当时边境巡逻队正在追一票人，大约十七个，我们正巧也在那里，真是大错特错，结果就被捉了。那一带有人养牛，我们就躲在那里。我们虽然睡在树下，但附近很开阔。要是我们往山里去，就不会被他们逮到了。边巡的追人追到一半发现我们，吓了一跳说："嘿！你们两个在这里做什么？"他们出现时，我们还坐在树底下呼呼大睡。他们开始东问西问。边境巡逻队员用对讲机和朋友通话，问对方刚才逮到多少人，朋友说"十七个"。他说："很好，我又替你逮到两个。走吧！"于是他们就把我们跟那群人关在一起。我们要是再往山里去，就不会被他们逮到了。他们不会往山里走。可惜我们决定睡在开阔的地方。

路丘显然不舒服或不想说话，讲完这些就起身走开了。他走进男宿舍，一头倒在其中一张下铺上。我从狭长的走道望过去，只见他仰头默默望着头顶上方的床板。这时，梅莫说话了：

路丘很不好受。因为我们被遣送回图森时，曾经经过他家。

---

[1] 阿瓜林达和诺加莱斯的直线距离大约 40 千米。

我们坐在巴士上，他忽然跟我说："你看！我家在那里。"他指着他住的房子，接着就开始一脸悲伤。我觉得很难过。我跟他说："路丘，别担心。神会保护我们。我们不会有事的，什么都不会发生。这只是一次挫折。别担心，我们会回来的。"路丘问我："梅莫，你真的那样相信吗？"我说："当然！我们会回来的。"我试着鼓励他。

我： 你在路上（*en el camino*）会很难保持乐观吗？我感觉你一直很开朗。

梅莫： 当然。我相信上帝。我们沿着小径，清晨四点就走，我很确定我们会成功穿越边境。我说："我们明天就会到了！别担心，路丘，一切都会没事的。"

逃 避

第三次越境失败后，梅莫和路丘隔了几天才恢复元气。一切又回到往常。他们俩甚至在胡安·博斯科附近做临时工，替一家海鲜餐厅重新装潢。正巧那段时间我也比较有空跟他们和收容所其他员工相处，收工后一起厮混。某个周日，我和梅莫、路丘一起去看棒球，然后去他俩最喜欢的酒吧。那地方名叫"香蕉"（La Banana），是一家没有窗户的落魄酒馆，专门用震耳欲聋的音量播放班达（banda）乐曲。他们俩都没钱，所以由我请了几轮海龟牌啤酒，三人都只想忘记自己的状况。桌上冒出一包烟，可能是前一晚从收容所房客手上没收的。我们三人懒懒坐着，不知道谁拿谁的性能力开玩笑，我们都笑了。这一聚是短暂的逃避。

我们三个都不能喝多，因为下午还得回去工作，不能一脸醉样。笑完之后，我们继续啜饮啤酒。我看得出来，越境失败对梅莫打击很大，因为才喝了几杯，他就转头泪眼汪汪对着我说："我们现在就像一家人了。我们都没有问题，一切都很好。"我很想相信他的话，但心底明白并不是。他们又困在了诺加莱斯，不知何时身心才能准备好再次尝试穿越边境，而我剩不到一周就得回美国，开始教书。梅莫伸手搂着我，有人拿我的相机替我们拍了照。我开始心想，等我离开不知道会发生什么，而我还能不能再见到梅莫。

中午过后我就去了收容所。那是我在诺加莱斯的最后一天，我想向所有人道别。萨穆埃尔煮了一锅美味的虾汤（*caldo de camarón*）。接下来几小时我们谈天说笑，计划我下回来访。梅莫和路丘去工作了，无法和我们共进午餐，因此傍晚七点左右，我走到他们工作的地方，跟他们说再见。我还给了他们两台拍立得，因为他们之前答应我下回穿越边境会带着。他们俩不打算回收容所，而是提议送我到我在诺加莱斯市区下榻的旅馆。两人的老板开车送我们，路丘给我看他最近工作赚来的一沓钞票。"你相信吗？这是我三十年来拿到的第一份墨西哥薪水（笑）。我跟家人说我终于拿到薪水了，他们听到金额那么少都笑了。"

我们在雷希斯旅馆前下了车。这里离边界不到半条街，站在街上就能看见亚利桑那的诺加莱斯。我邀梅莫和路丘陪我再喝一杯啤酒，结果一杯变成了好几杯。路丘开始拿他微薄的薪水替我们买酒。只要他一点酒，我就偷偷塞钱给侍者，免得路丘把薪水花光。酒过数巡，我们三人都变得感性起来。我跟梅莫说我很怕他会死在沙漠。泪水洒在桌上，酒又再点一轮。傍晚时分，当地的醉汉、外籍侨民、皮条客和性工作者纷纷涌入，酒馆里开始热闹起来，音乐也愈放愈大声。梅莫跟我说他父亲在他小时候被人杀害了，至今还没报仇。这是我头一回见他发火。他眼眶泛泪，一边说着一边用掌心拭去泪水。我转头看路丘，发现他喝醉了，开始骚扰侍者，还频频胡言乱语打断梅莫讲他父亲被杀的故事。"冷静一点，放轻松。"梅莫对他说。路丘吼道："去你的，笨蛋！"

他气冲冲站了起来，廉价的塑料桌被他撞到一旁。他冲到梅莫面前，我赶忙挡在两人中间，拍拍路丘胸脯要他冷静一点。"我们是兄弟啊，路丘！应该互相扶持才对。"梅莫讨饶。侍者走过来，我跟他保证两人只是有点误会。路丘总算坐了下来，开口道歉，随即开始哽咽："我们一定要穿过去，一定要穿过去，一定要穿过去。"我们三个继续干杯。

7

穿越边境

在图森（*En Tucson*）

我手机响了。屏幕上出现不认得的亚利桑那号码，我心底立刻涌现不好的念头。他们死掉了？殡仪馆的人在路丘口袋里找到名片，所以打电话给我，想找亲戚或最亲近的朋友？还是他们被边巡的逮到，从拘留所里打电话给我？要是梅莫在，他肯定会叫我乐观一点："别担心，不会有事的。（*No te preocupes. Todo va a estar bien.*）"说不定他们真的越境成功了。我和他们在诺加莱斯告别已经是两周前的事了。两周来无线电悄然无声。我时不时就会拿起手机，检查有没有未接来电，可惜一通也没有。结果现在手机真的响了，我却紧张到差点忘了接。"喂？喂？（*¿Bueno? ¿Bueno?*）"手机另一头的那个人大声说道："我们到了！我们到了！"

梅莫语气里掩不住兴奋，很想一口气在电话里交代完所有细节。他向我保证我给他们的拍立得安然无恙，底片也拍完了。我说我会去找他们，因为我想听他们亲口描述。一周后，我去了亚利桑那，打电话问路丘他家的地址。"我家离边巡的真的很近。"路丘说。他说得一点也不夸张。从机场到他家路上，我起码看见十几辆边境巡逻队的"狗笼车"(*perrera*)[1]和两辆遣送巴士。

　　我驶进尘土飞扬的拖车公园，将车停在一间普通的拖车屋前。纱门颤巍巍打开，梅莫走下拖车，笑容灿烂地跟我打招呼。他穿着我不认得的衣服，脸上的暖意散发着喜悦与自在，感觉完全变了一个人。我下了租来的轿车，两人立刻紧紧相拥，仿佛多年不见的手足。我淡淡说道："嘿，兄弟（*Oye, mano*），我有礼物给你。"接着便从后座拿出一瓶真正的苹果汁塞到他手里。我们两个笑得跟孩子一样。路丘从拖车里探出头来，朝我们咧嘴微笑。"快点进来！"他催促道。

　　我走进拖车，发现空间很小，散发着浓浓的单身汉气息。起居室很整洁，但看得出来只有男人（*hombre*）在住。电视正在播足球（*fútbol*）赛，音量当然开到最大，玻璃咖啡桌上"自然光"（Natural Light）啤酒罐堆成了一座小山。他们两个在我来之前已经先开起派对了。我一屁股坐在老旧的仿皮沙发上，开始边喝啤酒边听他们讲述路上的遭遇，一待就是十小时。

　　除非你在边境附近做研究，否则很难听到迁移者的故事。许多人并不喜欢回想自己在索诺拉异质集合体的经历。这也不能怪他们。就算他们成功穿越边境，过程也充满创伤，在他们情绪、心理和身体上留下难以磨灭的印记，光是回想就可能引发痛苦、恐惧和绝望。对家里有无证迁移者的美国家庭来说，穿越边境往往是禁忌话题。一位曾是无证迁移者的女士跟我说："三十年

---

[1] 迁移者称边境巡逻队的卡车为"狗笼车"，因为车上装了囚笼，看上去跟动物管制单位使用的狗笼很像。

贝内通统一的颜色，亚利桑那州洛沃峰附近的 BK-3 地点（迈克尔·韦尔斯摄）

前，四岁左右的我非法来到这个国家。我们现在是美国公民。妈妈、哥哥和我是过河来的，我阿姨则是穿越沙漠。这件事在我家是禁忌，所有人都绝口不提。"

我在本章后半部分会用访谈片段与梅莫和路丘两人拍摄的照片来描述他们穿越边境的过程。这些资料重不重要我不敢说，但至少独一无二。我很有幸获得他们的故事，还有从他们的视角拍下的照片。但别忘了，还有数百万人有过相同遭遇，他们穿越沙漠的故事永远不会有人知道。那些人不是死在路上，就是不想回忆那段痛苦的过往，或是身为无证移民让他们社会地位低下，无法公开讲述自己的故事。这些拉丁裔家庭就和过去许多移民族群一样，可能得等上至少一个世代才能在美国社会获得足够的地位，可以不用再怀着恐惧或羞愧诉说自己的迁移经验。问题是随着时间过去，这些历史可能会被美化或编辑，甚至彻底遗忘。检视这个隐而不显的社会过程留下的考古遗留，或许能提供一个不同的方法，让我们更安全地出土这些未曝光的故事。

不远过去的遗留

只要走进阿里瓦卡附近的无人荒野，就不难见到边境穿越者留下的东西，宛如童话里的面包屑小径，只是换成破衣服和空了的水瓶。这是成形中的美国移民史。每当谈到无证迁移的恶果，这些物品就会成为舆论的重点，多年来都是如此。[1]这些许多人

---

[1] 可参见 Sundberg 2008; Meirotto 2012。

口中的迁移者"垃圾"是反移民分子的最爱，足以证明拉丁裔边境穿越者正在摧毁美国。就像某位网民在 2012 年一篇关于穿越沙漠的报道底下说的："墨西哥是**垃圾场**，而墨西哥人去到的地方都会变成垃圾场。首先是我们的沙漠，再来就是他们住进去的小区。"[1]只要谈到迁移者留下的东西，这样的看法就是主流。在这套简化的说辞里，这些东西就是垃圾，几乎没有文化、历史和科学价值。大众往往很难理解这个概念：人们现在留下或扔掉的东西都是未来考古学家的研究对象。虽然边境穿越者扔在沙漠的东西有些确实是垃圾，但许多都是被迫舍弃的珍贵物品，像是袖珍《圣经》、家人照片和情书，因此我不会一概称之为垃圾。将这些东西贬为"垃圾"不仅是价值判断，更是将种类不同的东西很有问题地简化成一类，隐去了这些东西可以告诉我们的有关边境穿越过程的种种。[2]

近年来，有愈来愈多考古学家认为考古学有助于了解当前的社会议题。这股名为**当代考古学**（archaeology of the contemporary）的学术风潮最早可以回溯到 1970 年代，美国学者拉什杰（William Rathje）的图森垃圾计划（Tucson Garbage Project）证明了考古学可以为现代社会做出贡献，为我们往往误以为透彻了解的晚近事务提供崭新的洞见。[3]研究者使用发

---

[1]《赫芬顿邮报》（*Huffington Post*）在线评论，2012 年 1 月 17 日。

[2] 坚持用"垃圾"指称这些东西，不肯正视这些物质记录的人，应该听听拉什杰和墨菲（Cullen Murphy）的忠告："垃圾是人类留给尚未出世者最庞大的物质遗产。愈了解我们丢弃的东西……愈能了解我们所处的世界。"（Rathje and Murphy 2001:4）

[3] Rathje and Murphy 2001. 亦可参见 Schofield 2005:98。

旅馆前的女子，亚利桑那州铁木（Ironwood）国家纪念碑里发现的受损照片
（迈克尔·韦尔斯摄）

掘、遗址测绘（site mapping）和其他考古方法及理论，深入探讨人工制品和各种社会政治脉络及议题的关联。[1]作为"当代我们的考古学"，这个典范深植于后现代化世界的不悦，包含了伴随对人类、动物和环境的全球规模性破坏而来的情绪挫折与创伤，这些亦已成为地球的日常的一部分。[2]而将关注焦点放在仍在发生中的争议性社会现象的物质遗留，例如政治暴力、无家可归及战争，可以为我们提供有别于掌权者主流文字论述的新视角。[3]冈萨雷斯-鲁伊瓦尔（Alfredo González-Ruibal）为这套做法提出了有力的论据："历史考古学之所以成立，主要基于我们深信人需要不一样的故事——光凭口述和文字资料并不足以告诉我们过去的全貌，还有一些历史可以从人工制品里得知，还有其他经验需要解释……考古学……不只可以生出不一样的故事，还能用不一样的方法说故事。"[4]

考古学能让我们以有意义的新方法介入不远的过去及其物质遗迹，得到在历史、集体记忆或个人经验的转译过程中可能遗漏的新信息。除此之外，就如英国考古学家斯科菲尔德（John Schofield）一针见血指出的："我们可以用考古学来质疑听说发

---

[1] Buchli and Lucas 2001; R. Harrison and Schofield 2010.
[2] González-Ruibal 2008:247.
[3] Schofield 2005:101. 有关政治暴力的考古学研究，参见 Ludlow Collective 2001。有关无家可归的考古学研究，参见 Zimmerman et al. 2010 和 Zimmerman and Welch 2011。有关战争的考古学研究，见 Schofield 2005 和 González-Ruibal 2007。
[4] González-Ruibal 2008:248–249.

生了什么和实际发生了什么的区别。"[1]对冲突议题而言更是如此，无证迁移就是典型的例子，亲身体验者的故事往往被忽略、贬低或刻意编辑。我在第四章就提过，记者报道移民往往追求夸张事迹，刻意排除平凡、意味不明或复杂的故事。面对迁移议题，考古学可以带我们看见过程中被特殊创伤或暴力经验埋没的其他要素，[2]同时让故事不再以旁观者为中心，不再只是记者贴身跟随边境穿越者的见闻。

穿越边境

本章介绍无证迁移计划这些年所使用的考古学方法，包括对迁移者遗址的类型学研究、拾获物品的耗损分析，以及绝对和相对定年法（dating technique）。其中定年法能帮助我们掌握秘密迁移这个社会过程的演变。我让这些考古数据与梅莫和路丘最近一次的边境穿越经历直接对话，以便将偏向个人化和时间片段化的民族志分析，叠加在存在多重解释、意义模糊且时空尺度都更大的考古资料之上。对我来说，两者不是截然二分的。梅莫和路丘提供的经历描述与照片让遗留在沙漠上、代表几百万个边境穿越故事的无数物品有了生命。[3]

---

[1] Schofield 2005:104.

[2] 参见 De León 2013b。

[3] 这个论点直接挑战了"光是物品就足以（或应该）替迁移者代言"的主张。以边境穿越者遗留的人工制品为"证物"的做法存在什么问题，参见 De León and Gokee（审稿中）。

接下来的叙述由田野笔记、访谈摘录、梅莫和路丘两人拍摄的照片，以及他们跟我说明照片时的讨论糅合而成。为了凸显物质记录和迁移者口述之间的关联与张力，我将迁移者的故事和照片跟我们在索诺拉沙漠进行考古调查时得到的资料并置，并适时针对考古证据或证据的阙如进行简短的讨论。

遇见安赫尔

我：第三次越境之后，你们回到收容所，看起来很狼狈。

梅莫：没错，因为脱水。

我：你们在诺加莱斯待了几天才恢复？

梅莫：大概两周。还蛮久的对吧，路丘？原本是十天，不过因为找到工作，所以我们又多待了三天。

路丘：安赫尔就是那时候找到我的。他先到贝他组织找人，他们叫他去收容所，所以他就去了收容所。他一出现在收容所，我马上认出他来。我之前见过他，因为他是我女朋友女儿的男朋友，两个人还在一起。他说："嘿，路丘，我一直在找你，因为我要带你一起穿越边境。走吧！我会免费带你过去。"但他身上没有钱，什么都没有。

我：他怎么会到诺加莱斯？

路丘：他跟女友在一起。她开车到墨西哥来找他，两人在旅馆喝了四天。她跟他说我被困在诺加莱斯，所以他就来找我们，要我们当晚就跟他一起走。但我们还没拿到当建筑工的薪水，所以还不能走。

梅莫：那天晚上我们待在收容所，隔天早上安赫尔来，我们就一起离开了。

路丘：他们不让安赫尔待在胡安·博斯科，因为所有人都看得出来他是混混（*malandro*）。他隔天很早就来了，但还在宿醉中，而且身上什么都没有。我们还得替他准备衣服。

梅莫：没错，我们从收容所拿了一个背包给他，衣服是萨穆埃尔拿来的。

路丘：之后我们去买食物和其他东西，就是我们第三次越境之前带你去的那家店。

梅莫：我们到巴士总站，从那里搭便车到圣克鲁斯（墨西哥诺加莱斯市以东 45 千米左右的小镇），再搭皮卡车坐在车斗里到边界。

等 待

我：你们遇到军人了吗？

路丘：有，我们步行途中遇到过。

梅莫：没错，而且遇到两次！

路丘：第一次是带队中尉搜我们的身，问我们在那里做什么，有没有携带毒品。后来他开始检查梅莫的背包。我们说我们什么都没带，只是想穿越边境。中尉说："没带东西很危险。什么都没带会被抢匪杀死。"说完他们就离开了。

我：安赫尔说什么？

路丘：他什么也没说，但他们把他的烟摸走了（笑）。他们是抽着他的烟离开的。

梅莫：那是第一次。第二次是在我们越过边界之前，又来了一队军人问我们话，大概十人到十二人。

路丘：越过边界之前，我们在墨西哥这边等。我们等了四小时，直到天色变暗才越过边界。我们一直走到大约凌晨三点，然后才休息一会儿。

这不是梅莫和路丘头一回先在边界附近等上一段时间再穿越边界。他们讲起上一次穿越边境时，在边界前等了一整晚：

路丘：梅莫走到边界带（这里指边界围篱）去查看状况，结果不知道从哪里冒出来一个"赶鸡人"朝他大吼："喂，你在做什么？你最好不是抢匪，否则看我不揍扁你！"

梅莫：没错，他对我很凶。

路丘：梅莫说："我不是抢匪，只是来看能不能越过边界。"但那个"赶鸡人"还是继续大吼："看什么看？给我离开，到他妈的那边去！"他带了十五个或二十个迁移者在一旁等，所以我们就走过去，跟他们坐在一起。

我：你们去跟他们坐在一起？

路丘：对，我们吃了一点东西，跟他们一起等了一阵子。后来有个老太太拎着好几袋食物走过来。"赶鸡人"说："给我过来！"接着命令他的助手："抓住那个老太婆！"但助手说："不要，你自己去。"老太太继续往前。她拿的食物是要给边界附近另一群人的。她从诺加莱斯一路走来，给"赶鸡人"送食物。

梅莫： 那个老太太说不定是拿食物给黑道。

路丘： 后来又有三个小伙子从我们附近经过。之前吼梅莫的那个"赶鸡人"又开始朝他们咆哮："喂！你们要去哪里？快停下来！"那三个小伙子回吼道："别担心，我们是替黑道开车的，就是……"他们讲了某个黑道的名字。

我： 所以你们跟那群迁移者一直耗到晚上？你们都聊些什么？

路丘： 我们就只是闲聊。我们整个晚上都待在那里，清晨时那些迁移者才开始移动。首先是那个吼梅莫的家伙带着一群人离开，接下来又有两群人出发，之后才是我们。我们是最后越过边界的。

类型学

迁移者在途中果腹充饥、休息、遮阴和躲避执法人员的地方，边境巡逻队一律称之为**停靠点**（layup）。然而，无证迁移计划详尽分析了这些迁移者打造和反复利用的不同地点后发现，边境穿越者并非只是"停靠"在树丛里，躲避移民官员。这些地点在考古学上各有区别，涉及不同的环境互动与行为。有时这些行为从遗留的人工制品就能看出，有时则需借助迁移者的视角，才能正确做出考古学的诠释或补上迁移过程中未能留下物质痕迹的细节。因此，我们不是将所有地点一概称为"停靠点"，而是发展出一套类型学，将迁移者长时间驻扎、短暂休息、等候接应、

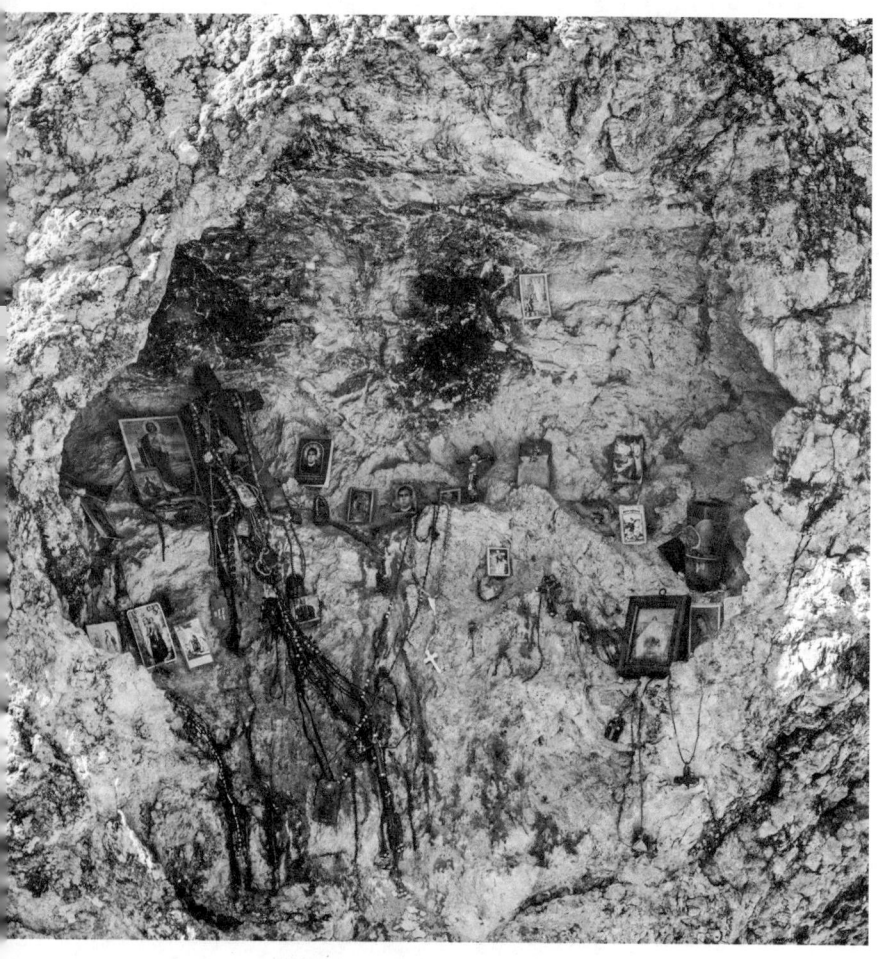

迁移者神龛（迈克尔·韦尔斯摄）

祈祷敬拜、被捕和丧命的地点统统区分开来。[1]

2009 年至 2013 年，无证迁移计划于诺加莱斯—萨萨比走廊地带进行了四次田野调查，从 341 个和无证迁移或边境查缉

---

[1] Gokee and De León 2014.

有关的地点收集物质和空间数据，从而依据位置、地点特征、人工制品列表和迁移者访谈，将这些地点分成数个大类。其中至少包括**营地**：迁移者聚集和休息数小时到整夜的地点；**休息点**：迁移者短暂停留，用餐喝水的地方；**接应点**：迁移者扔弃所有补给品，由人口贩子开车接走的地方；**敬拜处**：迁移者留下祭品以求旅途平安的地方。至于迁移者穿越边界前于墨西哥这边等候出发的地点，我们则命名为**越境发起区**（border staging area）。有些发起区相对朴素，只有几个空罐头和水瓶，有些则比较复杂，除了火堆、有遮挡的过夜区和规模不小的神龛，还能见到大量衣物和消耗品。迁移者、人口贩子和运毒者可能在这些地方停留数小时到数天不等，等候恰当时机穿越边界。[1]2013年受访的一位女士就表示，他们一群人在越境发起区睡了整整九天。

在路上

　　路丘：这片是我们走过的山区。还记得吧，梅莫？我们那时刚过边界带，刚刚穿越边界望着接下来的路。我们必须从远方那两个山峰中间经过。

　　我：你们看到这样的景象，心里在想什么？

　　路丘：我们在想还得走多远。我是说，你看这张照片！我们得穿越这整片山区才能到图森。这么远。

---

[1] Gokee and De León 2014.

我：我实在很难想象。那么多座山。

梅莫：真的很多！

路丘：真的是全是山！（*¡Puro monte!*）但我们全走完了。不过，你瞧瞧这里和萨萨比的差别。[1] 这里有草，你可以看到动物和树木之类的，有地方可躲。翻过山到了萨萨比附近，那里什么都没有，只有仙人掌。从这里比从萨萨比走更有机会成功。那里只有沙漠和岩石。

我：你们怎么知道这条路线的？

路丘：知道路的是安赫尔，因为他当过"赶鸡人"和"毒骡"（*burrero*, drug mule）的向导。不过我们还是迷路了，没有从这里过去，而是走错方向，只好原路折返。这对安赫尔那家伙没什么。他走过很多次，大概四五趟了吧。

梅莫：但我们是第一次走，也只有这一次。

路丘：从圣克鲁斯到图森有很多树和其他植物什么的。从萨萨比走就不一样了。阿里瓦卡那里光秃秃的，只有几条小河。我们走的路线有大树，小溪的水也很多。安赫尔知道所有牛槽的位置，譬如他会说："这四升的水够你们撑到下一个牛槽了。"到了下个牛槽，他会说："这四升的水你们只能一次喝一点，因为到下个牛槽还很远。"就这样，他多多少少认得路。

---

[1] 路丘这里说的是平坦荒芜的阿尔塔峡谷。过去从边境城镇萨萨比出发都会走这个峡谷，但最近十年来监控增加，导致迁移者改走峡谷两侧的山区。

全是山！（梅莫和路丘摄）

我：他怎么知道的？

路丘：他当过运毒者（"毒骡"）的向导。向导必须知道这些才能带队。

梅莫：我猜他应该先是"毒骡"，摸熟这些事情之后才改当向导。

路丘：他会说诸如此类的话，"你们看，'毒骡'在这里休息过。他们不久前才经过这里"。

梅莫和路丘不止一次提到安赫尔当过"赶鸡人"和"毒骡"，所以才认得路。但他们有时说法更可怕。以下是我2009年田野笔记里的某一段，当时路丘和梅莫才成功抵达亚利桑那几个月：

出发没多久，梅莫和路丘就发现安赫尔其实是抢匪，靠着在沙漠持枪抢劫"毒骡"为生。"毒骡"似乎真的很怕他。安赫尔跟他们说他在沙漠里曾经差点杀死"毒骡"。为了不露脸，他会从背后偷袭，然后用枪抵着对方脑袋。梅莫认为那人一定干过很可怕的事。

迁移者使用过的遗址通常会被"毒骡"借机利用，包括人道组织的饮水投放点、神龛和休息点。不过，比起迁移者，"毒骡"留下的考古足迹并不多，而且有些遗址模棱两可。区分"毒骡"和迁移者并不容易，因为有些迁移者会充当"毒骡"以支付边境穿越费，他们从穿着到装备可能跟一般迁移者没有两样。[1]有关违禁品走私，无证迁移计划找到最明确的考古标志就是用来装大麻的自制麻布背包，[2]比较不明确的毒品走私证据则是沙漠里用树枝和岩石搭成的非正式工事。在这些工事里有时会找到空麻布袋、食物和扎营装备。接受访谈的迁移者看到那些场所的照片时，都说"毒骡"和把风的人比较有时间和必要搭建长期住所，因此那些藏匿处主要是他们盖的。不过，迁移者也说他们在沙漠里经过那些地方时，偶尔也会用它们来躲避阳光或侦测。

---

[1] Slack and Whiteford 2011.
[2] 基于法律和安全考虑，我不在毒品走私猖獗的区域做研究，也不挑明询问迁移者他们和运毒者有什么往来。尽管我刻意回避，但相关话题还是常在访谈里出现。有些迁移者坦承自己当过"毒骡"，而我们有时也会在沙漠里看到运毒者经过，赶紧避开。我们曾经有一组研究人员遇过交完货正要返回墨西哥的"毒骡"队伍。对方全身迷彩装备，问他们边界往哪里走。

迁移者工事（迈克尔·韦尔斯摄）

路丘：你看，这张照片是我拍的！那个死家伙（*pinche guëy*，指梅莫）昏倒了！（笑）

梅莫：这个笨蛋竟然拍我睡觉！难道是爱上我了？（笑）我们已经走了很远的路。我的腿就是那时开始抽筋的，所以我只好休息，因为那个该死的峡谷全是黑岩石。

路丘：没错，我们就是在那里匆匆喝了点水。安赫尔一直说："快点走！别停下来！快点！"我们很快通过峡谷。

梅莫：这时我的血压开始下降。

路丘：那是因为我们下切到一个很深的峡谷，然后又不停往上爬，爬得很急，害梅莫喘不过气来。那段路真的很辛苦。当时大概是中午吧，非常热，梅莫严重脱水，开始呕白沫。

"这个笨蛋竟然拍我睡觉！难道是爱上我了？"（路丘摄）

使用痕

要找到边境穿越者脱水或水泡流血之类的考古记录并不容易，部分原因在于这类身体伤痛留下的痕迹要么会分解（例如血和呕吐物），要么根本没有痕迹（例如疲惫）。为了找出痛苦和身体创伤的物质证据，我只能搬出"**使用痕**"（use wear）这个尘封已久的考古概念，检查人在使用物品时所做的改动。我将这个概念细分成两类：第一类是**耗损模式**（wear pattern），也就是物品依原有功能使用造成的变化；第二类是**修改**（modification），也就是为了改善物品功能或修补损坏所做的更动。譬如在沙漠里找到一只鞋底破洞的鞋，代表那人的双脚因为行走而受到强烈创伤，而脱落的鞋底被人用胸罩肩带固定住，则表示使用

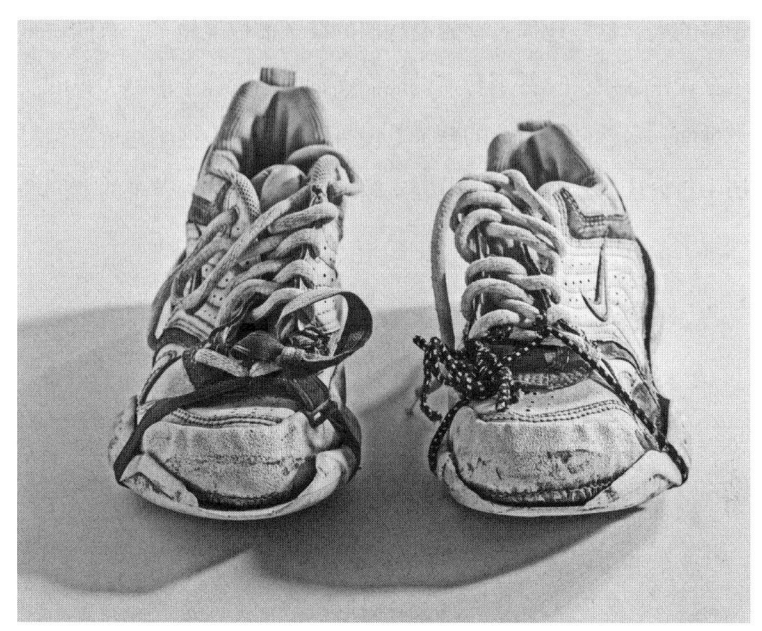

图马卡科里山区拾获的迁移者球鞋，脱落的鞋底被人用胸罩肩带和细绳跟鞋身绑在一起（迈克尔·韦尔斯摄）

者迫切需要鞋子正常运作，才能继续行动（见上图）。[1]脚底起水泡或鞋子磨损跟不上队伍的人往往会被抛下，有时就等于宣判死刑。当你知道这个被抛下的事实，又在沙漠里捡到破损或拼凑修补的鞋子，同时还要做考古学的诠释，心里往往会很不好受。

从这些使用痕模式可以推断出迁移者的身体痛苦与绝望，但唯有加上民族志数据才能让这些物品道出更细腻的故事。我在胡安·博斯科常会看到脚上缠着厚厚绷带，穿着医院发的凉鞋跛脚

---

[1] 有关使用痕和迁移者受苦的详细讨论，参见 De León 2013b。

走路的人。这些迁移者有的说他们的鞋子被抢匪偷了，有的说鞋子在途中穿烂了，甚至有人说他们赤脚或穿着袜子横越尖锐的沙漠地面。虽然破破烂烂的鞋子上没有署名，也没注明边境穿越经历中包含什么具体细节，但确实暗示着许多人共同苦难的普同性现象学。

牧场主人（*Rancheros*）

我：你们拍了很多牛的照片，为什么？

梅莫（笑）：那是我们在追牛玩闹。读到你书的人一定以为我们是牛仔或拥有他妈的牧场（*pinche rancho*）！

路丘：我们在追牛，梅莫想抓它们的尾巴，安赫尔抓到一头牛的尾巴，结果被牛拖在地上滚。

梅莫：我们在自己找乐子，大声笑。只有这种时候你才会忘记自己在做什么。

路丘：我们那时只剩下一点点食物了。

梅莫：所以我们三个人合吃了一块鲔鱼（仙人掌果）。

我：沙漠里有鲔鱼？

梅莫：对啊，我是说仙人掌果（*nopales*）啦。那玩意儿很干，刺很多，全是骨头（*puro hueso*），但我们还是吃了！我们还找到一些植物吃。我们都饿坏了，真的好好吃。

路丘：我们找到一些可以吃的植物。我奶奶在墨西哥都会吃这些东西。我们从养牛的地方弄了点盐，撒在植物上头配着吃。

牧场主人（梅莫、路丘和安赫尔摄）

我：是喔？

梅莫：是啊（笑）。沙漠里可以找到这种盐块（sal），所以我们就切了一点。老天！你还记得我们吃了龙舌兰叶吗？那简直是要命，让我开始胃痉挛，痛得快死了。结果路丘还说："别担心，再来一片，这里有很多。"（笑）

路丘：我们那时其实已经没剩什么食物了。

年代学

梅莫： 我们拍这些照片时已经走了好几天的路。

路丘： 我们走到都没力气了。我记得我们倒在溪沟里，精疲力竭躺在沙上，直到天黑。我们只是想休息个半小时。

梅莫： 我累坏了。能够用背包当枕头躺一会儿，感觉真棒。

路丘： 这张梅莫看起来跟死人一样。

梅莫： 那是我们攀岩的前一天。

梅莫和路丘在越境途中休息。下面两张照片是亚利桑那绿谷南方的迁移者营地
（梅莫、路丘和迈克尔·韦尔斯摄）

2010 年 6 月 25 日：亚利桑那绿谷

空气里飘着浓浓的烤肉味，所有人想到自己午餐只能吃卡车后斗里那些软趴趴的火腿三明治，五脏庙就一阵不爽。下午又闷又热，那人不仅在烤肉，听着图森经典摇滚乐电台，搞不好还在畅饮冰凉的饮料。斯蒂利·丹乐团的《卷回时光》(*Reelin' in the Years*) 从那人家的露台大声传来，仿佛在替我们的秘密考古田野调查配乐。那人煮着午餐，浑然不知我们六个人正在离后院围墙不到 300 米的树丛里东挖西掘。这个遗址位于亚利桑那绿谷一处退休小区的南端，我们将它命名为"蛇窝"，因为当初来踩点时发现这里蛇很多。我才来二十分钟就看到了四条蛇。我们会来这里，是因为我在阿里瓦卡遇到一位女边境巡逻队员跟我开玩笑说："你去绿谷退休小区南边的林子里走一遭，就会看到偷渡客盖的小豪宅。"我们在"蛇窝"发现的物品包括整整齐齐摆在地上的衣服和其他东西。这些原位的 (*in situ*) 物品让人感觉它们的主人才刚走不久。我不禁心想，他们在这里等候天黑或接应的车辆时，肚子会不会咕咕叫。

收集可能几分钟或几小时前才发生的隐秘行为的考古资料感觉很怪，有时就像在研究刚被你吓跑的野生动物，让你忍不住质疑自己是不是帮凶，让无证迁移者更加去人化 (dehumanization)。"科学地"记录某人刚吃完的食物的痕迹与残留物或许会让你感觉和对方很亲近，却也可能带来强烈的距离感。你会发现自己不停自问："我这样做是应该的吗？"

和其他考古研究一样，年代学 (chronology) 也是无证迁移计划不可或缺的一环。为遗址标定时间对于了解科技、物质文化，还有人与沙漠的相遇如何随时间演变非常重要，而我们的研究同时使用了绝对和相对定年法。绝对日期又称日历日期，是从附有时间戳的文件推论而得，包括车票、遣送单和食物保存期限等等。相对定年通常依据金属物品的锈蚀程度、塑料之类制品的结构完整度，以及肉类、水果和其他食物里可分解物质的新鲜度来判断。有些人造物是特制品或式样来自特定年代，这些**层位标记**（horizon marker）就成为定年的基准。譬如本书第六章提到的黑水瓶最早生产于 2009 年年底，因此看到它就代表年份不会早于那个时间点。因为迁移者留下的考古迹证非常脆弱，加上车票或机票之类的纸制品分解迅速，所以必须趁着还"新鲜"时（很遗憾又得用野生动物来类比）记录下来。换句话说，就是真的得紧跟在这些极力不留下痕迹的人身后收集一切。

　　每回发现刚使用过的营地，总是令人心底不安。拿梅莫和路丘躺在地上休息的照片跟迁移者在"蛇窝"用衣服和背包当床的照片相比较，那些弃置物的"新鲜"和物质文化样貌让你感觉就像撞见尸体刚被移走的犯罪现场。有些批评者对无证迁移考古研究的顾虑来自其政治意涵，我的困扰却来自时机，因为无证迁移计划研究人员经常不告而至，发出的声响足以吓跑待在这些场所的迁移者。这代表人类学家对于这些考古定格的产生要负部分责任，有时给处境本来就很危险的迁移者带来更多困扰。和埋在层层泥土砾石底下的古代遗址不同，迁移者的考古脉络是鲜活变动的。今天记录到的现象可能明天就彻底不同，因为这些地点被环境变化破坏，或被其他经过的人改变。

"别停下来！继续跑！"

路丘：我觉得最好白天前进，因为边境巡逻队的摄影机晚上可以把你看得清清楚楚。白天气温很高，又热，那些（红外线）摄影机不容易看到人。

梅莫：但白天比较难走，速度慢很多，结果只会喝更多水。

路丘：没错，就像梅莫。老天，他把他的水（*agua*）都喝光了。我还卖水给他呢！（笑）

梅莫：对啊，他剩很多水。我跟他说："路丘，给我一点水！"他说："你干吗把水都喝完了？"我的水会喝光，是因为我一直把水分给我们三个人喝，结果很快就发现水没了，只剩路丘有水。我一滴水也没喝，走了5千米以上，然后又跟路丘说："喂，老兄，再给我一点水喝，我很渴。"他抓着那桶（*galón*）水说："我卖你一点。"我跟他说："笨蛋，我哪来的钱！"他说："好吧，那我借你，让你跟我买水。"（笑）我就把桶子抢过来喝了几小口。

路丘：你瞧这张照片，他是怎么牛饮的？难怪会没水！（笑）我记得我们这时差不多刚越过一道溪沟，然后经过边境巡逻队使用的一条道路。午夜左右，我听见文森特·费尔南德斯（Vicente Fernández）的歌声响彻整个峡谷。音乐是从卡车上传来的，但车的款式看不出来。

梅莫：边境巡逻队会故意放墨西哥音乐，让迁移者以为他们

是老乡，跑去问能不能搭便车。贱货！（笑）

路丘：没错。还有，来接应的"赶鸡人"会摸黑吹口哨，低声说"走吧！（*Vámonos!*）"边巡的会如法炮制，让迁移者误以为他们是人口贩子，从树林走出来自投罗网。

梅莫：边境巡逻队还会学鸟叫或郊狼叫，因为人口贩子有时也会这样做当信号。

路丘：我们的水差不多喝完了，很快就得喝牛槽的水了。

梅莫：我这时开始觉得我们必须尽力不断往前走。我们刚爬上这座大山丘，可以看见底下有边巡的经过。野猪才刚过去不久。我们路上遇到野猪带着小猪，不晓得该逃跑还是躲到大牧豆树上，因为它们又回头想攻击我们。我们找到一些树枝，用树枝挡开野猪，还捡石头扔它们。最后它们总算走了……

路丘：我们的脚状况很糟，非常痛。

梅莫：起了很多水泡。

路丘：还有大岩石。我们在巴塔哥尼亚湖附近发现一个矿坑，那里有黑色的土和一点点水。我们渴得要命，很想喝那些水，但安赫尔说水里都是化学物质，喝了会生病。

梅莫：我们就是那时遇到熊的，对吧？

路丘：没错。

我：你们遇到熊？

梅莫：对，一头大黑熊。我们看见了它的大脚印。

路丘：安赫尔说，如果熊开始追我们，就把背包扔了，因为它只想要食物。

"你瞧这张照片，他是怎么牛饮的？难怪会没水！"（安赫尔摄）

我（不敢置信）：但你们真的看到了熊？

路丘：对，我们看到一头熊，然后在潟湖附近看到另一头熊的脚印。

梅莫：它可能跟我们一样去那里喝水。

我：你们看到熊之后呢？

路丘：当然拔腿就跑啊（笑）。我们下到溪沟再往上爬到另一边，三个人都在大喊："别停下来！别停下来！继续跑！"

梅莫：我们爬到另一边，那头熊就站在溪沟对面看着我们。

路丘：它看着我们，但什么都不能做。

梅莫：我觉得它可能更怕我们。我们一直大喊："继续跑！它会累的！"

我：你们在爬的时候，心里在想什么？

路丘：我们在想，爬上去它们就捉不到我们了。感觉就像爬山一样。

梅莫：那落差真的很大！天哪，真的大！

我：对边巡的来说呢？

路丘：边巡的才不会上去！他们怕死了（笑）。路离那里很远，他们至少得走上3千米才能到我们在照片里的那地方。他们必须把车留在路旁，开不到那里，所以他们几乎不会去那一带。

梅莫：拜托，比3千米远多了！

我：你们觉得第三次越境有让你们学到什么吗？

路丘：有，学到很多。

梅莫：尽可能避开小路。

路丘：你必须挑对你来说最难走且其他人到不了的地方。你懂我的意思吗？你要挑树、山和石头很多的地方……避开小路。那才是你该走的地方。要是挑最简单的路，你很快就会被他们逮到。

我：但那些地方对你们来说也会比较难走。

路丘：是比较难走，但他们也一样。我们爬到那座石头山时，已经在沙漠里走了大概四天。爬到那里就差不多快到象头山了。大概在那附近，我用手机打电话给家人。之后我们又走了三小时。天色开始暗了，我们可以看见图森就在远方，可以看见整片灯光。

梅莫：我们爬到更高的地方看见了图森，就说："我们就是

爬山（梅莫摄）

要走到那里。"

路丘：安赫尔开始兴奋大喊："耶！我们就快到了！"

梅莫：我们不断往前走，接着停下来把所有东西扔了。带来的夹克、衣服和袜子堆成好大一摞。我们每人只留下一双备用袜和一个背包，其余都扔了，因为背不动了。

路丘：我们什么都背不动了。

梅莫：我们只剩下一个背包和路丘的《圣经》。

堆　积

反移民分子经常提出一种种族歧视的说法，指控边境穿越者（甚至所有拉丁裔）漠视环境，爱乱丢垃圾。[1]这项指控其实站不住脚，因为我不止一次拿背包和衣服的照片给迁移者看，听到他们对于扔东西或将个人物品留在沙漠里感到歉疚与遗憾。迁移者将东西扔在路上通常有以下原因。首先，有些东西（空水瓶、食物包装、破掉的袜子或背包）是因为没用了而被丢弃。[2]其次，如梅莫和路丘先前提到的，连续行走多日之后，迁移者可能累得无法再背太重的背包。无证迁移计划研究人员经常在小路上或小路旁发现整个背包，里头还装着食物、饮料和衣服。在沙漠里不难遇到两眼迷蒙、手里只拿着水瓶的

[1] Meirotto 2012; Hill 2006; Romo 2005.

[2] 边境巡逻队、人道主义团体、猎人和徒步旅行者对索诺拉沙漠的物质文化积累也有责任。参见 Meirotto 2012; Drummond and De León 2015; De León, Gokee, and Schubert 2015。

迁移者。

　　除了疲惫，迁移者还可能被边境巡逻队或动物吓到，仓皇逃命时把东西扔了；而执法官员有时也会强迫迁移者扔掉东西才能上车。我们经常在边境巡逻队最近刚逮到人的地点附近发现装有食物、药品、衣服和身份证件的背包。我们称这些地方为**逮捕点**（apprehension site），除了背包，也经常可以见到一次性手铐和其他边境巡逻队用品，例如烟草罐、GPS 和对讲机用的长效碱性电池、弹匣和快餐包装等等。2013 年，我亲眼见到一名边境巡逻队员在阿里瓦卡的泥土路上逮捕了三名男子。二十分钟后我开车经过，发现路旁有三个装满衣服、食物和个人物品的背包。

　　不过，迁移者扔弃物品最常见的原因还是即将离开沙漠。虽然执法人员一律用**停靠点**称呼迁移者躲藏和弃置边境穿越相关人工制品的地方，但一般人通常用这个词来指称大量衣服、背包和其他物品堆积的地点。我们称这些场所为**接应点**，[1]代表着数日跋涉的结束，并且一般离"郊狼"安排车辆接人的地点不远。2009 年至 2013 年，我们记录到四十八个接应点，发现数十万件物品。这些地方可以见到大量背包和衣物，以及各式各样的卫生用品、化妆品、电子和个人用品。[2]迁移者到了接应点后，人口贩子通常会吩咐他们整理仪容，例如刷牙、喷体香剂和换上干净衣物，免得看起来像是刚走过沙漠。丢弃衣服及背包是为了去

---

[1] 有些迁移者会说那里是"捡人"（levanton）的地方，这个词在西班牙文里还有被人口贩子绑架的意思。

[2] 迁移者遗址遗留物的量化资料，参见 Gokee and De León 2014。

迁移者留在沙漠里的个人物品（迈克尔·韦尔斯摄）

除所有可能被认出是无证迁移者的罪证。可惜换衣服和上车的时间太赶、过程太乱，以致不少人会不慎遗落个人物品，像是身份证、照片或其他贵重物品等等。

空水瓶

路丘：我们（倒数第二天）晚上睡洞穴。梅莫和安赫尔睡里面，我在洞口把风。结果那些该死的"吸血鬼"（指蝙蝠）根本不让我睡（笑），一直在我头顶上飞来飞去。我们六点起床，开始上路。我们身上已经没水了，但我一看到象头山就知道方向了，因为我之前走过那里。我们穿越一座高尔夫球场，但没有喝洒水器的水，因为水里有化学物质。那里有一栋施工中的房子。我们大概下午三点到那里，开水管把整个人弄湿！我们都渴死了，我开始有幻觉，虽然周围都是沙漠，我却一直看到水。

梅莫：路丘一直说他看到水，但明明就没有。

路丘：周围只有土，其他什么都没有。

我：那是第四天或第五天了？

梅莫：对，我们没有食物，也没有水，什么都没了，只剩一个空水瓶。我们在施工中的房子休息完之后又走了5千米，突然开始下雨了。

路丘：我们那时正好走到溪沟。溪水非常急，我们就被困住了。水流得很快，掉进去的话，水会淹到这里（指着胸膛）。亚利桑那萨瓦里塔的雨真的很大。我们就快抵达终点了，三个人都很开心，精神总算又振作起来，而且轻松许多，因为有水了。

梅莫：没错，我们又笑又叫，大声吼。我们拼命胡闹，假装自己在野餐。嘿！结果就下雨了。我们只有一件雨衣，因为其他东西都扔了。

路丘：那时大概晚上九点，我们刚坐下来就下雨了。

梅莫：可怜的路丘没有雨衣，所以我跟他说："穿我的，我们一起用。"我找到一个塑料袋，就把它套在身上。我们坐着淋雨，而边境巡逻队正在找我们。我们可以看见他们开车经过。

路丘：我们那时都很有精神，因为就快到了。我们摸黑走路，一直撞到树。那里有很多大牧豆树。天色很黑，很难看清楚。

梅莫：我们撞进一片牧豆树林，差点出不来。

路丘：晚上八九点左右，我们终于遇到来接人的车了。

路丘：我们走了一整天，差不多有十五小时到十八小时。从象头山走到萨瓦里塔（距离超过 30 千米），我们真的走了很

骤雨（路丘摄）

久，而且很远，对吧？我家人都在等我。我打电话给他们，跟他们说我们到了，说我们肚子很饿。他们带我们回家，煮东西给我们吃，有墨西哥烤牛肉、饭和汽水。我们到的时候全身湿透，但总算是平安抵达，大家都很开心。

梅莫：我们很高兴终于进到房子里，脱离危险了。老天，那感觉真棒！可是我记得自己肚子好饿，喉咙像火烧一样，吞东西好困难，但我真的饿到你无法想象。

路丘（轻声说道）：是啊，好饿。

梅莫：我记得我们坐下来开始吃晚餐，我转头说："嘿，路丘，你看这是汽水耶！"我很想喝很冰的可乐，但杯子里装的不是可乐。我记得是芬达。我到现在还记得那杯冰凉的汽水有多好喝。

路丘：我们一共走了有80千米吧，我是说晚上，其余则是白天走的。[1]我们走的全是最难走的地区，看不到路或小径。我想这就是我们没有被捉的原因。全是山，大岩石和高山，边境巡逻队不会去的地方。

回　忆

我：你们提到沙漠时经常开玩笑，穿越边境时也常嘻嘻哈哈，但有时情况很严重。

---

[1] 根据粗略估计，这些人可能走了100多千米，包括途中经过的险恶地形及斜坡。

家（梅莫摄）

梅莫和路丘（异口同声）：没错。

路丘（低声道）：譬如遇到野猪……

梅莫：因为你必须想办法让自己振作。你可以当成笑话讲，但有时确实很危险。虽然危险，但你不能因此放慢脚步，即使很累。（窃笑）就像追牛那时候，我们已经精疲力竭了，一点力气也没有，但追着牛跑却让我们冷静下来，因为安赫尔那个疯子……老天，那些玩笑话！他真的让我们笑到不行。

路丘：没错，我们完全忘了自己有多累。他用那些胡扯让我们打起精神。

我：经过这些事情之后，你们对沙漠有什么感觉？

路丘：有些经历伤害很深，晚上做梦都还会梦到。没错，你会梦到在沙漠里走或梦到自己被追。

梅莫：是啊，刚回来的那几天。

路丘：梦到警察和边巡人员之类的内容，就感觉是心灵创伤一样。

梅莫：有时大白天你会忽然觉得自己好像还在穿越沙漠。

我：你们现在还会这样吗？

路丘：会。

梅莫：现在不会，但刚回来的时候，头几天会，大概八天吧。

路丘：我现在有时还有那种感觉，还会……

我：就像做噩梦？

路丘：没错，就像做噩梦，睡觉的时候会看见，感觉自己被起诉、被追捕，或我在东躲西藏，就是之前在沙漠遇到的那些事。

梅莫：后来我们有时睡着之后，路丘会醒来说："嘿，我又梦到穿越沙漠了。"我就会说："闭嘴！我暂时不想再想到那些事。"（笑）

路丘：还是忘了吧，那些回忆。

我：但你们还是有可能得再穿越边境，对吧？

路丘：是啊，他们一点小事就能把你抓起来，你永远不知道会是什么时候。他们会逮住你，跟你说"走吧"，然后你就得再次穿越边境了。

梅莫：没错，但你会更有经验。

路丘：不要不要不要，我不想要更多经验了。

"重 生"

时间转到 2015 年，距离梅莫和路丘最后一次穿越边境已经超过五年了。两人的生活算是相当平稳。他们和亚利桑那几千名拉丁裔无证居民一样，继续在移民部门的雷达底下工作与生活，靠着打零工和短期合同工为生。梅莫在农场忙活了二十年，很骄傲自己学会了新的建筑技能，包括钉石膏板、铺石板和灌水泥等等。然而，回归的过程并非一帆风顺。回美国的头一年左右，梅莫和路丘一起住在小拖车公园里，什么工作都干，酒也喝得很凶。我好几次看他们喝得烂醉，毫无理由吵起架来，害我常常必须劝架。路丘后来还是离婚了。由于拖车归妻子所有，他们两个只能离开。梅莫搬去和朋友同住，路丘则是投靠亲戚。两人还是常喝酒。2010 年跨年夜，梅莫喝醉之后跌到家后面的大排水沟里，摔断脚踝困在沟里直到破晓，因为邻居音乐开得太大声，完全没听到他在哀号。

接下来几个月，梅莫拄着拐杖没办法工作。他和路丘决定暂时戒酒，两人的友谊立刻大幅改善。意外发生后不久，他们就搬到菲尼克斯大城区一间一室一厅的公寓，两人一起住到现在。过去几年，他们熬过了经济衰退，甚至找到了还算稳定的工作，让他们不愁吃住。两人目前都是单身，但社交生活很活跃。他们在公寓所在的小区有很多朋友。虽然工作经常很难找，但两人似乎都很满足，梅莫甚至还存到钱买了辆车。我只会在一种场合见他面露不安，就是我们开车出去遇到警察或边境巡逻队公务车的时候。他会立刻坐正，直视前方，而且要我"保持正常，不要表现出害怕的样子"。

五年过去，梅莫和路丘对整件事及他们待在诺加莱斯那几个月的回忆显然受到了时间的影响。过程中痛苦的部分被淡化了，其余部分则是朝幽默和正面的方向调整。梅莫的叙述愈来愈逗趣，路丘则往往愈讲愈严肃郁闷。我感觉他们纯粹是为了我而回想那段往事。这些年来，我有时必须提醒他们一些细节，有时则会冒出新的信息。由于他们数度穿越沙漠，故事有些地方开始混在一起，有些则是遭到遗忘。和所有回忆一样，他们的回忆也在变化。

––––––

本章以梅莫和路丘最后一次穿越边境的经过为背景，证明了无证迁移考古学能为边境穿越研究带来新的洞见，让我们更加理解人和沙漠异质集合体的各种往来方式及这些互动留下的物质痕迹。

有充分证据显示考古学有助于保存这些历史事件的片段，不让事件片段因为种种缘故而从记忆中淡去，或成为美国无证移民社群不能说或不会说的秘密。考古学还有助于修正掌权者或某些人对边境穿越的刻意曲解。这些人为了妖魔化拉丁裔迁移者，特意强调过去世代迁移者的"高贵"。[1]

尽管如此，要说服美国大众接受秘密迁移留下的物质迹证很重要并不容易，而且原因还不少。2011 年，大众杂志《考古学》刊登了一则报道，标题为"北漂之路"（The Journey to El Norte），是全球最早介绍无证迁移计划的文章之一。结果有几名愤怒的读者写信给编辑，向杂志社抗议这篇报道。其中一则来信这样写道：

> 我很震惊，你们竟然会考虑刊登"北漂之路"这样的报道。那篇文章故意美化了非法移民。将这些罪犯和 19 世纪末、20 世纪初的数百万欧洲移民相提并论，对于努力让子孙过上美好生活的后者来说，根本是侮辱。我祖父母合法来到这个国家。他们不求施舍，努力学英语，最后自己开了公司。将非法移民留下的垃圾堆当成工艺品造册，好像那些破烂是

---

[1] 例如，班克斯（Leo Banks）便宣称，从边境穿越者留下的物品里看得到伊斯兰恐怖主义活动的证据。（Banks 2009）

圣物一样，简直莫名其妙。[1]

这段评论不仅显示了美国人对早期欧洲移民的历史有多健忘，还凸显了许多民众对于现代移民史及当代考古遗留怀有典型的、带着种族偏见的价值判断。那位读者在来信里对 19 世纪末和 20 世纪初欧洲新移民的历史轻描淡写，其伪善可见一斑。一百五十年前，史密斯（Matthew Hale Smith）出版了一本讲述纽约五点区（Five Points）孩童的书。五点区是当时恶名昭彰的贫民窟，居民大多是来自欧洲的新移民。史密斯在书中大叹第一代移民子女造成的社会冲击："这些孩子的爸妈是外国人。他们肮脏邋遢，身上有太多寄生虫，根本无法进学校念书。他们的家是城市里的狗窝及贫民窟，充斥着小偷、流浪汉、赌徒和杀人犯。每天清早，他们就会被大人从脏屋子里赶出来，到街上捡煤渣、骨头和破烂，还有偷东西……他们对作奸犯科了如指掌，长大后只会让危险人物数目增多。我们这里名声最坏的小偷、窃贼、抢匪与暴徒，全是外国人之后。"[2]

还有一个问题也对保存这份移民历史造成了阻碍，那就是无证者愈来愈常处于"例外状态"。[3] 移民只要从事一般公民不想做的工作，就会得到容忍；但美国民众没什么兴趣倾听这些人的声音、保存其历史或给予他们权利。这种"例外主义"弥漫在无证迁移者的生活各层面，让人不禁质疑我们国家的民主理念。诚

---

[1] *Archaeology* 2011.
[2] Smith 1869:208.
[3] Agamben 2005.

如多蒂所言：

> 即使是没那么极端的例外主义看法，我们也不应该轻视，因为那些主张可能会对承受方的个人或群体造成重创，也确实造成了莫大伤害。那些看法还会让人严重质疑我们所标榜的民主价值的深度与广度，以及我们给予拥有或没有身份证件或公民身份者的价值……这种例外主义会渗透到人们的日常生活中，影响他们个人存在与群体关系的最基本元素，它将一群人排除在社会之外，视之为"他者"或至少是其余人民的潜在敌人。[1]

这种例外主义甚至会试图抹除迁移的考古记录。

边境穿越会留下实体痕迹，但不代表后代的研究者一定能取得这份考古记录。自21世纪初期开始，联邦政府、各州和民间机构便齐心协力"清理"沙漠，每年都有数百吨迁移相关物品遭到清除，持续了超过十年。[2]美国土地管理局2011年一份报告点出这番辛苦背后的思路："清理和复原计划主要集中于美墨边境160千米内的区域……人口贩运与无证移民造成的冲击除了贩运走廊垃圾堆积外，还包括边境地带出现的非法道路、小径与把风点。自然与文化环境受到干扰，导致野生动物栖息地被破

[1] Doty 2009:84.
[2] 参见土地管理局"南亚利桑那减缓非法移民环境破坏计划"年度报告：www.blm.gov/az/st/en/info/ newsroom/undocumented_aliens.html。

坏，考古和宗教遗址受损，土壤侵蚀，外来入侵植物增加……这些后果都因为垃圾清除而有所改善。"[1]

根据联邦规定，五十年以下的物品通常不具"历史价值"，也就是没有法律可以保护迁移者舍弃掉的人工制品。讽刺的是，土地管理局提到他们努力"清理"迁移者遗址正是为了保护其他的"考古遗址"。换句话说，政府认为迁移者的物质文化是垃圾，因此抹除掉合情合理。时间若能快转到五十年后，这些物质都会变成"历史文物"而获得保护。然而，由于政治的不确定性与其中所凸显的人道苦难和政府责任，目前几乎没有人有兴趣保存这份正在成为历史的记录。

将无证迁移的痕迹视为必须清除的环境祸害，这会影响后代人取得的考古记录。这些痕迹有许多还来不及记录就被摧毁了。[2]遗址的形成跟埋葬学一样，都离不开政治。[3]历史学家多曼斯卡（Ewa Domanska）或许正是看到了这一点，才会指出试图理解过去如何被操弄并找出其在当代政治论述中残留遗迹的人，或许有能力"预言未来"。[4]

边境穿越的记忆会随时间淡去，实体证据也会遭到促成边境穿越的政治体制有系统地移除。这种移除就和尸体分解一样，是这个异质集合体所制造的暴力尾声。这个过程似乎证实了法默（Paul

---

[1] ABLM 2011:1.

[2] 有关"微事实"（micro-fact）、"最少人数"（Minimum Number of Individual, MNI）分析及如何从"被清理过"的迁移者遗址获取资料，参见 De León, Gokee, and Forringer-Beal 2015。

[3] Domanska 2005:395.

[4] De León and Gokee（审稿中）。

分解（迈克尔·韦尔斯摄）

Farmer）的看法："抹除历史可能是结构暴力建构者最常倚赖的解释手段。抹除或扭曲历史是去社会化的过程。这个过程形塑了一个关于发生了什么及为何如此的霸权（hegemonic）论述。"[1]

我坐在梅莫和路丘家窄小的起居室里，希望边境穿越者留下的叙事与物品能在遗忘或消失前被救回一部分。我问梅莫，他穿越边境那么多次有何感受？

我很珍惜那些经历，真的很在乎。我想到那些在沙漠里长途跋涉，千辛万苦只为出人头地和寻找出路的人，心里就很难过。他们在路上被人拘留、攻击或杀害真的很惨，丑恶到极

---

[1] Farmer 2004:308.

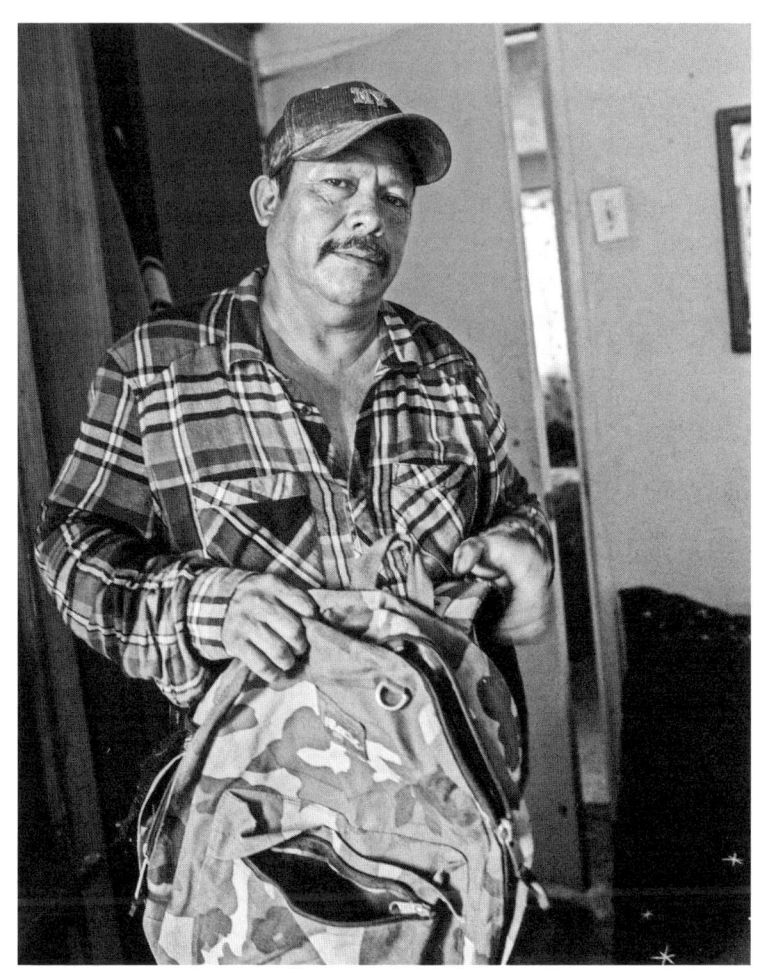

我记得（*Recuerdo*）（迈克尔·韦尔斯摄）

点。有些人会被抛下，没有人知道他们在哪里。当你终于到
了目的地，感觉真是"谢天谢地"，跟重生一样。唯有那时
你才又活过来，因此我们总是会去教堂，感谢神让我们平安
无事，跟同样来到这里的人一起向前打拼。我的目标是在这

里再待一会儿，然后回墨西哥，但得等我有本事活下来才回去。现在穿越边境非常危险……我一直留着这个背包，作为上一次越境的纪念。

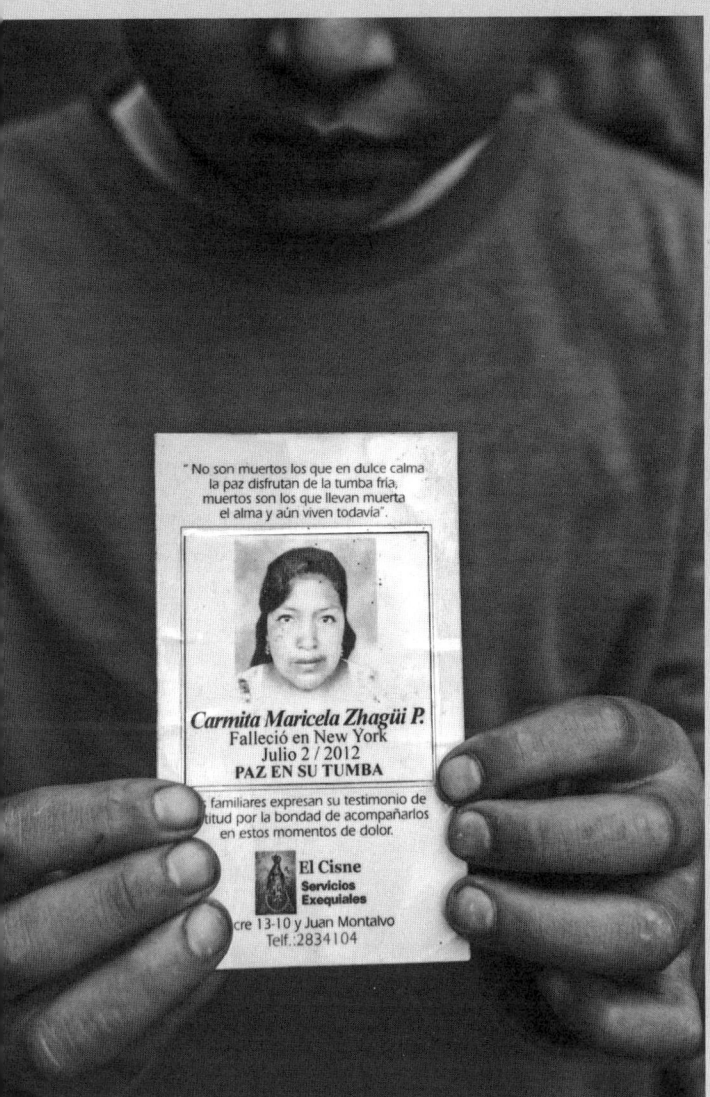

第三部分　危险地带

（迈克尔·韦尔斯摄）

8

曝 光

萨尔瓦多来的卡洛斯

2012 年 6 月 28 日，三位参与无证迁移计划暑期田野学校的学生跟着图森撒马利亚人的志愿者共事了一整天，[1]观察该组织的各项人道援助行动，并且在他们沙漠里的饮水和食物投放点收集民族志与考古资料。[2]德拉蒙德（Justine Drummond）[3]是参与学生之一，以下节录自他的访谈：

> 我们跟罗伯托（撒马利亚人志愿者）一起，他接到另外两位志愿者打来的电话……问我们能不能到巴塔莫特路，顺便带一些吃的和药物给他们遇到的一位迁移者……我们根据他们给的 GPS 坐标将车停在附近，然后往回走到他们说的地点。

---

[1] 暑期人类学田野学校是无证迁移计划的重点项目，对象是我指导过几年的大学生，并且得到田野研究中心的大力支持。更多信息请见 www.ifrglobal.org/。

[2] 参见 Drummond and De León 2015。

[3] 本章提到的学生姓名都是真名。

其中一名志愿者出来接我们，将我们带到一间小洗衣店，店里坐着一个少年迁移者，名叫卡洛斯。罗伯托、琳达和莫妮卡（后两位也是撒马利亚人志愿者）开始跟卡洛斯说话。我和另外两位同学坐得离卡洛斯比较远，跟之前陪他的志愿者聊天……他们跟我们说，他们开车经过时发现卡洛斯一直坐在路边，就下车询问。他大意是说他之前一直跟着一大群人走，然后"郊狼"说……呃，基本上就是人口贩子觉得队伍里有人生病或跟不上他要的前进速度，就直接说边境巡逻队来了，吓得所有人作鸟兽散。

混乱中，卡洛斯跟着队伍里的一名妇人。我想他还提到一个男的，他们三人应该一起行动吧，我不确定。他一直跟着他们，在被志愿者发现之前已经独自走了四小时。他和妇人分开是因为对方身体不舒服，他想来求援。他是从山里走过来的，还指了方向给我们看……于是我们坐在路边和他一起吃午餐，向他自我介绍。边境巡逻队的车不时开过巴塔莫特路。我们看不到路，但听得见车开过。

卡洛斯十九岁，来自萨尔瓦多，穿着有吉他图案的蓝上衣、灰色麂皮鞋和牛仔裤，手腕上戴着一条粉红的尼龙手环，上头写着姐姐的名字……他眼神呆滞，非常安静，但脸上挂着微笑，看起来有点疲惫，脱水得很厉害。

最后他们决定向警长报案，送他去医院……返回车上的途中，我们开始跟他聊天，问他队伍里有多少人，是从哪里出发的。他就是这时候指着洛沃峰，跟我们说他是从那里来的。

我没听到他说起那位妇人的名字。他只说自己跟两个人一起，但最先发现他的那两位志愿者不会讲西班牙语。他可能知道那两位同行者的名字，但我不确定有没有人问出来。

丢　下

这些年来，那条小路一直很偏僻。我 2009 年为了田野调查到亚利桑那踩点，头一回造访那里。当时那一带遍地杂物，到处是红牛空罐、薯片包装、肮脏的蓝牛仔裤和迁移者躲避边境巡逻队时有意无意遗落的各种物品，是个活动热区。巡逻队员和他们追捕的迁移者的鞋印还在泥土或沙上清晰可见，军靴留下的深痕和球鞋的浅印子有如马赛克交错相叠。你偶尔会在树上看到衣服碎片或刚刚折断的树枝，显示有人不久前才开路经过。从这里穿越沙漠，你知道周围并不平静，却很难看见什么。到处都有动静，却统统躲在你视线之外。

那条小路上我最初造访的几个点中，有一个后来被标作 BK-3 的地点，[1] 不只新鲜还令人震撼不已：背包堆积如山，溪沟里到处是打结的衣服。被留下的东西又新又亮。罐头不是没开，就是只吃了一半，动物和昆虫还来不及分食。水瓶里还有水。感觉就像人类学家走进陌生的村庄，他的脚步声让村民饭吃到一半全跑了。那年夏天，我们头一回在那条小路上调查，我一直提心

---

[1] BK 是基（Bob Kee）姓名的缩写，表示基在 2009 年夏天和冬天带我看过的那些迁移者遗址。

吊胆，生怕碰巧遇上躲在阴凉处休息的人。尽管那年我们没有遇到半个人，但那里显然不是只有我们。

2010 年我重回小路，迁移者遗留的许多东西都不知被哪个人或单位清掉了。沙漠去污完成，游魂也被铲除了。人类曾经偷偷占据这里的证据几乎都被清走，显然直接送到了垃圾场，没清掉的东西也大多晒白、风化或分解了。才过了一年，原本新鲜充满生气的东西受到日晒雨淋的摧残，都缓缓死去。一般人都以为塑料瓶和尼龙背包能在沙漠里永保原样，其实不然。所有东西在这里都会分解。衣服会变成碎片，只剩针脚残留。背包会消失，只留下金属拉链和聚氨酯（PU）扣环。塑料瓶会脆裂剥落，迎风飞散。等我 2011 年旧地重游，已经几乎看不到任何人类在此活动过的印记，没有半点痕迹显示这条路还有人走。

连续几年的频繁使用，让执法人员对这条小路非常熟悉。我们 2009 年在这一带标记的迁移者遗址里头，有几个大到用谷歌地球就能找到。我们都看得见了，边境巡逻队员坐在迁移者戏称为"苍蝇"（el mosco）的直升机里吹着冷气往下看怎么可能看不见。几次追捕之后，这个点就暴露了。边巡的很聪明，他们开始沿路装设动作传感器，一有人走过就立刻掌握。只是迁移者和人口贩子更机灵，直接放弃那条路线，另外找路走。那地方永远有边巡的不知道或步行达不到的峡谷或山径。我们在那里走动五年，很少遇到步行的边境巡逻队员。他们通常没有毅力和动机深入树丛，还是手拿嚼烟盒待在车里留意地面传感器响了没有比较实在。迁移者往荒野里越走越深，不少人甚至深入到再也不见踪影。

2011 年我已经跟那条小路熟得像老友一样了，很喜欢去溜达。那里是我研究的起点，我们现在用来记录和分析迁移者物质的许多考古方法最初都是在那里测试的。我还能利用那地方向学生说明之前的考古工作，跟他们开玩笑说我们绝对会触发动作传感器，很快就会有"苍蝇"飞到大伙儿头顶上。我们甚至打赌联邦政府每回出动直升机窥探人类学家、背包客和牛群得花多少钱。从考古证据来看，他们在这里显然再也捉不到多少迁移者了。

2012 年 7 月 2 日早上，我临时起意决定重访那条小路，检视其中一个被清理过的遗址。我们当时正在研究沙漠保存（desert conservation）和迁移者物质文化受到的影响，那个遗址是其中一个点。[1] 我们觉得那里应该没什么人工制品，更不会有人。我想带学生见识一下迁移物证消失后的状况。我们停好租来的休旅车，开始步行 5 千米到洛沃峰附近的一处高地，那里曾经散置了数百个背包。我们一行人吃力地在山里爬上爬下，翻过了几座山，偶尔蜿蜒下切到冲刷地，那里的沙松软到每一步都比上一步更难走。一路上，我们只见到几个背包和衣服碎片、一只饱经风霜的鞋和一个生锈的空鲔鱼罐头。

我们下切到深谷前，发现一棵大牧豆树下埋着一张破掉的黑防水布和一个水瓶。有人曾经躲在这里，但那两样东西外表都旧了。巴纳德学院的沃特豪斯（Olivia Waterhouse）是团队里比较早慧的大学生，她决定去一探究竟。她钻进林下树丛，从里头拉出绞成一团的泥泞衣服和塑料布。那东西已经有一阵子了，很难判断原本的模样。沃特豪斯继续挖，结果竟然从一堆脏衣服底下

---

[1] 参见 Forringer-Beal and De León 2012; De León, Gokee, and Forringer-Beal 2015。

捞出一条颜色鲜艳的墨西哥毯（serape）。塑料布将它保护得很好，没有受到这些年雨水和泥石流的破坏。毯子的大红与深蓝线条感觉就像新织的，和棕色沙漠形成了强烈对比。这天我们原本没期望发现任何东西，因为我们觉得这个遗址已经破败得很厉害，应该连一张记录卡都用不上，因此这条毯子来得令人意外。但我们不能将它留在这里。这种地方有这么美又这么格格不入的东西实在太稀罕了。"记下GPS坐标，然后装起来。"我说。沃特豪斯将毯子收进她的背包里，队伍继续前进。

我们离开深谷，开始上坡朝着标记为BK-5的地点走。斜坡很长、很难走，就是那种会让你强烈感觉到自己大腿和肺部的山路。坡度是骗人的，常常只有走到一半才会发现有多难爬。我们之前对BK-5做过几次记录，我也在不同树下吃过午餐。就一个近来少有人知的险恶地点来说，我觉得自己对它已经够熟悉、够亲近了。领头的学生匆匆往上爬，我们只能吃力试着跟上他灵活的双腿。但他走得太前面，以致我们差点听不见他回头大喊："嘿！嘿！上面有人！上面有人！"我看不见是什么让他大喊，但我猜可能是被丢下的迁移者，需要水或急救，因此立刻扔下背包跑上斜坡。但等我跑到他旁边，立刻从他瞪大的眼睛知道他看见的绝不是扭到脚的人。我又往前几步，总算看见那个女的。她显然已经死了。

31° 44'55"N, 111° 12'24"W

我们八人围成半圆看着那个女的。显然不是所有人都见过尸体，因为有人问那个女的是不是真的死了。学生们走到附近的树下坐着，留我思考该怎么做。我走到山顶试试手机信号。十五分钟后，我总算打通了报案电话。我告诉接线员我们在山里发现一具尸体，并给了她大概的方位："巴塔莫特路东北方 5 千米，洛沃峰附近。"但那样做没什么帮助，因为她对这一带不熟。于是我给了她 GPS 坐标，但她不晓得那些数字的意思，所以我就跟她说我们会派个人到巴塔莫特路去等执法人员，因为光靠说的绝对没办法让他们找到我们。芝加哥大学的研究生斯图尔特（Haeden Stewart）愿意跑回休旅车那里去等。我告诉其余的人我们要在这里等，但在警长来之前，我们必须记录和拍下现场。大伙儿似乎都兴致索然，我也是。

不过，这时我们多少都明白，这件苦差事非做不可。我提醒自己，既然我主持的计划以人在沙漠里的受苦与死亡为研究主题，就不能只因为伤心或厌恶就回避这个社会过程的某些部分。换句话说，我们必须仔细检视这位无名女性的尸体，尽可能多记下信息。这表示我们得拍照，而这个决定后来让我遭到一些同行的质疑与批评。他们认为我们不应该拍摄尸体，也不该放进论文或书里。的确，读者看到会不舒服，但这样才好，因为我们身为研究者也会不舒服，而且一直如此。当我们开始觉得这种死亡没有什么，那才应该担心。我开始拍她，因为我觉得必须保存这种死亡的特写，替不在场的人记下这一刻。

但我也清楚，再怎么立意良善，传播这类照片仍然可能带来危险和道德争议。苏珊·桑塔格就警告："拍照者的意图无法决定照片的意义。照片自有其生命历程，会随使用群体的突发奇想或忠实程度而漂流。"[1] 我控制不了这些照片的生命，也无法决定观看者如何解读。我只希望这些影像能成为无法否认的物证，证明有个女的死在 31° 44'55" N, 111° 12'24" W，而目击者亲眼见到她死去的"血肉之躯"。[2]

———————

她趴倒在地上，看来死亡前因上坡而气力耗尽。为了爬到这里，她一口气走了起码 65 千米，可能还越过了图马卡科里山。她穿着普通的棕白两色慢跑鞋、黑色弹性长裤和长袖迷彩上衣。你可能以为这种上衣是猎鹿人穿的，但迁移者和"毒骡"这几年也跟上了潮流。棕绿相间的图样和这个时节的索诺拉沙漠完美融合。她脸孔朝下，暴露在陡峭的斜坡上，代表临死前可能还在忍痛攀爬，而后突然断气。这样陈尸在小路上，显示她可能是孤零零死的。

她身体已经僵直，手指开始蜷曲，脚踝肿到感觉鞋子随时就要崩开，裤子屁股处有排泄物，还冒着古铜色的泡沫，应该是死时喷出的。没想到这幅景象竟然让人无法将目光移开。她才死去几天，尸体处于法医人类学所谓的**腐化初期**："体色呈灰到绿，部分肌肉还算新鲜……躯体膨胀……手脚呈棕到黑。"[3] 这番描述完全不足以形容尸体在沙漠里的实际样貌、味道与声响。没有

———————

[1] Sontag 2003.
[2] 有关尸体照片的讨论，参见 Barthes 1981:78–79。那个地点有悼念神龛，所以我对坐标做了更动。虽然地方偏远，神龛却数度遭人破坏，很可能是背包客或猎人干的，包括砸毁相框、撕碎玛丽塞拉和家人的合照等等。
[3] Galloway 1997: table 1.

任何话语做得到。在沙漠的寂静里，你可以听见苍蝇嗡嗡作响，忙着在她身上和体内产卵，还有她鼓胀的胃不停嘶嘶排出胀气，宛如缓缓泄气的轮胎。

翅膀僵硬的火鸡秃鹰有如黑色纸飞机，在高空绕着尸体自在盘旋。我数了一下，至少有四只，忍不住赞叹它们来得真快。2012年的这个时候，第一轮法医实验刚进行了两周，我才看过鸟啄食猪尸体的影像。看见它们在上空飞舞令人很不舒服，我努力当作没发现。我走近尸体，慌乱地做起田野笔记："没有背包或明显的个人物品……肩膀和脸下方压着一瓶电解质液。"我弯腰检视，风忽然扫过她的身体，一股甜气和腐尸味瞬间灌入我的口鼻。是死亡（*la muerte*）的味道。

尸体在酷暑下曝晒多日，已经起了变化。她的皮肤开始发黑、木乃伊化，外表特征也因为身体肿胀而模糊了一些。虽然有几处已经变成陌生的形状及颜色，但那乌黑的头发和右手腕上的发圈还是保留了几分原本的她。我凝视她的头发。发丝柔顺，色泽如黑曜石般，可能是我见过最黑的头发，那质感仿佛她还活着。我想伸手摸她，但没办法。她已经死去太久，我知道她的皮肤摸起来不会像人的皮肤。我想看她的脸，但不敢翻动她。这是"犯罪现场"，我不想破坏证据。我开始猜想她在世时的模样。她待人和善吗？笑声如何？是什么逼她走进这片沙漠？我拍照她会生气吗？最后我让沃特豪斯把我们找到的那条毯子拿出来盖住她。这让我们这些活着的人好过一点。

我走到离尸体不远的树下，和学生们会合。所有人都没有说话，只有微风拂过附近的牧豆树枝，偶尔打破紧绷的沉默。突然

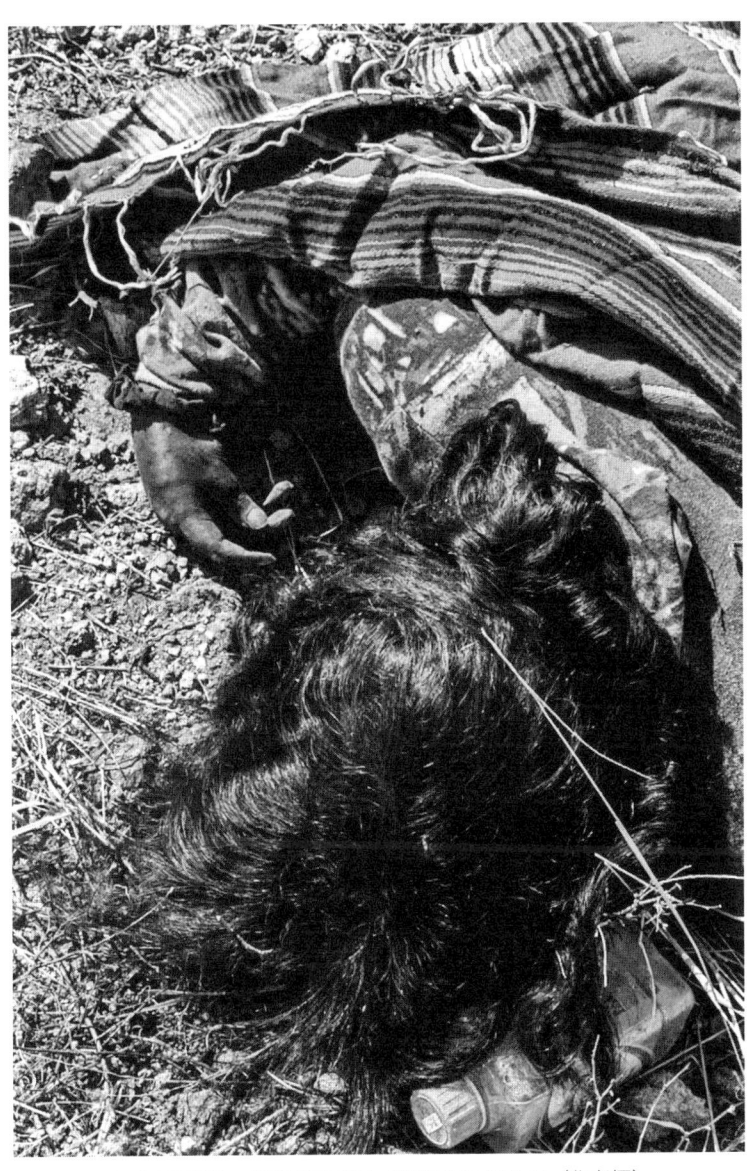

31° 44'55"N，111° 12'24"W，2012 年 7 月 2 日（作者摄）

等待（作者摄）

有人放声大哭，坐在旁边的伙伴立刻献上拥抱与安慰；其余的人则是重重叹息，还有一个人气冲冲走开想要独处。我们感觉在那里坐了几百年。秃鹰继续耐心地在上空盘旋，既被下方这些人类的心中小剧场牵连在内又对此漠不关心。它们只知道我们坏了它们的午餐计划。

我想对其他人说些安慰的话，让眼前的死亡变得平和与庄严，但这样想很可笑。面对这种情况，你说什么都很假。几个月后，我演讲完被一位听众堵住，批评我拍下那个女子的尸体有辱死者的尊严。我答道，迁移者在索诺拉沙漠遭遇的死亡根本毫无尊严。这正是重点所在，正是"威慑预防"的真面目。这些照片本来就应该让我们不舒服，因为此时仍然有人陈尸沙漠，却没有足够的目击证人。这才是令人不安的现实。这种不被看见是沙漠异质集合体制造的痛苦与死亡暴力的关键要素。帕奇拉特（Timothy Pachirat）就指出，在我们生活的世界里，"权力借由创造距离和隐藏而运作。我们对'进步'和'文明'的理解不仅和隐藏（但不消除）那些愈来愈被看成身体和道德上令人反感的事物密不可分，甚至已经和这种隐藏成了同义词"。[1]因此，这些照片既让意在杀人的美国边境查缉政策的人道冲击浮上台面，又坚实证明了我们无须远赴"异地"也能"直面死亡与临终"。[2]死人就在我们自家后院，他们是主权磨坊的人类原料。想在死人被异质集合体抹除之前瞥见他们全凭"运气"。

穿越沙漠边境既残酷又严苛，迁移者往往因为体温过高、脱水、中暑和其他相关症状而缓缓地痛苦死去。将这些死亡描绘成其他样子，不仅否认了沙漠里的严酷现实，对亲身经历者也是帮倒忙。巴特勒（Judith Butler）提醒我们，美国民众很少有机会看见这类照片，以免引发内部反弹或坏了民族主义者的事："有些影像不会出现在媒体上，有些死者的姓名不会有人提，有些失去不会被当成失去；暴力被分散、去现实化……我们加诸他人的暴力永远只会选择性地呈现在民众眼前。"但我不晓得本书的读者看到女人尸体的照片会有什么反应？是难过或嫌恶？得知美国边境查缉内幕所带来的冲击是否更能促成政治行动？这些影像能否在情感上更有效地渗入美国民众的意识？还是如诗人多尔

---

[1] Pachirat 2013:14.
[2] Sontag 2003:70.

蒂（Sean Thomas Dougherty）提到卡特（Kevin Carter）那张声（恶）名远播的（秃鹰守着苏丹挨饿小孩）照片时写到的，这些照片所描绘的暴力最多只成为一种令人赞赏的"美学"。[1]

在那个尘土飞扬的午后，我最后只是这么说："至少我们比秃鹰快了一步。"

"身 体"

斯图尔特和另一名学生花了近五小时才接到警长，带他回陈尸地点和我们会合。迁移者一旦丧命，便不再归美国联邦政府管辖，而是交由所在县处理，但边境巡逻队通常会提供郊区执法人员后勤支持。这回是警长一人带了三名边境巡逻队员同行。其中两位比较年轻，另一位更资深。他们从公路旁出发，拖着一个装有越野脚轮的担架走了 5 千米来这里。

警长很客气。他很清楚我们六人已经陪着尸体枯坐了好几小时，肯定会盯着他的一举一动，确保她会得到妥善处理。警长显然不是头一回面对这种情况。他迅速戴上浅蓝医疗手套，拿出傻瓜相机拍了几张照片，然后记下尸体所在的 GPS 坐标。

"她身上的毯子是原本就这样的吗？"

"不是，是我们盖上的。"

"她有携带任何物品吗？"

---

[1] Dougherty 2006:609.

"除了那瓶电解质液就没看到什么个人物品。"

"好，我们该移动她了。"

调查就这样结束了。没有靠近尸体翻找个人物品，也没有检查小路，看有没有其他人或尸体，就拍了几张照片和记录坐标，前后只花了五分钟。

警长转头吩咐那两位年轻的巡逻队员，一位是墨西哥裔，一位是白人，要他们帮忙搬尸体。资深警员弄了弄战术背心上的装备，接着朝山顶走去，显然不打算参与下个阶段。那两名年轻巡逻队员显然对眼前的景象感到很不自在，尤其是那个白人。沃特豪斯问他年纪。"二十二岁。"他说。我们里头有四位学生比他还大。警长将医疗手套递给两名年轻人，接着便开始计划该怎么搬动她。"希望不要我们一抬，她身体就爆了。"他说。白人巡逻队员紧张地笑了笑，似乎分不清对方是否在开玩笑。

他们将担架推到她身旁，白色尸袋放在地上。"我们要先将她翻身放进尸袋里，因为会有东西流出来。"警长告诉巡逻队员，接着便抓住她的手臂和肩膀，两名巡逻队员则是弯腰抓住她的脚。白人队员一靠近尸体，就嗅到肌肉腐烂的臭味，立刻放开她的双脚往后退，开始干呕。他眼眶湿湿的，拼命忍住呕吐的感觉，随即开起玩笑，说什么"恶心死了"，结果发现我们八个人都冷冷瞪着他。眼前的景象无疑非常讽刺：边境巡逻队成天用"身体"称呼迁移者，[1]结果一堆队员根本没准备好面对死掉的身

---

[1] Maril 2004:262.

体。警长面色严厉地瞟他一眼，要他识相点。"好了，数到三就翻身。"他们弯下腰，动作僵硬地将她翻了过来。

翻身后，我看见她残余的脸。那景象非常吓人，完全看不出人样。嘴巴成了扭曲发紫的黑洞，掩盖了其他五官。我看不到她的眼睛，因为那嘴巴让人移不开目光。唇边的皮肤松垮变形，有如融解一般，鼻子凹陷又膨起。她死时面孔朝下，头颅肌肉变软而被压成泥土和石头的形状，整张脸铁灰中带着豆绿，曾有的美丽与人味消失殆尽，成了开口呐喊的食尸鬼。那幅景象只要看了，就永远在你心里挥之不去。

他们将她流汤的尸体装进袋里，拉上拉链，但还需要抬上担架。虽然她已经被白塑料布包着，两名年轻的巡逻队员摸到她还是一脸不自在。我看他们一直抓不住她，便上前帮忙抓住她的脚，感觉那脚踝跟咖啡桌脚一样硬。我们齐心协力将她抬了起来。这时又来了一名边境巡逻队员。我们将她放在他开来的沙滩车上，车就开走了。我们收拾东西，默默走那 5 千米路返回车上。

法 医

图森区南部发现的迁移者尸体都会送往皮马县法医室处理。自 2000 年起，皮马县法医室平均每年接获 184 具迁移者遗体；截至 2013 年 1 月，这些遗体当中仍有将近 900 具未查出身份，也无人领回。[1]替这些尸体寻找姓名并不容易。沙漠的环境条

---

[1] Reineke 2013.

件让人体组织很容易分解，动物也会迅速肢解骨头，四处扔弃，而迁移者身上往往没有便于辨识身份的证件。皮马县法医室雇用了一小群人类学家，不眠不休追查遗体身份，并协助失踪者家属报案。赖内克（Robin Reineke）是其中一位文化人类学家，自 2006 年起便一直在协助失踪者与死者家属。2013 年，她成立了非营利组织科利布里人权中心（Colibrí Center for Human Rights），协助迁移者家属找到他们死于迁移途中的家人。我们交情很好。发现尸体的几周前，她才招待我的学生参观她的办公室。

参观法医室会让人心情好不起来，因为你会被迫直面迁移者的死亡与尸体无人认领的孤单。目睹官署贮存被动物啃过的人骨

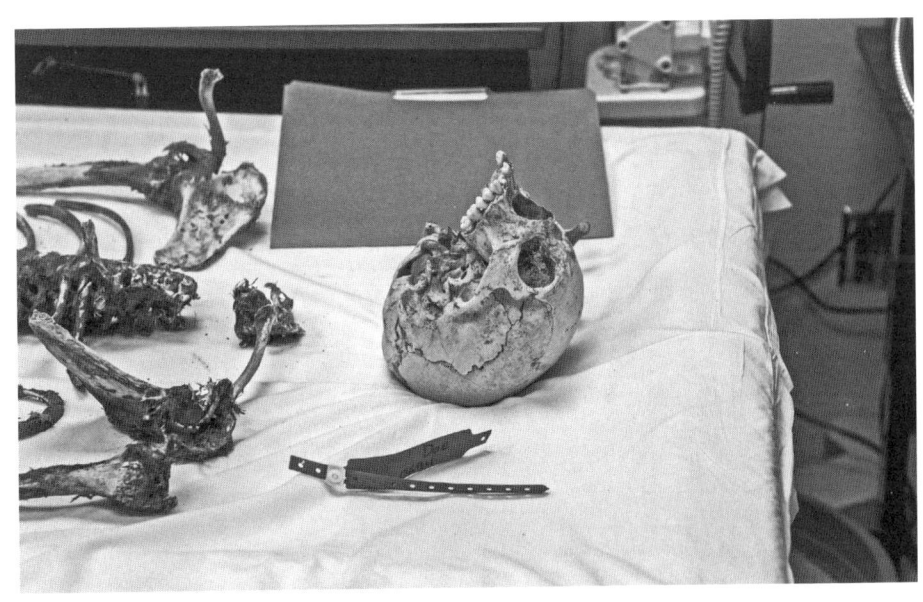

皮马县法医室里的无名骸骨（迈克尔·韦尔斯摄）

和流汤发臭的尸袋的地方，不仅在情绪上难以接受，生理上更让人作呕。但对某些访客来说，最难面对的却是那个保管无名尸体个人物品的无窗小房间。就算尸体腐烂的酸臭不会让你昏倒，看见那些从无名尸体身上取下的友谊手链、皮夹大小的婴儿照片或祷告卡也往往会让你受不了。那些物品或许会让人情绪激动，却不一定能告诉你死者生前的模样。法医室的人可以做证，迁移者往往不是携带伪造或盗用的证件，就是根本没有证件。[1]我们发现的尸体直接被送来这里，存放在其中一格冰柜中。她没有身份证件，也没有个人物品。

那天晚上，我打电话给赖内克，跟她说明了事情经过。她答应事情有任何进展会立刻通知我。两周后，我收到一封邮件：

嗨，杰森：

简单跟你更新一下你们发现的那名女士的状况。

她的编号是 12-1567，目前仍然身份不明。我刚和图森撒马利亚人的一名职员聊天……她跟我说了一些蛮有用的信息，跟那位萨尔瓦多少年留下先走的人有关。底下是她在电话里跟我说的内容，有哪里需要修正或补充的再告诉我。

2012 年 7 月 17 日，我接到图森撒马利亚人一名职员来电，她和 12-1567 号尸体的发现者有联络。她说尸体发现前一天，[2]他们有几名志愿者在那一带（离阿里瓦卡路 7 千米以

---

[1] De León, Gokee, and Schubert 2015.

[2] 这里日期差了四天。遇到卡洛斯的日期其实是 2012 年 6 月 28 日，发现尸体是在 7 月 2 日。

无名尸体的个人物品，皮马县法医室（迈克尔·韦尔斯摄）

上）遇到一名萨尔瓦多来的年轻人，名叫卡洛斯。

他说他刚抛下两名急需医疗救助的同行伙伴，分别是：三十八岁的玛塞拉·哈圭波亚（Marsela Haguipolla）[或是玛丽塞拉·阿圭波亚（Maricela Ahguipolla）]，来自危地马拉或厄瓜多尔；还有一位老人，姓名为托尼·冈萨雷斯（Tony Gonzales），来自厄瓜多尔。老人七十岁……不确定他们和 12-1567 是否有关，但很有可能有关。

我会联络危地马拉和厄瓜多尔领事馆，查询新近的失踪者名单。

看来卡洛斯还是知道他们的名字。

9

忘也忘不了

皇后区

位于皇后区杰克逊高地中心的罗斯福大道喧嚣扰攘，飘散着唯有纽约能孕育出的街头流浪儿气氛。它是全美种族最复杂的街区，也是厄瓜多尔裔移民的大本营。我跟克里斯蒂安约好在罗斯福大道和 82 街口地铁站正下方等他。我焦急地来回踱步，在茫茫棕色面孔里寻找他的脸庞。我们没见过面，我不晓得他的长相。我扫视来往的行人，试着想象他的模样。从电话里的嗓音判断，我觉得他应该个子颇高，年近五十岁，外表像是建筑工人，穿着沾满水泥的连身工作服和咖啡色钢头靴。十分钟后，我看见一名留乌黑短发的三十岁出头的男子朝我走来。我察觉他神色有点提防。我不怪他，因为我也很紧张。克里斯蒂安比我预想的年轻，我有点惊讶他竟然穿着合身的麋鹿牌 T 恤和颜色鲜艳的网球鞋，手里还拿着苹果手机。他一身打扮完全不像打零工的蓝领阶级，而是拉丁裔的都市精英。

没聊多久，我就得知克里斯蒂安是 1990 年代末厄瓜多尔经济崩盘后涌入美国的数十万移民之一。和秘鲁那一场劳民伤财

克里斯蒂安（迈克尔·韦尔斯摄）

的边界战争，加上出口收入下滑、紧缩措施过严、债务增加和政治动荡，导致厄瓜多尔陷入百年多来未曾见过的经济危机。[1]十年内贫困率飙涨至40%，1993年到2006年间估计有90万厄瓜多尔人永久离开家园，前往美国、西班牙和其他西欧国家找工作。[2]雅基施（Brad Jokisch）和普波斯基（Jason Pribilsky）就指

---

[1] Jokisch and Pribilsky 2002:76.
[2] Pribilsky 2012:327.

出："在 1999 年到 2000 年这短短两年内，就有 26.7 万名厄瓜多尔人净移民。汇款总额更从 1997 年的约 6.43 亿美元升至 2001 年的超过 14.1 亿美元。"[1]

1999 年至 2005 年的移民潮中，一共有近 13.7 万名厄瓜多尔人迁移至美国，[2]克里斯蒂安也是其中的一员。他 2001 年来到美国东北部，目前估计有 42.57 万名厄瓜多尔人聚集在该地区。和当时许多同胞一样，克里斯蒂安十几岁就离开怀孕的女友和生活拮据的家人出国找工作。过去十多年里他不断汇钱，在老家盖了一栋自己不曾造访过的房子，供应自己不曾牵过手的儿子吃穿和读书。[3]

上述细节是我后来和他数次电话访谈及造访纽约时听到的。但在首次会面的这天，我们俩依然完全陌生。

克里斯蒂安在自我介绍。头顶上方地铁列车经过的轰隆声加上白天车流的嘈杂，让我们几乎得用喊的才能听见对方。我问他哪里有安静点的地方可以说话，他推荐附近一家厄瓜多尔餐馆。下一秒我已经和他隔桌对坐，努力向他解释我为何而来。"谢谢你答应跟我见面。我知道这有点诡异，但就像我在电话里说的，我从厄瓜多尔领事馆得到你的联络电话，所以想见你一面，因为我是发现玛丽塞拉遗体的人。"

一阵尴尬的沉默。

我接着往下说："我想，我这样做是因为我想认识她和她的

---

[1] Jokisch and Pribilsky 2002:76.
[2] Bertoli et al. 2011:59.
[3] 可参见 Pribilsky 2001:255。

家人。我想让你知道我们发现她的过程，而你有想问的事，我或许也能回答。我正在写一本跟迁移者在沙漠里的遭遇有关的书。我想征求你的同意，让我在书里介绍她的故事，还有她失踪时家人的感受。"

虽然我们之前已经通过几次电话，我刚才讲的那些事他都知道，但我还是不晓得见到本人时，他会有什么反应。但没过几秒，克里斯蒂安就直视着我说："我跟他们说了好几遍，跟他们说越境很危险，说我不希望玛丽塞拉过来。他们却以为我只是不想让弟媳来这里找工作。其实我是因为自己的遭遇。我知道穿越沙漠会遇到什么，真的很恐怖……你绝不会相信我遇到了什么。我不希望她经历一样的事。"

虽然对克里斯蒂安和许多非法入境美国[厄瓜多尔人的说法是"走那条路"(*por el camino*) 或"过草原"(*por la pampa*)]的非墨西哥人来说，索诺拉沙漠真的很可怕，不过那已经是他们艰辛旅程的最后一段路了。从出发开始，他们的迁移可能长达数周或数月之久。[1]厄瓜多尔人和其他非墨西哥人有时得支付一万美元以上给带路人 (*pasador*)，协助他们偷渡多个国家。[2]美国联邦政府 2013 年遣送出境的迁移者有 31% 为中南美洲人，

---

[1] 参见 Pribilsky 2007:161-171。

[2] 普波斯基指出，就他 2001 年的访谈记录，厄瓜多尔人付给人口贩子的最高费用是 13500 美元（Pribilsky 2007:164）。根据访谈厄瓜多尔迁移者得到的口述资料，2014 年的偷渡费用平均每人大约 12000 美元。墨西哥迁移者 21 世纪初的偷渡费为 2000 美元到 3500 美元之间（Cornelius et al. 2008:6）；根据我 2014 年的非正式调查，费用提高到 3000 美元至 5000 美元，视越境路线和方法而定。

并且似乎逐年增加。[1]这些迁移者会使用各种方法穿越多国边界，如步行、奔跑、乘坐竹筏过河或坐在货物列车顶上等等，[2]最终来到美墨边境，踏入沙漠试试运气。从我们首次会面到随后几次在纽约对谈，克里斯蒂安陆陆续续回忆当年穿越沙漠的细节，而我也逐渐明白他为何坚决反对自己的弟媳玛丽塞拉迁移到美国。

在接下来的篇幅里，我选择用克里斯蒂安自己的话来叙述他的迁移经历，尽可能不加干扰或打断。这样的叙事话语转移有两个理由。首先，由他本人来说比我能做的任何民族志诠释或总结都来得真实。如我在书里不停强调的，没有什么能取代边境穿越者的内部观点。其次，借由将他的话推到台前，我希望弥补坊间缺乏无证迁移第一人称自述的不足，尤其是南美洲移民。人类学家杰克逊（Michael Jackson）在他介绍乌干达、布基纳法索和墨西哥迁移者生命经验的新作里写道："人对于自己的理性魔力有一种执迷，总想让世界变得可以理解。若想避开这道陷阱，就不能将能言善道的'我们'直接投射在'他们'身上，而是必须不断用多重变动的实际生命经验加以检验。"[3]虽然我加入了简短的分析与补充，有时也用脚注说明，但本章主要还是让克里斯蒂

---

[1] 参见 Trevizo 2014。这 31% 包括非法穿越边境被捕的人，以及多次违反移民法或潜逃而未到庭受审的迁移者（ICE 2013）。美国移民及海关执法局 2013 年度将 357422 人遣送出境，其中 31% 来自中南美洲；厄瓜多尔迁移者有 1616 人，约占 0.05%（ICE 2013）。

[2] Martínez 2013.

[3] Jackson 2013:4–5.

安自己发声，让他有机会带领我们理解他的世界。[1]

"忘也忘不了"

克里斯蒂安：玛丽塞拉离开我家乡那天，怎么说呢……我想她是抱着希望，心里怀着很多目标，梦想着到这里来。她有很多梦想要实现，一心只想来这里。但她也是带着心碎来的。跟我 2001 年那时一样，出发的第一天非常痛苦。我根本不想来纽约，是我姑姑想来。我和女友处得很好，就是孩子的妈。她那时怀孕，我们很快就会有儿子了。我很高兴。我很想结婚、找工作，赚钱拉扯孩子长大。我想跟他一起生活。我那时想的就是这些。后来我们决定过来，我姑姑说："这样对你儿子、对你老婆、对你爸妈都比较好。"我母亲生病，父亲赚的钱很少。

我们家是一间很小的泥砖屋。政府计划开一条大马路穿过我们那片区域，我们连仅有的窝都保不住。我一直在想这件事。万一发生了，我们该怎么办？我爸妈能去哪里？我和我的兄弟姐妹又能去哪里？所以我才决定来这里，为了盖一间房子。我妹妹叫瓦妮莎，她现在已经长大了。我很爱她，希望她能读书。我们都没有上过学，因为根本没钱。我一直在想她的事。我想替她办十五岁礼（*quince años*）。那里有太多事不可能发生，有太多事我想做却做不到。我一直在想这

---

[1] 克里斯蒂安的谈话全是译自西班牙语。

些事，最后我说："我去。"我让爸爸替我筹钱，他问我爷爷奶奶能不能拿地去抵押。没错，我决定要走。

我： 你打算要走，心里有什么想法？

克里斯蒂安： 我就是相信神，求祂帮助我。我跟祂说我是为了爸妈和儿子去的，很快就会回厄瓜多尔，顶多两三年。

我那时在睡觉。第一架飞机撞上去时，大概是早上七八点。我奶奶跑进来，要我赶快开电视。她说："纽约出事了。"她边说边哭，因为她有两个儿子在那里。那对我们厄瓜多尔人和全世界都是大事。事情发生后，家人不希望我去。我考虑过，但觉得那里肯定会有很多工作。我心想要是去纽约，就能帮忙清理被毁的房子，因为非法者在那里能做的也就只有建筑工和清洁工。我觉得自己可以从建筑工开始。"9·11"事件后过几天，大概是16日或17日，我们就出发了。

我离开对瓦妮莎影响真的很大，因为我们总是腻在一起。我那时有工作，经常带她去购物，帮她买衣服，买洋装。她那时还是小女孩，在家里就像小公主。我对她就像对自己的女儿，什么都想给她……我离开那天真的很难过。我不想叫醒她。我天一亮就走了，她还在睡觉，我只吻了她的脸就离开了。我越境时一直想起她。到了路上，我们上了一辆卡车，但我只能坐车斗，因为前座没位子了。车子在路上奔驰，我看见她就坐在我旁边。我想象她在车上。那种感觉好难过，我忍不住哭了。我儿子那时还没出生，瓦妮莎是我最爱的人。这种事会在你心里烙下印子，忘也忘不了……我离家时十七岁，从墨西哥到美国时已经十八岁了。

过草原

克里斯蒂安：我们先去（厄瓜多尔的）瓜亚基尔，然后从瓜亚基尔飞到秘鲁，再从秘鲁飞巴拿马，从巴拿马搭巴士到哥斯达黎加，接着去尼加拉瓜、萨尔瓦多和危地马拉。在秘鲁和巴拿马，他们对我们很好。我们住旅馆，因为扮成观光客，所以还有行李，穿得也很体面，免得有人指指点点。我们口袋里有钱，感觉像来度假。但一到哥斯达黎加，老天……怎么说呢……我们在哥斯达黎加渡过一条河之后，事情就急转直下。我还以为（纽约）很近了，心想"我们就快到了！"我们才过一条河，我就以为我们到纽约了！（笑）

我们到哥斯达黎加之后，曾经穿过一片甘蔗田，结果有蛇！天哪！我们跑到一间很小的屋子里。我们必须在那里换衣服，因为穿得太好了。他们给了我们另一套衣服，然后要我们钻进车子的后车厢。六个人挤在一起。我们就是这样到尼加拉瓜的。我们在后车厢里挨了六个小时。我永远不会再试一次……老天，他们车开得好快，好恐怖。要是发生车祸，我们一定全死光……姑姑和我现在几乎绝口不提这些事。我只要想到就会受影响，觉得很难受。

我想是洪都拉斯吧。他们把我们带到丛林的一间房子里。我们在那里待了一个月，哪儿都不能去。从那里，他们把我们带到危地马拉。我们一接近墨西哥边界，他们就开始对我们很恶劣。他们带我们到一位女士家，那房子真的很漂亮。我们以为会住里头，结果没有。他们把我们关在后院的鸡舍里，跟老鼠一起睡。里头到处是泥巴，床底下有大老鼠打架，晚上还有蟾蜍发出各式各样的声音，而且热得要命。我们不能离开鸡舍，只能从木板缝隙看到外面，看到那位女士煮饭的地方。她会做薄饼和炖豆，我们必须付钱。我们在那里睡了两晚。之后他们把我们打扮成危地马拉人，让我们穿得好像当地人，女人一律换上长裙和短上衣。我们走到苏恰特（Suchiate）河边，因为已经非常近了。他们说："要是有人问，你们就说是来购物的。"我们坐上轮胎做成的皮筏，他们用桨划水，把我们送到墨西哥的恰帕斯。

我们来到一座城的郊外。他们把我们带到一栋房子的顶楼。老天，那里简直热得不可思议。我们在那里待了一晚，隔天就离开了。他们又让我们搭出租车，三人一辆分乘两部车。他们说："我们一停并说躲起来，你们就要躲起来。我们会拉下椅背，你们就要钻进后车厢。"只要经过检查哨，我们就得那样做。他们还告诉我们该说什么。我们必须知道总统是谁、货币名和国歌。我们还学了几句墨西哥话，像是"操"（chingada）、"没错"（odelay）和"操你妈"（chinga su madre）。后来他们把我们送到海岸附近，但我不晓得是哪里。

墨西哥万岁，笨蛋！（¡Viva México, cabrones!）

从危地马拉到墨西哥索诺拉的诺加莱斯，直线距离超过2570千米。许多走过这段跨国"长征"的非墨西哥迁移者都会告诉你，如此遥远的一段障碍赛跑比沙漠危险得多。那些跟克里斯蒂安和她姑姑一样有幸找到向导同行的人，将会发现自己被一个又一个人口贩子转手，人身价格也跟着变动。[1]这些无证迁移者完全任人摆布，既是违法的化身，又被贬为必须用尽办法走私的货物。[2]这趟秘密旅程通常包括棋盘式的移动，在不同的"安全屋"、鸡舍和肮脏的阁楼落脚，外加各种别出心裁的交通方式与伪装。途中迁移者还必须竭力避免落入"鲨鱼"口中，因为在这条路上被当地人、黑帮和执法人员绑架、抢劫、攻击、强暴或杀害是家常便饭。对中南美洲人来说，墨西哥本身就是移民查缉异质集合体。

克里斯蒂安：在墨西哥，我们待在一位女士那里，她起初对我们很好。我不晓得后来发生了什么，但过了一周半左右，她开始对我们很坏。我猜是我们的家人或"郊狼"没给她钱。她养了一只大狗，不让我们离开房间。我们不能出去。后来过了三周左右吧，离开的时候到了。那位女士说："他们付了钱，我们会带你们到水边搭船，之后你们再坐火车。"接着他们跟我们说："听着，你们都要去搭船。我们会给你们救生衣，这样掉到水里才不会没命。"我们心想："好吧，至少他们给救生衣。"可是等我们到了水边，他们却只给了我们垃圾袋。我们问："你们给我们这个做什么？"他们说："这就是救生衣。"

---

[1] 没有向导的迁移者处境危险得多，因为有人带路起码有些保障。克里斯蒂安就提到了，人口贩子不止一次让他免于被抢或被攻击。

[2] Coutin 2005.

起初船开得很顺。我们到了海上，感觉很棒。我那时才十七岁，跟电影《泰坦尼克号》一样张开双臂坐在船头，因为风在吹（笑）。空气很好，很舒服。

但傍晚六点刚过，另一艘船朝我们开来，感觉像巡逻队。他们说自己是强盗，要抢劫我们。我们的船驾驶员在吸毒。他拿起白粉吸了一下，然后把粉聚拢，又吸一下。吸完第三下时，他只说了一句（用墨西哥口音）"抓紧了，笨蛋！（*¡Agarrense, cabrones!*）"接着油门推到底。他高声大喊："小心摔出去，小心摔出去！"他油门一推，所有人都跌在甲板上。船飞了起来。这下我们终于明白为什么要发垃圾袋了。垃圾袋是用来罩住身体的，因为水会飞进来。我们都像冲澡一样，身体全湿了。所有人都在尖叫、大哭，说自己就要死了。我们吼着要驾驶员停下来，但他没理会。感觉好恐怖。我们发现自己在大海中央。天色很黑，驾驶员突然把船停下来说："所有人下水，我们快到岸边了。"于是我们跳进海里。我姑姑跳进海里就消失了，看不见人影。我拼命打水转圈找她。

最后我总算找到她了，我们一起游到岸边。可是岸上非常泥泞，而且到处是刺。我们没有穿鞋，又必须跑过海滩，所以脚都受伤了。之后向导告诉我们："那里有条路，你们必须沿着路走。你们会遇到一间小屋，在那之前绝对不要停留，因为这一带住了不少人，他们可能会抢劫或枪杀你们。"我们一直跑到小屋，中途都没有停。小屋里有个老人，大家都喊他"爷爷"（*abuelo*），他说我们可以躲在那里。于是我们就进去睡觉。我们身上都是泥巴。他告诉我们必须在这里等一阵子，火车[1]破晓才会来。

老人带我们到火车会经过的地方，从小屋步行大约五分钟。"只要车一停，"他告诉我们，"就立刻上去。"那地方都是芒果树。爷爷要我们爬到树上把风，看有没有人从其他农场过来，有没有移民官员或警察正在靠近。只要看到火车来了就要立刻下来，想尽办法跳上火车。

我姑姑在树上哭。她整趟路都在流眼泪。她一直很紧张。她很想回家，但又想到她在厄瓜多尔的孩子，还有她想让他们上学。除非她穿越边境，否则就不用想了。我们有几次真的考虑回家，但又想到自己付了那么多银两（*plata*），每个人要 12000 美元。我们没有钱，只好拿爷爷的地去抵。要是回去，爷爷就没有地了。

过了不久，火车来了，我们立刻跳上去躲了起来，坐在车厢之间。我们刚躲好，火车就开始前进了。我们只要经过城市或小镇就会躲起来。他们告诉我们，只要车长停车或鸣笛，我们就要下车躲起来，因为那表示检查哨到了，警察会上车搜查。车长确实停车和鸣笛了，但不是完全停住，只是慢下来，但速度还是很快。虽然火车还在动，但我们就必须跳车。

---

[1] 迁移者称呼他们偷搭的墨西哥货物列车为"野兽"（*la bestia*）。虽然搭火车穿越墨西哥相对迅速，但这种交通方式很不牢靠，上下车或列车脱轨时很容易受伤或死亡。此外，警察和盗匪经常会在火车行进间或短暂停靠时攻击迁移者。

我们每到一个地方，就会换人接应。火车上有个小孩，他是我们的向导，我们跳车后他负责带路。我们走着走着遇到一间鸡舍，便钻了进去。我们满身泥土，又湿又脏。向导说我们得梳洗一下，天黑时进城（*pueblo*），他们会给我们衣服和食物。天色暗了以后，我们走到那个小城，心里很害怕，因为感觉很多人都想抢劫我们。[1] 我们到了一间房子，洗了澡，他们给了我们新衣服。接着向导说："大家吃点东西。我们半夜会带你去巴士站，让你们去墨西哥联邦区，也就是墨西哥城。"

后来，他们带我们到巴士站，跟我们说："如果有人上车盘查，例如警察，你们就要装睡。如果被问，就说你们要去联邦区度假。"向导跟我们说，到了墨西哥城，会有一位出租车司机来接我们。他说："你们会看到司机，他会戴某种颜色的帽子。你们就会知道是他。然后你们就上他的出租车。"结果确实如此。我们清晨到了墨西哥城下车，司机已经在那里了。我们坐上出租车，他载我们到他的房子。我们吃了早餐，他说："你们不会在这里待太久，会有人来接你们。"

下午另一个人来了，把我们带到另一间屋子。我们又被关了大概三四天。后来那个人跟我们说："你们会去一座牧场。"我们的盘缠已经没了，必须再给他们钱才能继续（往北）前进。那个人让我们打电话叫亲友汇钱。我打电话跟我爸说：

---

[1] 有关迁移者在瓦哈卡和恰帕斯被当地人抢劫的讨论，参见 Martínez 2013。

"拜托，钱用完了，我想离开这里。"之后他们带我们去了一座废弃的大牧场。我以为那里只会有我们，但我们到了之后，他们把灯打开。天哪！有 300 多人躺在地上。他们吩咐我们抓一张床垫自己找地方睡觉。所有迁移者就是被他们安置在那里的。

废弃的墨西哥牧场里，穿着紧身白牛仔裤和鳄皮靴的男人手持俗称的"山羊角"(*cuernos de chivo*)[1]，看守从各国绑架来的 200 名受害者，感觉就像罗德里格兹电影《弯刀》(*Machete*) 里的场景一般。但对横越墨西哥的迁移者来说，却是再真实可怕不过的梦魇；而且从克里斯蒂安偷渡之后，十四年来情况只退不进。随着墨西哥毒品战争爆发，贩毒集团愈来愈多涉及人口贩运行业，穿越墨西哥失踪的中美洲迁移者人数已达 7 万至 15 万。[2] 这些人命运各有不同，从勒索赎金、贩运到国外卖淫到替贩毒集团跑腿都有。[3] 2010 年，七十二位迁移者在墨国北部边境的塔毛利帕斯州遭人蒙眼枪杀，这只是移民路上的冰山一角。[4] 美国民众，包括那些助纣为虐的吸毒者，对每天发生在墨西哥的毒品暴力早已司空见惯，充耳不闻；只有当迁移者遇害过程太过血腥残暴时，新闻才会报道。

---

[1] "山羊角"是西班牙文对 AK-47 突击步枪的俗称，因为弹匣弯曲有如羊角，故而得名。

[2] Tele Sur 2014.

[3] Slack and Whiteford 2011.

[4] Tuckman 2010.

对必须穿越这片名副其实的热地（Tierra Caliente）北上的中南美洲迁移者而言，墨西哥这个已经变成战场的国家宛如巨大的异质迷宫，只要转错一个弯就有可能堕入深渊。横越墨西哥的偷渡过程太过诡谲，许多人永远无从得知自己的家人是死于沙漠，还是半路就遇到更恐怖的事。[1]不少中美洲妇人在墨西哥奔走多年，就为了寻觅失踪儿女的下落。她们都能告诉你，墨西哥异质集合体自有一套死亡暴力。[2]

我们将从克里斯蒂安的经历看到，迁移者往往需要一点机灵和大量运气才能突破人口贩运者布下的天罗地网。

克里斯蒂安：那里有很多来自各个国家的人。有中国人、巴西人、萨尔瓦多人和尼加拉瓜人，几乎世界各国都有。那里有厨房，他们要所有人轮流煮饭给其他人吃。那里真的好多人……

我和不少迁移者成了朋友。他们有的已经待了一个月、一个半月或两个月，却还是没人来接。我们哪里也去不了，因为被关在一个大空间里，随时有人看着。他们只要看到你想走动，就会大喊："喂，你想干吗？"我们只看得到外面都是山，其他什么也没有。照理说我应该很快就能离开，但我在那里待了一周，向导还是没出现。他们不准我用手机。

---

[1] 这些现象跟卢赫特（Hans Lucht）描述加纳迁移者遇到的风险颇为相似。加纳迁移者会冒着性命危险穿越撒哈拉沙漠，然后尝试横越地中海前往意大利（Lucht 2012）。

[2] Wilkinson 2012.

两周后，我心想"这样不对"，于是我想到一个办法。我在那里认识了一些女性迁移者，就请她们帮我。我跟她们说："我想做一件事，需要你们替我掩护。"我跟姑姑和一个女的走到露台上，我假装昏倒，看守我们的人跑过来看出了什么事。他们打电话给老大，跟他们说有人昏倒了，接着又打给一个有车的家伙，把我送到医院，因为我说我快死了。

他们带我去看一位医师，感觉像是他们的私人医师。他检查之后说我神经衰弱，而且贫血，因为我已经在路上好几周了。医师离开后，一位护士走了进来。我告诉自己，现在不做就迟了，于是就请她帮忙。我把事情经过告诉她。我边哭边说："我和家人已经分开两个月左右了。他们把我们关在一个地方。我姑姑在牧场里生病了，但他们完全不让我们打电话给任何人。"我请她帮我联络家人，让我跟他们说出了什么事。护士说："不行，我不想惹麻烦。这里所有事都被黑帮（la mafia）控制。"

我一直求她，不停掉眼泪。我想她可能心软了。她说："别跟任何人说。"接着就去拿了电话来，让我打给我爸爸。他一接起电话，我就说："爸，我时间不多，只能长话短说。你听好，麻烦快去找阿尔瓦雷斯。"阿尔瓦雷斯就是安排我离开厄瓜多尔的带路人。她知道所有联络人。"你去找她，问她我们在哪里。你去找她的时候，尽量多带些家人一起。爸，问她我们在哪里。我没有时间多讲了。"说完我就挂了电话。我只跟他说了这件事。两天后，他们就来把我们六个

人带走了。他们把我们带到边界附近，到可以穿越沙漠进入
亚利桑那的地方。

索诺拉

克里斯蒂安迁移那年，边境巡逻队在图森区逮捕了449675
人。相较之下，梅莫和路丘穿越沙漠的2009年被捕遣送的迁移
者共有241667人。逮捕人数减少可能是因为美国2008年的经
济衰退，一方面无证劳工能找到的工作数量下滑，另一方面美国
国内兴起反移民浪潮，似乎也导致许多有意迁移者裹足不前。虽
然克里斯蒂安和梅莫及路丘两人的迁移经历颇多雷同，但要记得
克里斯蒂安出发的年代较早，治安措施还没有因为"9·11"事
件而强化。当时迁移者需要穿越的沙漠距离较短，同行人数也
多，因此至少会有一部分人入境成功。此外，当时也还没有"外
来者移地出境计划"或"流线行动"来吓阻迁移者，意在让他们
被捕后不要马上尝试越境。

克里斯蒂安：到边境之后，他们带我们去了一间房子。那时
是12月第一周，天气冷得要命。向导说："我们已经很接近
美国了，但不能从这里过去。我们必须穿越沙漠，才不会被
发现。"晚上十点左右，他们开了一辆车来接我们，把我们
载到山区附近，跟我们说："每个人拿两瓶水，还有所有你
需要的东西。"
老天，那里真的好冷。在厄瓜多尔，人人都说在沙漠里会

渴死，所以要带很多水。我们也都那样想，所以每个人都带了两瓶四升的水。他们放我们下车，我们就开始走，结果才走了十五分钟到二十分钟，我们低头一看，发现瓶子都冻住了。真的！我不骗你！整个冻起来，硬得跟石头一样。所有人都吓到了。我们厄瓜多尔人从来没看过水冻成那样子！（笑）

向导爬到山上打量周遭情况，接着说："我们不能走这里，监控太多。我们今晚得在这里过夜。"我说："山里这么冷，我们怎么睡在这里？"我们队伍大概有二十五人，才走不到五分钟就冷得发抖。最后有人说："我们分成女人一群、男人一群，两群人各自窝在一起睡，这样才不会冻死。"我们开始一个贴着一个睡，互相取暖，就这样过了一夜。

天亮后，向导说："我们要继续走，但只能沿着山脚，躲在悬崖下，走深谷。"所以我们又开始往前走，最后来到一处干河床。向导要我们分批走，免得有飞机或巡逻车出现。就算遇到了，他们也看不到所有人，因为其余的人都躲着或趴在地上。向导说我们隔天再走，所以我们就睡觉了。

隔天晚上，我们再度出发。走了一阵子之后，我们穿过围篱来到一条高速公路旁。"郊狼"就说："这里是墨西哥，那里就是美国。只要穿越这条路，就算通过了。但这条高速公路很难穿越，因为边境巡逻队很多。"他要我们排成一行，我不晓得为什么，但我被排在最后。我搞不清姑姑在哪里，她应该在最前面。我们出发时，天已经全黑了。我不晓得是谁说了"快跑"，但我猜是边境巡逻队来了。我们拔腿就逃，最后我身旁只剩另一个朋友。[1]

我们不晓得其他人去哪里了，只好躲在树后。我们可以看见边境巡逻队的车灯。向导跟我们说过，只要看到边巡的就要躲起来，他之后会来找我们。我们看见边境巡逻队用大灯搜索躲在高速公路旁的人。我们边躲边想该怎么办。这时一名边境巡逻队员拿灯照到了我们。我们被他发现了。那一瞬间，我在路上遇到的种种全都在脑中浮现。我开始想各种可怕的状况，忍不住哭了。那是我们头一回被捕。

他们一直叮咛我们，万一被抓到，要说我们是墨西哥来的，所以我们就照说了。他们拿了一些文件要我们签，我们就签了。他们又摁了我们的指纹。我们被拘留了一小时左右。他们给我们每人一个汉堡，我们都好满足！真是太美味了，而且还热腾腾的（笑）。吃完之后，他们把我们送上巴士，我以为会开很久，没想到才坐五分钟就回到边界了。我说："我们走了那么多天，结果五分钟就回边界了？"回到墨西哥以后，他们又把我们带到了之前的房子。

隔天晚上我们又试了一次。路线完全一样，但花的时间更少；这回只花了一天，快了很多。而且这回不止二十五个人，而是七十个人加上四名"郊狼"。他们跟我们说："我们一喊快跑，你们就越过高速公路。"后来我们就开始跑。但才一半的人跑过去，边境巡逻队就出现了。过到高速公路另

---

[1] 这段经历显示穿越边境遇到一团混乱的状况时，迁移者非常容易跟队伍失散。

一边的人继续前进，其余一半停住不动。我是停住的那一半。我抓住姑姑的手开始往回跑，两人一路逃回墨西哥。三小时后，我们又再试了一次。

这回向导说女人先走，男人殿后。他们把我和姑姑分开，我反对也没用。结果又发生同样的事。女士们被逮到，我什么也帮不了我姑姑。我又不得不逃回墨西哥。我看见移民官员抓到我姑姑和其他女士。我猜她一定会跟他们说她是墨西哥人，然后被他们送回边界。我百分之百确定。我心想起码姑姑不会没东西吃！（笑）

我们往回跑躲起来。天亮时，向导说："边境巡逻队肯定以为我们会改天再来，所以我们现在就重新出发。"这回我们顺利通过了。向导把我们带到一间安全屋后说："现在天刚亮。我们要在这里待两三个小时，等车子来。"我想上厕所，所以就走到外头，结果发现到处都是灯，所有人都跪在地上。边境巡逻队包围了我们。"郊狼"大喊要我们快跑，但我们哪里也去不了。所以我们就被抓到了。我以为他们会像上次一样，很快把我们送回去，所以就跟旁边一位朋友说："嘿，动作快一点！我们赶快上巴士去吃东西！"我们都饿坏了，而拘留所会给你食物。所以我们赶快排队，抢在其他人前面报上自己的名字！（笑）

他们把我们带到拘留所，结果这回不妙了。他们查过指纹之后，开始问我们一大堆和墨西哥有关的问题，像是"上一任总统是谁？你在哪里念小学？学校叫什么名字？你住在哪条街上？"老天，那些问题好难。他们问我是否去过联邦区，瓜达卢佩圣母教堂在哪条街上？我统统不晓得（笑）。他们问的问题我们都答不出来。问完之后，他们说我们不是墨西哥人。他们说："听着，只要跟我说你是哪里来的，你明天就能回到自己国家了。"

我开始考虑。那时是 12 月中旬，我心里实在很想回去和家人过圣诞节，做弥撒。我想穿越边境的事可以之后再说。我不晓得。结果就这样结束了，在我熬了那么久之后。经历那么多事，生病，想家人，结果就这样结束了。我想到圣诞节，决定回去陪家人比较好。于是我决定跟他们说我是厄瓜多尔人，还给了他们所有资料。他们说隔天就会把我遣送出境，开始让我摁指纹，拍更多照。他们把我衣服脱光，让我洗澡，给我一套橘色的制服。我开始找我姑姑，问被拘留的其他人有没有看到她，但他们都说没有。我真的很担心她。隔天他们喊我的名字，我以为他们要送我回去，结果他们给我一个小袋子，要我把自己的东西放进去，然后就把我关进牢里。

发生这一切让我感到好绝望，心想："你看我落到什么下场？"我完全没想到自己会坐牢。经历了那么多事，哪知结局是这样。我坐上巴士时，以为他们要载我去机场，送我回我的国家，结果不是。他们把我送到另一座监狱。我问他们何时能出狱，他们答说不晓得。

新年快乐！

克里斯蒂安： 他们送我去的另一座监狱非常大，里头有一个大房间，床位很多。我一走进去，看到那么多人，只有我孤零零一个……我就把袋子一扔，当着所有人的面开始大哭。我想到我的爸妈，想到他们想起我会有多难过，就哭得无法控制。想到我遭遇的一切，真的太恐怖了。我差点就死了。挨饿受冻，结果现在又遇到这种事。你有时会因此失去对神的信心，觉得神不可能这样对你。神对我们非常火大，但我们只是想来这里工作而已。我们经历太多事了。我跋山涉水辛苦了将近三个半月，结果就是被关进牢里。我们花了那么多钱，还差点丧命。所以我那天哭了，身旁的人怎么安慰都没有用。

我知道我厄瓜多尔家里的电话，还有我纽约叔叔的号码。我先打电话给爸妈。我一听到他们的声音就哭了。我爸爸也哭了。他不晓得该怎么办，都快急疯了。接着我打电话给叔叔。他要我冷静，说他会替我请律师，把我弄出去。

我那时才十八岁，孤零零一个人，监牢里没有和我同队伍的伙伴。我从来没有跟家人分开这么久。我在牢里整整三天没吃饭。我肚子不饿，什么都不想要，只想见家人。我和一个危地马拉人成了朋友，他跟我说什么事都不会发生，我只是得在这里等法官决定我何时可以离开。日子一天天过去。过了一周，我只是吃饭睡觉，很少跟人交谈。我在那里待了二十天，还是没有离开。

我在牢里过圣诞节。12 月 24 日那天真的好难受。我打电话给爸爸妈妈，在电话里流眼泪。爸爸妈妈也难过得要命。他们跟我说："你被关在好远的地方，我们没办法去看你。"那是我全家人度过的最伤心的圣诞节。法官还是没有召我出庭。到了 12 月 31 日，我心想："再这样下去，我就看不到元旦日出时的月亮和星星了。我不能让这种事发生。"于是我就决定装病。那时是半夜十二点半，大家都在互道新年快乐，我跟狱卒说我肚子痛，他们立刻用轮床把我送到医务室。我知道医务室离牢房很远，他们得把我推到建筑外才能到那里。我只想看元旦的月亮和星星（笑）。到了外头，我看到星星，觉得很开心，心情也平静下来，同时想着我老婆和爸爸妈妈掉眼泪。他们把我送到医务室，检查后发现没事，可能只是感染之类的，接着就把我送回牢房了。

几天后，他们打电话来通知我要出庭，叫我准备好。时间是 1 月了。我叔叔替我请了辩护律师。他们把我带上法庭，跟我说了一堆事情，我统统听不懂。他们只讲英文，我只能跟我的律师用电话交谈。她说我不会有事，我家人汇了钱给她，让她替我支付保释金。几天后，他们叫我收拾东西，说我可以离开了。

他们给了我一些文件，把我送到一个巴士站。那里有一个办事员会说西班牙语，所以我就问他："我应该去哪里？"他回答："我不知道，那是你的问题。你可以去纽约找家人。"我其实没有钱，身上只剩 20 美元。我打电话给姑姑，她比我先被保释。我跟她说我被放出来了。她要我去找西联汇款，碰巧车站里就有一家。她说："我会汇钱给你，让你买车票到纽约。"

离开亚利桑那时，我还穿着坐牢前的那套衣服。他们逮捕我时，我衣服很脏，味道又难闻，而且还被收在塑料袋里。我穿着那些脏衣服，头发又很长，但我在每个公交车站都遇到了好人。我遇到一位墨西哥女士，她问我出了什么事，我跟她说了事情经过。天气很冷，她替我买了衣服、球鞋和一条毯子，还给我 20 美元当旅费，因为从亚利桑那到纽约要三天。我在路上还遇到其他人买食物给我，他们都是帮助我的大好人。

我经历千辛万苦，总算到了这里！我觉得纽约会不一样，心想曼哈顿会有又高又美的建筑，人人都过得很好。我到了时代广场的公交车站，那里简直不可思议，那么多建筑和灯光。但后来我搭车到皇后区（笑），心想："就这样？"那里地上都是垃圾，声音又吵，因为有火车。

我一直以为叔叔住在很好的公寓里。我看到大楼时，觉得真棒，心想"哇！"但他带我走到大楼后面，我问："为什么不走前门？"那是因为他住在地下室（笑）的一个小房间里，小到连转身都很难，而且还和七个人合住。我千里迢迢过来就为了这个？我感觉被人泼了一大桶冷水。你在网络和电影里看到的纽约好美，所有人皮肤都白，也看不到垃圾。你想象纽约就是那个样子，而且亲戚寄来的照片都是他们去玩的时候拍的，不是工作时拍的！照片里拍的地方都很漂亮。结果我到了皇后区，这里什么都脏得要命！害我费了那么大的劲。从我到的第一天，我就开始工作，开始还债。那趟旅程让我欠了 2.1 万美元，包括利息。

虽然过程高潮迭起，但克里斯蒂安的精彩故事并非特例。拉丁美洲每年都有数十万名男女老幼奋力往北，希望挤进美国。他们都有类似甚至更惨的经历。从强暴、谋杀、殴打、抢劫到绑架，全是这群横越墨西哥的"小鱼"的必经风险。对克里斯蒂安和许多人来说，美墨边境或许是这趟暴力之旅相对不足道的一小段，沙漠异质集合体只是他们为了求生必须克服的无数障碍之一。难怪克里斯蒂安会劝玛丽塞拉别来纽约。

"他们说人各有福"

和克里斯蒂安初会六个月后，我又回到皇后区。时近周六午夜，克里斯蒂安、韦尔斯和我在霓虹灯点缀的酒吧里啜饮啤酒。喇叭放着震耳欲聋的电子舞曲，衣不蔽体的男女三三两两围在高挂的电视屏幕前。克里斯蒂安忙着发消息给朋友，我们约好待会儿到那家他常去的拉丁夜店和他们碰面。昆卡（Cuenca）感觉就像另一个世界。离开家乡超过十年，克里斯蒂安显然竭力在纽约打造新的人生。他和亲戚及一位长期伴侣一起住在不错的公寓里，靠各种建筑工作为生。只要有空，他就会上英语课，并努力想取得高中同等学力证明，周末则是和姑姑陪侄子侄女到附近公园玩。然而，尽管在美国拥有这么多自由、经验与经济机会，但克里斯蒂安始终明白为了在厄瓜多尔养一个家，自己付出了多少代价。卡在两个完全不同的世界之间是极痛苦的体验。

我：穿越边境十多年过去，你的感想是什么？

克里斯蒂安：嗯，我现在觉得很值得，因为谢天谢地我成功越境了。这点真的能帮你熬过这一切，让你更珍惜自己的生命，觉得活着有目的、有使命。经历过那些事让我想法改变了。我想为自己而活，我会遭遇这些事或许有它的道理在。但我也不知道。我有时感觉并不值得，因为你抛下了家人。我本来打算最多只待两三年。我用两三年赚够了钱，然后回家。但来到这个国家一阵子之后，你就会开始习惯赚钱（*dinero*），而故乡的家人也开始习惯过得好一点。我离开的时候，家里很穷。别误会，我家现在还是很穷，但起码每天不愁饿肚子。他们有食物吃，住的地方也安全舒服许多。

我儿子快十二岁了，他母亲（目前也在纽约）想走那条路带他过来。但我跟她说还是不要比较好，因为他还小，我不晓得路上会发生什么。最好让他待在厄瓜多尔，想办法让他上学读书。我并不是反对带小孩过来，只是不希望我家小孩过来。我是过来了，但我家小孩可能死在路上，被强暴或袭击。我知道父母的爱与关怀非常重要，但我家的情况就是如此。至少我儿子在厄瓜多尔有人照顾，供他吃穿。他在昆卡可以上学。

感谢神，一切都很顺利。我很努力工作，现在状况好转了许多，至少对我在厄瓜多尔的家人来说是如此，而这里多少也是。我是说，没有身份证件，在这里能做的事不多，但有什么你就做什么。有身份证件情况会好很多。有更好的工作可做，想做什么就能做什么。但无论如何我都感谢神，一切还算不错。我过得不差，只担心哪一天被移民官员逮到，把我遣送出境。我不晓得接下来会怎样，但我想回去，好让我能见见儿子，认识他。这就是我现在的想法。我想回去，和小孩团聚，陪他长大（叹气）。

我：你跟玛丽塞拉说过这些吗？

克里斯蒂安：有啊，但没人听进去，他们都觉得自己可以。他们说人各有福，一堆人说自己怎样顺利通过了……有人说自己两三天就越境成功了，还有人说自己两周就过来了，什么也没发生，跟我们不一样。但有些人遭遇比我们还惨。老实说，我再也不想经历一次了。譬如我就很担心自己回去之后的事。所有人都说回厄瓜多尔或自己国家之后，你会再也无法适应那里的生活，适应不了必须面对的经济危机。我很担心回厄瓜多尔之后又想回来这里，只得从头再经历一次。玛丽塞拉出发前，我一直在想这个。她出事之前，我一直想回厄瓜多尔，想回家乡亲口告诉她这些事。我一直想着等我回厄瓜多尔，就要告诉我的弟媳穿越边境是什么情况，我们都经历了什么。结果你看，再也没机会了。人们有时会赌上一切，却毫无所得。许多人为了家人来这里，却只迎来了死亡。姑姑总是跟我说，我们活着到这里是奇迹。玛丽塞拉来这里的用意跟我一样。她来是因为孩子。她想给他们所需的一切，因为他们在厄瓜多尔没有出头的机会。

10

玛丽塞拉

我不想要这个人生，但不晓得能怎么办。

——玛丽塞拉·埃斯克达，《少了他》（*Sin El*）[1]

克里斯蒂安的房子

隔着铁窗可以看见昆卡四面环绕的翠绿山峦，云霭缭绕的山峰映照在如诗如画的铁蓝湖泊中，宛如漂浮一般，有时细看还会发现吃草的美洲驼在湖畔啜饮冰凉的湖水，或是远方白雪飘飘。在这里，沁人的薄雾有如湿了的胶片覆盖着万事万物，让人难以想象索诺拉沙漠的模样。

虽然他们在这里已经住了快两年，许多房间还是空空如也，没有完工也没暖气。元月时分，海拔 2500 米的安第斯山上，就算待在屋里，也需要穿运动衫和夹克，呼吸有时也会喷白气。我和韦尔斯还有克里斯蒂安二十四岁的妹妹瓦妮莎站在空荡荡的起

---

[1] 题辞：这是墨西哥裔美国歌手埃斯克达的歌。玛丽塞拉离开厄瓜多尔的几周前，曾在自己"脸书"上附了这首歌，并且写道"献给我最爱的家人"。

玛丽塞拉和家人合照，厄瓜多尔昆卡（瓦妮莎摄）

居室里，陪伴我们的只有几把铁椅、一小棵闪呀闪的圣诞树和摆在角落的手工圣诞马槽。这些靠着来自纽约的汇款买来的应景装饰，让人悲伤地想起克里斯蒂安的家人才刚过完没有他在的第十三个圣诞节。虽然克里斯蒂安不曾出现，也未曾踏进这栋三层的混凝土结构楼房，但住在这里的家人（包括他儿子小克里斯蒂安、他爸爸埃内斯托先生、妈妈多洛蕾斯女士、他妹妹、他弟弟西奥和西奥的三个小孩）都称呼这里是"克里斯蒂安的房子"。

虽然相隔遥远，但电话、视频和按时寄来的钱与礼物总是让他们感觉到那位"赞助人"的存在。这里是南美最大的国际移民输送地区之一，[1] 和这个劳动阶级小区（*barrio*）的许多其他人家一样，克里斯蒂安的楼房是靠着十多年来每月从纽约寄来的汇款一砖一瓦、一室一房盖起来的。玛丽塞拉 2012 年 6 月离开昆卡时，心里的梦想正是她有一天也要和克里斯蒂安一样，替家人盖一个家，让老公西奥和十三岁的老大海梅、十岁的老二劳拉和六岁的老幺埃德加也能在移民经济资助兴建的"玛丽的房子"（*la casa de Mari*）里过圣诞。

房里的迷你手提音响开始播放费尔南德斯的《山的法则》（*La ley del monte*）。嘹亮的喇叭与奔流的小提琴声在没有装饰的水泥墙和冰冷的灰地板之间回荡，让这首心碎之歌更加荡气回肠。身材瘦长的海梅站在房中间，一手摁着胸口，一手朝天举高，仿佛在教堂里做见证一样。虽然房里只有我、韦尔斯和瓦妮莎，但海梅还是假装眼前有万千歌迷正在为他欢呼。他紧闭双

---

[1] Jokisch 2002:528.

克里斯蒂安的房子，厄瓜多尔昆卡（迈克尔·韦尔斯摄）

眼，嘴巴跟着乐曲唱出第一句歌词"我在龙舌兰叶上写下你我的名字，笔画交缠相依，证明我们彼此相爱"，接着猛然转身，开始手舞足蹈，仿佛全世界的目光都在他身上，我们三个鼓噪欢呼。歌曲结束，我们高喊"安可"。海梅的妹妹劳拉、弟弟埃德加和堂哥小克里斯蒂安站在开着的窗外看得笑呵呵，也跟我们一起鼓掌。瓦妮莎转头对我说："玛丽塞拉以前常这样表演。孩子们放音乐唱歌，因为这样做能让他们想起她。"

————

在这场即兴演唱会的三天前，我和韦尔斯带着我们的配偶和两个小孩搭着出租车首次造访这间房子，我完全不晓得会发生什么。筹备这趟旅程时，我试着从这家人的角度去想：有人发现我母亲、嫂子或妻子的遗体，而那个人想写书，所以来造访我，我会有什么感受？但这样做并没有让我安心多少。克里斯蒂安向他们解释过我是谁，并保证我和韦尔斯很可靠。我和瓦妮莎在"脸书"上频繁对话，负责安排小孩和家人迎接我们来访的也是她。我们预计停留一周，但我连我们能不能挨过初次会面时的尴尬都没有把握。我下了出租车，朝在屋外等候我们的那一家人走去，一边在心里复习我的自我介绍。但我还没来得及开口，一名个子娇小、头发乌黑系着缟玛瑙长穗带的妇人就蹒跚上前将我抱住，好像认识我一样。接着，多洛蕾斯女士（*doña*）眼眶湿润，声音颤抖地说："谢谢你们来。"

对我们所有人来说，在昆卡造访玛丽塞拉家人的那一周，情绪就像云霄飞车一样起伏不断。下车不到五分钟，我们已经坐在小卧室里跟多洛蕾斯女士和瓦妮莎一起掉泪，听她们描述玛丽塞拉的生前与离世。玛丽塞拉的三个小孩静静听着奶奶和姑姑说话，只有他们没落泪，因为他们正忙着逗弄我八个月大的儿子。接下来几天，同样的画面还会在不同地方出现。玛丽塞拉的家人敞开心扉，向我诉说玛丽塞拉，以及她失踪、死亡与装在棺木里回到昆卡给他们带来的创伤。大人会哭，小孩则是呵呵笑，将婴儿传来传去。多洛蕾斯女士只要提到儿媳妇的名字就会崩溃。对她来说，感觉就像沙漠里丧命的是自己女儿一样。但对瓦妮莎来说，除了失去挚友闺蜜让她心痛，二十四岁的她一夜成为三个小孩的代理妈妈，也让她焦头烂额。我对玛丽塞拉的生前和她离世带来的伤痛的认识，主要来自这两位的描述。

虽然本章内容大多来自我在纽约和克里斯蒂安的对谈，以及我在昆卡和多洛蕾斯女士及瓦妮莎的谈话，但我还跟玛丽塞拉在厄瓜多尔的其他成年家人谈过她，包括埃内斯托先生和她丈夫西奥。造访昆卡那一周，我会在西奥晚上下班后和他休息的那一天跟他聊天，但我很少直接提到他的妻子。他心里的伤口显然还未愈合。出于尊重，我从来不主动提起玛丽塞拉，而他也只提过妻子几次。我们造访期间不巧遇上他们的结婚纪念日，似乎让他更加心痛。因此，我们往往避谈他的妻子，只是单纯闲聊或谈论孩子和昆卡劳动阶级每日面对的经济困境。虽然他不大愿意谈玛丽塞拉，但还是让我走进他的家和家庭生活，并且在我们停留期间竭力将我们当成上宾对待。

除了他们，我还造访了玛丽塞拉前往美国前和家人同住的小木屋，跟她的邻居和其他亲戚聊过天。玛丽塞拉一家之前的住处只有一个房间，铁皮屋顶，泥土地面，木墙板跟纸一样薄，地点在城里的棚屋区，家里经常跑进半野生的狗和鸡。难怪她想盖一个新家。

虽然我们的到访唤起了痛苦的回忆，但我想对玛丽塞拉的家人来说，能跟发现她遗体的人谈及她的离世还是很疗愈的，对瓦妮莎和多洛蕾斯女士更是如此。虽然亲人们知道玛丽塞拉在沙漠过世的更多消息，心里能稍稍得到安慰，但我才是更该心怀感激的人。他们不仅敞开大门欢迎我和韦尔斯两家人，还给了我们许多喜悦的小时光。我们那周有许多时间都是和瓦妮莎及玛丽塞拉的小孩在昆卡走走逛逛，前往公园，享用冰淇淋和比萨，替海梅和劳拉准备参加游行的行头，同时逗乐我的儿子。虽然三个小孩喜欢谈起自己的母亲，还兴冲冲带我们去看她的墓，我却没有看他们哭过。在这个被死亡重创的家里，他们似乎才是最坚强

玛丽塞拉的墓，厄瓜多尔昆卡（迈克尔·韦尔斯摄）

的人。

2012 年 6 月初，三十一岁的卡米塔·玛丽塞拉·札桂·普亚斯（Carmita Maricela Zhagüi Puyas）决定将丈夫和三个孩子留在昆卡，独自前往美国。她的亲人目送她离开，在她失踪期间焦急找她，如今承受着她过世带来的悲伤。接下来的故事是他们眼中的玛丽塞拉。

"事情已经定了"

多洛蕾斯女士：她好喜欢音乐！天哪，真的很夸张。她一直都爱跳舞。她经常出门去跳舞，也喜欢帮孩子办派对（笑）……所以到现在她老公房间里还有非常多 CD，因为她太喜欢音乐了。只要去城里（centro），她一定会去买光盘。只要有新音乐，她就会想办法弄到手。她常对我说："妈妈（Mamita），跳舞最适合配音乐了。"跳舞真的是她最开心的时候……我儿子和她是 1 月 12 日结婚的。他们十三年前举行公证仪式，这周就满十四年了。克里斯蒂安替我们出钱办了一场教堂婚礼。他们七年前在教堂结婚。

玛丽塞拉的亲戚：她总是那么开心，这里所有人都叫她玛丽波萨（Mariposa），也就是"蝴蝶"。

克里斯蒂安：呃，我刚来纽约的时候，她才刚嫁给我弟两年，所以我没什么时间好好认识她。但我到这里之后，我弟总是三句话不离她。她性格真的很开朗，知足常乐，喜欢开玩笑和胡闹，经常穿得漂漂亮亮出门。玛丽塞拉还很直接，心里想什么就说什么，直接表达心里的感受。我在昆卡的时候，她生了我侄子。我妈从那时开始才真的跟她亲近，两人开始待在一起，我妈开始把她当成女儿看待。她们在一起待了很多年，同住超过十年了。

她 2012 年 6 月离开厄瓜多尔。她从来没到过纽约。我家人打电话给我，问我能不能帮助她过来，我拒绝了。我拒绝是因为我走过那段路，所以很担心。她有三个小孩，我说抛下他们会很不好受，他们会非常痛苦。我叫她不要来。可是怎么说呢，她哥哥真的很坚持，一直跟她说："来吧，来纽约。"最后他说服了她。我猜她是想要……我也不晓得。她无法给孩子他们想要的东西，我想那是她想这么做的理由。她六年前跟银行借了钱，金额是 2000 美元，现在含利息是 5000 美元。谁晓得，也许她想来纽约是觉得可以还债。在这里找到工作，把钱还一还。

西奥：这里的日子烂透了，所以大家都想离开。

多洛蕾斯女士：我跟她说："别走，跟我一起待在克里斯蒂安的房子里。他希望你们跟我们一起住。"她老公也这样跟她说，但她只是告诉我："别怕，妈妈，姐夫会带我一起去，我想找工作。"我女儿玛丽塞拉长得好漂亮。每天早上她送孩子上学，我就孤零零在家，等她回来陪我。她就住在隔壁，会替我冲咖啡。我知道你可能无法理解她怎么会就像我女儿，但真的是那样。我永远忘不了她。我永远忘不了她。

瓦妮莎：她是周二早上七点半左右来的吧，跟我说："我决定去了。"我说我阻止不了她，因为那是她和我哥的决定。他们必须自己做决定，我不能强迫她做她不想做的事。她跟西奥讨论过，我哥说他不希望她走。他心里有很多疑虑，正反两面都想了很多，我也不方便说什么。过了一会儿，她告诉我："事情已经定了，我要去我要去我要去，就算西奥不让我去，我也要去。他叫我别去，可是……"她想去，因为那样才能出头，才能还债。她欠了很多钱，有谁会帮她还？没有人。但她必须还钱，所以决定去。她必须为了孩子付出。

神替每个人都安排好了命运，离开是她自己的决定。我们还能怎么办？我们只能让她离开……她觉得她去一年就会回来。她告诉我："我只拜托你一件事，就是帮我照顾我的小孩。为了他们，我什么都愿意做。"我说："玛丽，别去。"但她只说："时候到了，我要走了。"她想去那里，然后在钱的方面帮助我们。我们照顾孩子，她负责汇钱。她离开那天，我们哭得好伤心。我们抄了一堆电话号码给她，让她遇到状况了就打电话。我们说："玛丽，生病就打电话给我们，让我们帮你。"我们最后又叫她别走，但她对我说："不论命运如何，我都非去不可。"

多洛蕾斯女士：玛丽离开前说："妈妈，请替我照顾孩子们（*mis wawas*，克丘亚语的"孩子们"）。"我求她："女儿，你为什么不留下来就好？"她说："不行，妈妈，我不能留下来。我孩子在这里快没东西吃了，过得很辛苦。他们会跟你一起。我知道神会保佑你们。请你填饱他们，妈妈，别让他们饿肚子。"说完她就离开了，把孩子托给我……我的女儿啊……喔，我的女儿，你再也不会回来了！（哭泣）

瓦妮莎：大概是 6 月 1 日吧，她要我替她染头发。她想优雅地上飞机，漂漂亮亮地进美国，所以我就替她染了头发……我哥载她到巴士站，她搭车到瓜亚基尔。他到现在看见那些巴士还是会哭……八天后，她从巴拿马打电话来，也可能是危地马拉。她说她不喜欢那里的食物。我们让她回家，但她说不能回。她对我说："跟我公公婆婆和孩子们说我爱他们，我不是为了要任性而离开的。"她边说边哭，我听得好不忍心。6 月第三周，我又和她通了电话。她发了一则"脸书"消息给我们，说她想跟我们讲话，跟孩子们讲话，因为他们准备带她穿越沙漠了。她告诉我："我不晓得怎么才能去到那里，但我是为了家人去的。上帝保佑，我会过去的。"

失踪（*Perdida*）

比起男性，记者和民族志对女性边境穿越经验的记述与研究少了许多。这份不足部分来自研究时的男性偏误，部分则是因为女性一般只占每年无证迁移人口的不到 15%。尽管我们对玛丽塞拉穿越沙漠的过程所知有限，但有不少令人深省的数据可供参考。两国迁移研究中心（Binational Migration Institute, BMI）2006 年调查指出，女性暴露于恶劣环境的死亡率是男性的 2.67 倍。[1]部分研究者认为，这项差距来自人口贩子通常视女性为包袱，以致弃置的几率较高。[2]两国迁移研究中心最近一项分析也指出，1990 年至 2012 年，皮马县法医室共检验了 2238 具边境穿越者的遗体，其中 18% 为女性，[3]还有几年（如 2000 年至 2005 年）更高达 23%。比起遭到边境巡逻队逮捕和遣送的女性人数，死于途中的女性多得不成比例。但不论原因或性别，只要被扔在索诺拉沙漠里，基本上就等于被判了死刑。

克里斯蒂安：她和她姐夫一起走，第三周就到了墨西哥。我觉得真的很快，心想上帝保佑，她很快就能过来了。但 6 月

---

[1] Rubio-Goldsmith et al. 2006:44.

[2] O'Leary 2009.

[3] Martínez et al. 2013:23.

瓦妮莎和西奥（迈克尔·韦尔斯摄）

底我妈打电话来，跟我说玛丽失踪了，说她一直没消息。她没有打电话回家，他们也不知道她在哪里。我说她很快就会出现了，不用担心。同一天我又接到我弟的电话，语气很焦急，问我能不能帮忙找她，我说好。

瓦妮莎： 我不记得确切日期，但大概是她进沙漠后的那一周，我们开始找她。周末时，大概是周六吧，她姐夫打电话给我们。是他带她进沙漠的。他打来说玛丽失踪了，他不晓得她的下落。我们听了非常担心，开始四处打听……我们打电话给在美国（*los Estados Unidos*）的亲戚，看他们能不能帮忙。我们让她哥哥帮忙找她，因为是他出钱让玛丽去的。我们问他带路人是谁，看能不能联络到对方。我们想知道他们能不能帮忙，但她哥始终绝口不提，不肯告诉我们带路人是谁，也不肯说他们走哪条路线。这件事到现在还是个谜。

克里斯蒂安： 她和她姐夫一起走，但我家人打电话来那天，他却到了美国。玛丽被留在沙漠里应该是 6 月 27 日，而她姐夫好像 29 日到的美国。他打电话给厄瓜多尔的家人，说玛丽塞拉在沙漠里被丢下了。我搞不懂他怎么能把她留在那里。我开始非常担心，因为我去过沙漠，知道那是怎么回事，更何况那时又是夏天。我们到现在还是不晓得我弟媳到底出了什么事。

瓦妮莎： 有人跟我们说她被绑架了，被关在牧场里。我每天发"脸书"消息给她，想知道她在哪里。我说："玛丽，我们都很担心你，快点回来。"西奥打电话给她哥，问她到哪里去了，还说只要能找她回来，我们家多少钱都付。结果她哥竟然开始臭骂他，跟我们说玛丽很好。那真的好令人心痛……我们在网站上留言，在网络上搜寻穿越边境的视频，希望……我也不晓得，或许是希望能在视频里看到她吧。

克里斯蒂安： 玛丽被人丢在沙漠里。我跟家人说如果她一直待在那里，移民官员会去抓她，把她关进牢里。她姐夫说他们当时在某片树丛或树林附近，想找地方躲起来或遮阴，结果玛丽脚受伤了还是怎样。我猜她可能哭着说"我想去美国"，但已经走不动了，热到没力气之类的。正当他们打算找地方躲，忽然听见附近有人的声音。我猜应该是边境巡逻队。所有人开始逃，但玛丽说她跑不动，只能留下来。她走不动了。我不晓得那家伙怎么忍心……我不晓得他怎么能抛下她。

瓦妮莎： 她姐夫说她身体不舒服，想坐在石头上休息。后来他们被什么吓到，所有人都跑了，就只有她没跟上。他不晓得她去了哪里，不确定她在前面、坐在哪里休息，还是晕倒了。

寻找边境穿越失踪者很困难，尤其像克里斯蒂安这种没有证件，不大会讲英语，又对美国联邦官僚体系毫无认识的人；就算找到了，打电话给边境巡逻队也没什么帮助，因为他们对搜寻毫无兴趣，顶多告诉家属亲友，失踪的迁移者"在亚利桑那附近的沙漠里"。沙漠异质集合体本来就是为了让找人特别困难而存在的。如克里斯蒂安下面提到的，他一直以为玛丽塞拉是在菲尼克斯附近失踪的，离她被丢下的地点往北足足有 200 千米。

克里斯蒂安：我自然以为她躲起来了，因为移民官员没看到她。我觉得移民官员只要认真找人，不可能找不到。她要是自首就会坐牢，但就不会死。6 月 29 日，我弟弟打电话给我，跟我交代事情经过，我就开始打电话到监狱、移民拘留所和医院去问。我打遍了整个亚利桑那，还在"脸书"留言，说她失踪了，求大家帮忙找人……我在"脸书"发布照片，请大家帮忙找人，因为我没办法去亚利桑那，那里移民官员很多，很危险。我跟电台和电视节目联络……我开始询问菲尼克斯的医院，但他们说医院里没有叫玛丽塞拉的病人。我们怕她用假名，所以就改成描述她的长相，问他们有没有见过，可惜还是没有。

几天过去，我们依然等着她跟我们联络。她没打电话，也没出现，但所有人还是抱着希望。因为很多人都是这样，两三周毫无音讯。你有时就是没办法打电话，人口贩子不准你打。我们祈祷玛丽也是这样。有人说迁移者常常会被绑架，强迫卖淫，搞得我很担心。而且我打电话回厄瓜多尔，玛丽塞拉的小孩就会跟我说，"帮我们找妈妈！"她家老大十三岁，老二和老幺才十岁和六岁。他们会哭着说："拜托，伯伯（Tío），我妈妈（mami）在哪里？"那感觉真是糟透了。我不晓得怎么回答，只好说："好，我会帮你们找，但不要哭了。"我爸我妈和我妹都试着联络人口贩子，打他们手上有的电话号码，但什么也问不出来。我只好一直跟他们说："别紧张，她会没事的。"我让他们别担心，她只是没办法打电话，但很快就会打的。

日子一天天过去，有人告诉我们应该向一个叫作全国移民秘书处（La Secretaría Nacional del Migrante, SENAMI）的厄瓜多尔机构求助，于是我家人就去了。那里的人打电话给厄瓜多尔领事馆，请他们帮我找人。我把所有信息给他们，包括失踪日期等等。他们开始找玛丽塞拉。我每天都打电话去问有没有什么进展，但他们一直说没有。最后他们找到她了，只不过是在停尸间。

确　认

1994 年，美国边境巡逻队某位官员在起草威慑预防政策备忘录时，打下了"暴力升高，策略的效果才出得来"这样一句话。这十三个字的影响之大，简直难以估量。过去二十多年来，随着这项政策实施、扩大与调整，暴力的确升高了，但从迁移者死亡数据里完全无法估量与想象。美国联邦政府目光短浅，始终坚持美墨边境是化外之地，移民查缉手段的暴力可控可藏，还可抹除。根据这套主权观，迁移者遭遇联邦政策时所感受到的残酷都是"假的"。他们的存在早已被否定，不可能受伤。[1]口口声声呼吁加强边境治安的策略专家、边境巡逻队长和政治人物应该花点时间看看尸袋里的血水，听听遥远的拉丁美洲某户人家里小孩痛失母亲的哭喊。唯有如此或许他们才会明白，威慑预防策略实施后，沙漠异质集合体制造的痛苦、死亡与毁灭不仅增加了，创伤还扩及全世界。

克里斯蒂安: 6月27日，他们跟我说已经找到她了。鉴识科的人问我们有没有她的指纹或身份证件之类的……我不想相信她死了，但我觉得或许是真的。他们认为那个遗体八成是她，可是需要确定。我只好打电话回家要证件。接电话的是瓦妮莎。我跟她说他们找到玛丽了，但想确定是她。我说："他们找到她了，他们找到玛丽了。"瓦妮莎说："她在哪里？她何时会回来？你何时能见到她？"家里所有人都希望她还活着。我说："我需要她的指纹和其他可以确认她身份的东西。"瓦妮莎说："什么叫确认是她？你为什么需要那种东西？"

瓦妮莎: 我们周五早上十一点左右得知她过世的消息。克里

---

[1] Butler 2004:33.

斯蒂安打电话回家，问我在做什么。我说我在换衣服，准备要去工作，他说他想跟爸爸讲电话。我跟他说爸爸不在家，问他为什么需要跟爸爸讲电话。他说他需要玛丽的证件，例如身份证或出生证明之类的。我问他为什么，他说他们想要玛丽的指纹，因为他们大概有九成以上把握找到她了，但需要证件确认。我不相信那会是她。我觉得她还是会出现。我在电话里哭了。克里斯蒂安要我祷告，祈求神让我坚强。我说："我一直求神帮忙，结果你看祂做了什么。"

我跟他说他疯了，那不可能是她，但我会跟爸爸说。我走出门，眼睛都哭红了。我在街上遇到姑姑，她问我怎么了。我跟她说玛丽死了。老天，她哀号得好大声。我从来没有听过那么大声的哀号。全小区的人都跑过来看发生了什么事。我姑姑趴倒在地上哀号："不！不！"我不晓得该说什么，就跑进厨房躲着。我想等妈妈回来，她就快到家了。亲友邻居想问我问题，我说："不要跟我说话！别问我！"连姑姑也一直想问我，我一直说："我不知道，我不想说这件事！"我跟姑姑说，消息是克里斯蒂安告诉我的，但我不相信。我说："她没有死，她还活着。我希望她会出现。除非看到尸体，否则我不会相信，我绝不相信，绝不。"

我求姑姑让我静一静，结果她带了更多家人过来。我跟他们说那边的人需要证件确认是不是她。我还叫他们不要哭，因为我的孩子，我是说我侄子侄女（*sobrinos*）很快就会回来了，我不希望他们看到这幅景象。他们没走多久，又带了更多人过来。这时屋外已经一堆人了。我妈回来吓了一跳，因为我们家房子外头挤了好多人。亲戚要我快点出去，因为我妈在外头追问出了什么事。后来我姑姑告诉她："玛丽死了。"老天，我妈听了就……

克里斯蒂安：我大概是中午打的电话，然后我家人就开始找证件。他们把证件用邮件发给我，我再转发给鉴识科的人。他们下午就确认了身份，这下又轮到我打电话回厄瓜多尔告诉家人了。这对他们完全不是开心的消息，简直天翻地覆，对我妈妈、我弟弟妹妹和侄子侄女都是。没有人可以安慰他们，因为他们都很哀恸。所有人都很痛苦，无法互相安慰。

多洛蕾斯女士：克里斯蒂安打电话来，他跟我说："妈妈，我有玛丽塞拉的消息要告诉你。"我哭了，他说："妈，不要哭，冷静点，不要哭。"我说："可是儿子啊，我怎么可能冷静下来？我女儿死了。"

瓦妮莎：他们说她是 7 月 2 日死的。他们在那天发现她的遗体，但她可能 6 月 31 日[i]左右就过世了……后来在法医室待了一阵子。我们相隔了二十五天才得知她的死讯。

玛丽塞拉的亲戚：她肾脏有毛病，出发前不久还曾经很不舒服。她那时在她家租来的房间里，空间很小，墙是合板做的。她有一回病得很严重，我和姑姑去看她，她躺在床上起不了身。我们问她哪里痛，她说肾脏。后来她吃了药，就舒

---

i　原文如此，系口头表达中的讹误。

服一点。有人说她是因为肾脏出毛病死的。他们说肾脏有问题的人会一直口渴。

克里斯蒂安：我爸也哭了。那感觉真的很糟，实在很痛苦。我觉得很无力，什么都做不了，帮不了我家人。我那时真的好想回去，因为看到他们哭成那样，听见他们那么难过，真的很不好受。于是我决定加快脚步。事情愈快处理完，我家人在厄瓜多尔就能愈快平复。

回　家

当玛丽塞拉的残缺遗体在纽约搭上飞机，立刻和许多死去的边境穿越者一样，从美国不承认的无名氏变回厄瓜多尔公民，同时拥有母国和那个之前极力剔除她的国家的种种权利与优待。她踏进沙漠异质集合体，对边境巡逻队来说不过又是一个需要威慑逮捕的"身体"。但死后一被发现就马上恢复为人和公民，需要迅速遣返。对生活在拉丁美洲经济边缘的人来说，往往唯有死亡才能让他们获得政府承认。[1]

经过几周辗转于安全屋、孤山荒漠和身份不明地流落在停尸间的日子，玛丽塞拉再一次加入了跨国迁移潮，成为每年从美国送回拉丁美洲的数千具遗体里的一员。[2]

---

[1] Coutin 2005:199; Magaña 2011.
[2] Félix 2011.

克里斯蒂安： 我记得葬礼是 8 月 7 日，在厄瓜多尔。他们等了一个月。你可以想象他们有多焦急。他们挨了一个月，孩子们焦急数着日子，等妈妈回家。她死在美国，家人却只能在远方等待。我爸、我妈、我弟，尤其是我侄子侄女，只有玛丽塞拉回家了，心中才能得到平静。她的孩子需要见到她。我想到就受不了。他们一直打电话问我："她什么时候回来？她什么时候回来？"我说："不管多少钱我都付。"我只想赶快处理完……只想忘掉这一切。我不想让厄瓜多尔的侄子侄女一直等她，所以我们拼了命加快脚步，好让他们快点得到平静。

我们找了皇后区一家殡仪馆，所有事情他们都一手包办，包括文件和各种安排。费用大概是 9500 美元，我和我两个叔叔还有几个亲戚一起凑足了费用。他们说我们可以将遗体直接从亚利桑那送回厄瓜多尔，也可以先送来纽约举行烛光追悼仪式。我们决定先送来纽约。棺木抵达时封得很紧，他们不让我们看她最后一面。他们说尸体的状况很糟，只能靠指纹确认……追悼会持续了一天一夜，参加者大多是我们在纽约的亲友，玛丽塞拉家只有她哥和几个亲戚来。隔天我们就送她回厄瓜多尔了。家人到瓜亚基尔机场接她。同行的人很多。那天晚上大伙儿陪着遗体回家，一路浩浩荡荡。守灵那天来了好多人，将近五六百人吧，因为大家都很惊讶会发生这种事，而且玛丽塞拉待人又好，交游广。葬礼那天也是人很多（*mucha gente*）。

瓦妮莎： 我们有一整个车队从瓜亚基尔机场回家，大概十五辆车，全是我们跟玛丽的亲朋好友和左邻右舍。我们回来时，很多人都在等，街上满满是人。

克里斯蒂安：她的葬礼和守灵日都来了几百人，教堂挤得满满的。她朋友很多。我们在弥撒时放了很多音乐，葬礼还请了 DJ 和街头乐队。认识她的人真的很多。

瓦妮莎：她一直说她会过去的……她的梦想就是去美国。她的梦想实现了，只不过为此丢了性命。

面目全非

在沙漠里湮灭尸体永远不会被看到。当这套机制运作完美，尸体会被隐形的怪物吸干血，吃掉内脏，骨头会干枯碎裂，随风飘散。当威吓与抹除彻底达成，对于失踪者的认识与记忆就只能在故事、噩梦和褪色的照片里寻找。不过，异质集合体有时也会被打断，有些死者的痕迹会幸存下来，没有被掩埋或遗忘。或许是酒醉的猎人不小心踩到咧着发黑金牙微笑的颚骨；或许是登山客不经意瞥见依然挂在干枯手腕上的廉价金表的反光；又或许是两名脱水的迁移者带着边巡的回头去找他们抛下的同伴。这些寻获的尸体都带着暴力的印记，而美国正是靠着这些不可见的日常暴力维系南方边境的治安。只要打开装着被遣返者遗体的棺木，就能见证被刻意隐匿的索诺拉沙漠死亡暴力，让活着的人目睹新形态的死后创伤。

拉丁美洲人大多是虔诚的天主教徒，见到遗体对他们来说是哀悼的要素，[1]这才能让死亡变得真实。[2]然而，丧礼上供人凭吊的遗体通常都会化妆，并做过防腐，让死者看上去安详平静，远离愁苦。[3]边境穿越者的遗体被送回故乡时往往状态极差，因此常会建议亲人不要开棺。他们的惨死无法经由葬仪师的手而得到抚平。看到你曾经认识或爱过的人在棺木里面容腐烂，骨骸扭曲，只会让人难以承受。遗体残缺所凸显的残暴可能长久烙印在亲人心里，甚至让哀恸永远无法终止。[4]

克里斯蒂安：我的侄子侄女非常难过。其中一个大声尖叫，怎么安抚都停不下来。他们已经晓得妈妈死了，只想见她最后一面。我们在亚利桑那时问了那里的人，想了解遗体的状况。他们说状况很糟，不能让我们看。我没办法告诉我妈妈、弟弟和侄子侄女。你想想，玛丽死了，而且不成人形，我们无法跟她说话或道别。真是太悲惨了，惨到极点。我还是很想见她最后一面，但没办法。

瓦妮莎：他们叫我们不要开棺，可是我想见她。我本来以为接她回厄瓜多尔之后，我们可以替她换衣服。他们说她模样真的很糟，所以我想替她换上新衣服再下葬。克里斯蒂安跟我说："女儿，你们不能把棺木打开。"我问他为什么，他说："她的遗体腐化得很厉害，流出来的血水有毒，你们打

---

[1] 参见 Brandes 2001; Félix 2011:169。
[2] Sandell 2010:196.
[3] Cannell 2000.
[4] 参见 Guyer 2009:159。

开棺木后会生病。"我说:"我不管,我就是要打开,就算生病也一样,我不在乎。"他一直说棺木封死了,我不应该打开,可是我很坚持。但我最后还是觉得不想看到那样的她。后来棺材到了,她孩子的教父大喊:"把棺木打开!"我说:"不行。"另外一个人就说:"拿手套来开。"当时是凌晨两点,我们在殡仪馆,有人拿了手套戴上,然后把棺木打开。我们起先只看到她头的侧面,因为她脸被棉布盖着。我们没想到会看到棉布。我们拿起棉布,发现她脸已经没了,真的很……她的脸毁了。我们赶紧把棉布放回去,棺木盖上。殡仪馆主任说:"我见过许多客死异乡者的遗体,从瓜亚基尔或基多的机场送回来,从来没见过状况这么糟的,一次都没有。"她已经尸骨不全了,遗体在滴水,棺材里都湿透了。

克里斯蒂安:杰森,我真的被你吓一跳。没想到你会打电话来跟我说:"是我找到的玛丽塞拉。"这让我突然很好奇,想知道你是怎么找到她的,或许你有照片?我们一直不晓得到底发生了什么,他们只跟我们说找到她了,就这样。

我和克里斯蒂安第一次通电话,他问我的头几件事之一就是我有没有玛丽塞拉遗体的照片。对我来说,这个问题很难办,我不晓得应该如何处理。我承认自己拍了照片,但不论是那回还是随后几次讲电话,我都刻意避重就轻。"有,"我说,"但我不确定你是否想看到她死时的模样。"但他一直问,要我用邮件把照片发给他,而我就是下不了手,无法将玛丽塞拉的遗体变成附件。我感觉那比将照片放进书里或演讲时展示出来更加冒犯。我愚蠢地以为自己知道怎么处理那些照片最好。

我当时想得很天真："怎么会有人想看亲人死在沙漠里的模样？"我既不了解他家人面对玛丽塞拉遗体时的心路历程，也不晓得那些照片对他们有多重要。我告诉克里斯蒂安，说我不会用邮件发，但见面时会拿副本给他看。

这些年来我学到一件事，就是民族志学者对于关键田野时刻的时间地点几乎完全无法掌控。如果我能选择，绝不会挑纽约皇后区的唐恩都乐（Dunkin' Donuts）。那个周六，我和克里斯蒂安坐在窗边啜饮咖啡，马路上车来车往。我以为那里会比我们吃午餐的餐馆安静，岂料那地方虽然没有餐盘乒乒乓乓的声音和萨尔萨舞曲，却有着那家连锁甜甜圈店特有的亮橘与粉红装潢，以及天花板上喇叭奋力吼出的青少年流行音乐，怎么看也不像是适合缅怀死者的地方。

"你真的带了她遗体的照片来吗？"克里斯蒂安第三次问我了。我勉为其难从袋子里拿出一个印有药剂店商标的小信封，里头是我去冲洗的照片。我不想让她成为电邮附件，于是在柯达冲印机前站了整整二十分钟，等候她肿胀的遗体化成 5×7 英寸 [i] 的照片从机器里缓缓输出。眼前的场景实在太不合适了。

我将第一张照片递给他，照片里是她的后脑和右手。他默默看了快一分钟。

---

i 　1 英寸 = 2.54 厘米。

克里斯蒂安：我不懂，为什么照片里的尸体有手，回到那里手却不见了？

我：什么？

克里斯蒂安：她回到那里的时候手不见了，被他们砍掉了。他们在厄瓜尔看到尸体的时候，她没有手。

我（结巴）：可能是为了取得指纹吧……呃……他们常常必须把手切下来。我想指纹很多时候不好取得。因为手指扭曲，皮肤干掉，他们只好把手切下来泡水，以便取得指纹。[1]

克里斯蒂安（看着她倒在山坡上的照片）：看来她还想往上爬……天哪，怎么会变成这样？（哭泣）她还想往上爬，想继续前进……她是趴倒在地上的。他们说遗体运回厄瓜多尔的时候，她脸上一点皮肤也不剩。难怪，因为她趴倒在地上，脸可能很快就被虫子吃了吧。还有那气温……她有好多梦想。怎么说呢，她差点就到了。照片里，她已经在美国了吗？

我：对，她已经越过边界50多千米了。

克里斯蒂安：看到尸体被摧残成这样真的很心痛。他们没跟我们说把手切掉了。遗体送回厄瓜多尔时没有手，我们以为是动物吃掉的。那种感觉很复杂。我们很担心她被动物攻击，或被人强暴和殴打，幸好都没发生，真是谢天谢地。她那天会死是神的旨意，我们无能为力。那是她的命运。我们

---

[1] 有关这种做法的讨论，参见 Shaheed 2014。

以为不会发生，但确实发生了。有些朋友到现在还是希望那个人不是她，你知道吗？他们在厄瓜多尔看到遗体时心想："我们向神祷告，希望她还活着。"许多人还期望她有一天会回来。对我来说，至少她现在安息了。我们很感谢能找到她，因为有很多人一直没有找到。他们掉进了某个洞里。

————

我和韦尔斯坐在后院厨房里，帮瓦妮莎和多洛蕾斯女士准备晚餐。柴火在泥土地上的角落里熊熊烧着，附近有一个木头做的鸡圈，里头几十只瘦巴巴的白鸡咯咯叫。瓦妮莎缠了我一整天，不停问我什么时候才能让她看照片。但我只要一伸手，就会有玛丽塞拉的小孩好奇凑上来。后来孩子们走了，她开始谈起遗体回家那天的状况。

瓦妮莎：她回来的时候没脸没手，你想想，看到遗体变成那样有多难受……她回来的时候不成人形，棺木里血肉模糊，都湿掉了，那遗体看起来完全不像她……上头有个标签说是她，但我们实在很难相信她死了，很难相信他们只靠手就能辨识她。我们里头有人怀疑那是否真的是她。说不定她还躲在沙漠里。她可能还活着，或者虽然死了，但尸体还没被找到。我们想知道你们发现她的时候，她是什么样子？他们怎么辨认她的身份？怎么知道是她？因为她回来的时候根本不成人形。真的，那个遗体一点都不像她，我需要看照片。
我：我可以给你看照片，证明她的手没有被动物吃掉。但我得提醒你，有些照片很难看得下去。

说完我将一本小相册递给了瓦妮莎，她立刻摆在腿上开始翻看。头几张是我和学生替玛丽塞拉做的神龛，包括玻璃马赛克、许愿蜡烛、瓜达卢佩圣母画像和各式各样的纪念物。我想先用几张平淡的照片铺垫，再让她看冲击较大的照片。我提醒她下一张就是遗体。她一翻到就大喊："是她！是她！"我和韦尔斯看着她，只见瓦妮莎紧紧抓着玛丽趴倒在地的照片，泪水潸然而下。她抹去相册上的泪水，用因心碎而泪湿的眼眸看了我好一会儿，随即又将目光移回照片上。多洛蕾斯女士靠着老木头桌凝视窗外，不敢凑过来看照片。厨房里鸡群噗噗走动，夹杂着瓦妮莎断断续续的抽噎，时而爆出哭声。

快门声轻轻响起，韦尔斯抱着敬意记下面对逝者的这一刻。没有人说话。锅里的炖肉滚了，锅盖啪啪掀动。瓦妮莎翻到下一页，看到玛丽塞拉遗体被毯子遮盖好的照片，便递给了母亲。那张照片感觉比较好接受。多洛蕾斯女士用爬满皱纹的小手温柔抚摸照片，低声道："那毯子好美，真漂亮……我的女儿，女儿啊……你到底在想什么？（哭泣）你到底在想什么？"小小厨房里尽是她们母女俩的哀伤。我好想让此时此刻快点过去，但时间似乎停止了。我和韦尔斯宛如两个偷窥者，困在这巨大的悲伤中，只能默默不解地看着这一切。

正当我以为事情不会更糟的时候，瓦妮莎忽然指着其中一张秃鹰在玛丽塞拉遗体上方盘旋的照片说：

多洛蕾斯女士的厨房，厄瓜多尔昆卡（迈克尔·韦尔斯摄）

瓦妮莎：那是什么鸟？它们会吃人吗？

我：动物还来不及做什么，我们就发现她了。真的，我跟你保证。我们发现玛丽塞拉的时候，遗体很完整，没有被动物伤害。我保证。

我结结巴巴讲了好几分钟，再三保证我们发现时遗体很完整，笨拙地搜寻脑中的西班牙语，不断强调玛丽塞拉双手完好，我们对她的遗体很恭敬，警察和法医也没有破坏她的尊严。我听着话语从自己嘴里讲出来，讲得吞吞吐吐，感觉很空洞。我仿佛回到目送路丘和梅莫走进涵洞的时候，即使尽可能与他们为伴，却不是真的在一起，而是隔着一道看不见的玻璃，安安稳稳看着他们离开。现在我又有同样的感觉。我在 2012 年 7 月某个艳阳天和玛丽塞拉在亚利桑那沙漠里共度了哀伤的片刻，但只有我晚上回家喝着啤酒落泪。只有我活着，而她没有。她不是我母亲，也不是我太太，我永远无法真正体会这家人在那天失去了什么。而此刻坐在厄瓜多尔昆卡泥泞街区中，面对着漫溢的炊烟和泪水，我说什么都毫无意义。最后我总算闭嘴，不再念叨我们赶在秃鹰之前找到了她。瓦妮莎轻轻说道：

> 感谢神让我们找到遗体，让她可以葬在这里。她能回到我们身边是个奇迹。虽然肢体不全，但她终究回来了。她回来了。如果这真的是她，那我们就能重新出发了。但我得说，我们真的很难相信那就是她的模样。看到她变成那样真的很难受。

直到目睹克里斯蒂安和瓦妮莎对玛丽塞拉遗体照片的反应，我才开始明白这些照片对这家人的意义。他们需要看到她临终的模样，需要用那个身影取代他们打开棺木后就此烙印心底的她。他们需要一个方法让沙漠暴力现形，或许这样才能让它变得更好理解。

后 续

几年过去，玛丽塞拉离世造成的伤痛依然难以估量，她在厄瓜多尔的家人的生活显然再也回不到从前了。所有人都在努力消化这一切。玛丽塞拉为了孩子而迁移，但因此受创最重、最需要重构社会联结的也是她的孩子。近期人类学研究显示，母亲跨国迁移的现象对留守儿女的"社群、关系与情感世界"都会造成冲击。[1]母亲迁移者一旦死亡或失踪，她们的儿女及接替照护者势必建构新的世界，但我们目前对这类冲击的理解却少得可怜。

我和瓦妮莎第一次视频访谈时，凑巧目睹了她家人的重建过程。我们正聊着玛丽塞拉的生前往事，还有我和学生怎么会在沙漠碰巧发现她，玛丽塞拉的小儿子埃德加忽然走了进来。他凑到镜头前盯着我，接着大喊："为什么会这样，妈妈？你什么时候回来？"瓦妮莎温柔地搂了搂他说："没事的，所以我现在才会喊你儿子啊。你有没有把汤喝完？"

那时离玛丽回家已经一年多了，但家里的大人小孩仍在辛苦适应她的死去造成的断裂与创伤。

埃内斯托先生（多洛蕾斯女士的丈夫）：她才几岁，还那么年轻，结果就这样离开了我们……唉，失去她之后，我们的生活全垮了。孩子只能由我们照顾了。我和我老婆本来过得很清闲，没什么烦心事，现在因为孩子们只能从头来过了。一切重新开始，感觉他们成了我们的孩子。呃，他们就是我们的孩子。为了他们，我们得付出一切，我老婆更是如此。她必须替他们煮饭洗衣服。我工作的地方离家很远（背景传来小孩的尖叫和笑声），周薪只有100美元，少得不足以应付全家人的开销。我们还是没钱买食物。

克里斯蒂安：我永远无法体会那几个孩子心里的悲伤。他们

---

[1] Yarris 2014:286.

很想念玛丽塞拉，尤其是她女儿。他们现在由我爸妈照顾，但我爸妈都老了，没办法像孩子亲生母亲那样照顾他们……那天我站在我弟媳的棺木前，发誓我会照顾她的孩子。她为了他们来这里，为了给他们更好的生活和她未曾拥有的一切。我向玛丽保证她的孩子什么都不会缺，我会尽力供应他们一切。我努力工作，一直照顾他们到现在。他们需要什么我都买，供他们吃住，送他们上学。我弟在厄瓜多尔赚得很少，每个月才 240 美元。那里的物价和这里差不多，因此根本不够。

但我弟现在好一点了。他之前整个人都垮了，消沉到极点。虽然为了孩子撑着，可是状况非常糟，什么都不在乎。他有时觉得是自己的错，心想怎么死的不是他？他从来没想到会发生这种事，没有人想到。他觉得是自己的责任。我跟他谈，试着安抚他。我跟他说他需要冷静下来，对自己好一点。从现在开始，他得为孩子打拼。为了孩子他需要坚强起来，因为只要放手不管他们，他们就会出问题。他需要坚强起来，但想振作真的很难，很辛苦。他们结婚十二年了，他非常爱她，两人一起经历了那么多，跟孩子一起挨饿……原本一家五口一起，现在只剩下他们了。

瓦妮莎：玛丽过世后，我很长一段时间都想轻生。我哥哥一直跟我说："至少你还有两个侄子和一个侄女，他们身上都有玛丽的影子，所以别哭了，别再难过了。"可是说起来容易做起来难。我知道他们身上都有玛丽的影子，但还是很难，真的很难。这件事让我的小侄子受伤很深，因为他很爱

在家附近，厄瓜多尔昆卡的墓园（迈克尔·韦尔斯摄）

他妈妈。他会放音乐想念她，让我看了就难过。他整天说着"我想妈妈"，还有"神啊，请带我去找她"，整天掉眼泪。老大被他弄得很烦，就跟他说："我不要你哭。我们的妈妈不在了，妈妈去了很远的地方。我不要你为了她哭。"玛丽过世后，海梅就疯了，像活在另一个世界一样。

克里斯蒂安：全世界都有梦想，但有时梦想会毁掉人生。我们抱着希望离开家，可是没想到会在沙漠里遇见死亡。那样死去真是悲惨，孤零零的，离家人那么远，那么绝望……玛丽仿佛有预感似的。她在出发前替小儿子举行了圣餐礼，又在"脸书"上分享离别的歌，好像知道自己将不久于人世。老幺埃德加就快七岁了。他可能适应得最好，因为……怎么说呢，我想是他和他母亲在一起没那么久。他会想妈妈，但还是会玩、会上学，有事情分心，所以还撑得住。但比较大的两个孩子，十一岁的劳拉和十三岁的海梅，他们对妈妈印象比较深，所以会哭，会经常想到她。最难过的是母亲节。海梅进入叛逆期，但妈妈不在了，没有人可以告诉他怎么做。他想要妈妈。我家人都不晓得该拿他怎么办。但他现在懂事了，心情也开始稳定下来。失去母亲绝对不好过，连我们都深受打击，更何况是孩子们。

梦（*Sueños*）

出了房子，我牵着埃德加的小手走在泥土路上。他抬头看我，声音稚嫩地说："我们要去看妈妈吗？""对啊，"我说，"可以吗？"他青涩地点点头，拉着我继续往前走。我们所有人都要去墓园：我、韦尔斯、我们俩的老婆和两个小孩，还有瓦妮莎和玛丽塞拉的三个孩子。我和韦尔斯本来想自己去，但瓦妮莎坚持其他人也要同行。我很担心孩子们的反应，因为出发到厄瓜多尔前，克里斯蒂安跟我说："最惨的是墓园就在往我家的路上，小孩每天上学都会经过。我很想把玛丽塞拉葬在其他地方，但实在没什么选择。我为这件事苦恼了很久。不管孩子们想不想，他们每天都会见到妈妈。"

我们走到墓园前，海梅跑去找管理员拿大门钥匙。我们待在路上等，天上忽然下起了毛毛雨，搞得整件事的气氛更加灰暗。海梅回来了，咔嚓一声很快将锁打开。他解开拴住铸铁门的上油铁链，将它绕在围篱柱上。天色宛如冰冷的石板，和墓园里大多数的水泥墓碑简直融为一体。逝者有如积木层层相叠，收进狭长的隔间里，门面装饰着蓝白两色的瓷砖碎片，有些人的姓名刻在大理石上，有些则用黑油漆潦草写着。比较有钱的逝者有黄铜制的名牌，还有上锁的玻璃门或铁门。

我们一行人穿越砖块水泥砌成的峡谷，经过两旁满满的十字架、翻倒的花瓶和褪色的死者照片。这里是冰冷建筑与湿草地组成的迷宫。瓦妮莎和海梅开始回忆葬礼当天。"那天有两千人来这里送她，"她骄傲地告诉我们，"把这里挤得水泄不通。"海梅边说还不忘伸长纤细的双臂强调。他妹妹劳拉默默点头，附和他的说法。我们从后方绕到玛丽塞拉的墓前，瓦妮莎指着墓墙上用暗白水泥漆写的"我 ❤ 玛丽"怯怯说道："那是我写的。"

三个小孩和瓦妮莎先上前跟她说了声"嗨"，接着便退开让韦尔斯和我们其他人可以靠近去看。海梅站在边上望着远山，乌黑的头发迎风微摆。劳拉站在瓦妮莎身旁用粉红色的球鞋踢草，变得异常安静。小埃德加像是玩攀爬架，从后面翻过来爬到母亲的墓上，呵呵笑着问我们待会儿要不要去公园玩。

我站在玛丽塞拉墓前。那墓虽不华丽，但维护得很好。她家人会定期来打扫，并经常放上鲜花。她的全名和遗体寻获的日期用金字注明，丈夫和孩子的名字则是刻在一块小铁牌上，在这个冰冷的地方陪伴她。墓碑中央是玛丽塞拉的照片，她头侧向一边，但直视镜头，看起来年轻自信，甚至像在冷笑。那是大家希望记得的她的样子。我伸手轻触玻璃，小埃德加跑过来拉拉我的袖子问："你打算拍照吗？"

————

傍晚时分，克里斯蒂安的房子，我和韦尔斯在后院跟瓦妮莎一起围在火前。灰烟袅袅飘向漆黑的天空，空气稀薄而清新。我隔着火光注视瓦妮莎的鹅蛋脸和黑眼眸，看她被舞动的火光照亮。眼前的景象有如残留在生锈银版上的静谧时刻。她方才讲着玛丽塞拉和她自己的故事，讲了好几小时，时而流泪时而低语，偶尔的沉默透着悲伤与痛苦，全是不能被睡着的孩子们知道的故事。她说她很想相信一切都会过去，她嫂嫂终于安息了，但话语间充满了怀疑与猜测。即使她人在昆卡，玛丽塞拉在沙漠的遭遇却始终纠缠着她。她也知道了那个异质集合体，即使嫂嫂已经入土为安，那扇悲伤的大门却感觉再也不会关上。

瓦妮莎：玛丽塞拉晚上会到我梦里来。她在我梦里好真实，跟我说她被绑架了。她对我说："你们埋在昆卡的人是谁？你们埋的是谁？我还活着！"在另一个梦里，她对我说："我要离开这里。我要离开，因为我不得不。我要走，因为我非得去到那里，我会到那里的。"接着又说："麻烦替我照顾孩子们。"她总是要我替她照顾孩子。这些就是我做的梦。还有一回，我梦见她跟我说她在沙漠被人丢下了。他们抛下她，但她需要帮助，所以只好继续往前，最后遇到一座牧场，她就是被关在那里。她只是在等待时机，最后一定能联系上我们，回昆卡来。他们最后一定会放了她。或许这才是事情经过。

我最近一次梦见她时，她跟我说："别担心，我很好，不要为我掉眼泪。"我凝望了她一会儿，她就消失了。也许她是说她安息了，所以叫我别哭。也许墓园里的人是她，她安息了，一切都过去了……我们没想到会找到她的遗体，因为好多人都说遗体永远找不到。她回来了，但我们到现在还是不确定葬的人是不是她。我们是第一个有亲人在沙漠过世但找回来的人。我们心里还是很怀疑那到底是不是她。或许她撞到头失去记忆了。我一直希望她是被绑架了。玛丽塞拉教母的侄子消失在迁移途中，十年后才冒出来，妻子小孩都有了。他好几年前离开后就消失了，但是没有死。他们说玛丽塞拉也可能还活着。

2013 年 7 月 24 日，在沙漠做完六周田野调查后，我在图

森机场等着回家，忽然收到瓦妮莎的"脸书"消息。那时还有三天就是确认玛丽塞拉遗体身份满一周年的日子。瓦妮莎的消息很短。她这样写道："我需要和你通电话，有件事想请你帮忙。我们家又有亲人在沙漠失踪了。"

11

我们会等到你来

何塞的房间

何塞·塔古利（José Tacuri）的房间看上去就和一般十五岁少年的房间没有两样。即将摆脱童真的他住在昆卡劳动阶级小区的小房子里，没有窗户的水泥小房间（cuartito）里随处可见他童年已逝、青春期刚来的痕迹。两只白色泰迪熊收在角落，绘有电影《汽车总动员》图案的小被子还摆在床上。和这些孩子气的物品并存于这个空间里的，是挂在角落的浅灰西装，还有旁边那一堆连帽衫、垮裤及纽约洋基队和尼克斯队的棒球帽，只因纽约（Nueva York）是他一心向往的所在。嘻哈装扮外加手工刺青与耳环，全是他最爱的雷击顿歌手内戈·弗洛（Ñengo Flow）的翻版。何塞最近的自拍，几乎每一张都像是《妈妈，我是正牌黑帮》（Real G for life, mami!）的专辑封面照。但衣服旁边却是一张耶稣像和一个收纳盒。这小子虽然文了文身，走路又有点装腔作势，却仍是个戴牙套的小孩。

他床上摆着一个枕头，是女友塔玛拉送他的十五岁生日礼物，上头写着"生日快乐！今天是特别的日子，因为神又赐给你

十五岁的何塞（迈克尔·韦尔斯摄）

一年的生命。我只希望你长命百岁，我们可以一起度过。我要用满满的心意跟你说，我爱你。"何塞的房间看上去就和大多数青少年的房间一样，只不过永远冻结在某个时间点了。自从他出发前往美国，消失在亚利桑那阿里瓦卡南方的沙漠后，这里的一切就再也没有更动过。

2013 年 7 月，我和瓦妮莎通话过后几天，何塞在纽约的家人打电话来，向我说明何塞的情况。接下来几周，我除了协助他们联络之前认出玛丽塞拉遗体的图森科利布里人权中心，报告失踪，还充当咨询专线，回答该怎么做才能找到何塞的问题。我对索诺拉沙漠还算熟悉，因此觉得多了解何塞可能走的路线，应该有助于推算他最后的所在地，提高找到人的机会。何塞失踪两个月后，我和韦尔斯飞到纽约，跟何塞父母及当时与他同行的两位

"我只希望你长命百岁，我们可以一起度过。"（何塞家人提供）

亲戚会面。我们之后又和他们见了许多次。首次会面时，我问那两位亲戚他们从厄瓜多尔到亚利桑那的路程经过，并开始一点一滴了解何塞的生活及他决定迁移的理由。在纽约和何塞家人会面四个月后，我和韦尔斯来到昆卡，踏进这个仿佛定格的房间。

　　如果说亲人残缺不全的尸体是索诺拉沙漠死亡暴力的亲身示范，那么完全不见尸体就是索诺拉沙漠死亡暴力的幽灵现形。也许借助时间与治疗（如果真有这个选项的话），加上足够的酒精和药物，你能抹去那些诡异的画面：以古怪角度交叉的桡骨和尺骨，冷笑骷髅头上剥落的皮肤，以及堆积如山的贝壳色长骨，仿佛食人族才刚吃饱离开。你可能运气好没有打开棺木，永远不会

目睹妻子遗体变成什么模样。你可能只是感谢遗体能找回来。你永远可以亲吻过去美好时光留下的发皱照片，在孩子脸上看到她的影子，让你想起她曾有的容颜，眼里有过的美丽与活力。但如果没有尸骨可供哀悼，没有棺木可以安葬呢？如果亲人下落不明的谜团始终未解，你要怎么重新出发？如果对方每晚都到你梦里求助，你又如何放下？对何塞的家人来说，他的房间既是保留他往昔模样的时间胶囊，也是他生死未卜的痛苦提醒。这个空间是这家人悲伤无绝期的体现。在昆卡，我和何塞的祖母洛雷娜女士坐在厨房里，她跟我说：

主啊！我们一直祈祷他会出现。我们已经等了好久，几乎每天都在祷告和哭泣，但他就是没出现。我们无法安心。所有人都很痛苦，白天晚上都在落泪。我们求神透露一些消息。我们为了打听讯息，能去的地方都去过了，却什么也没得到。除非何塞回来，否则我们永远无法安心。不论他生或死，我们只希望他能出现。我们需要知道状况。不管他发生了什么，我们都需要知道，才不会继续痛苦，可以不再想这件事。他的爸妈和叔叔阿姨都很痛苦。我们希望有一天神能回应我们，因为只有神知道他的下落。真的很难受（哭泣），几乎没有半点消息真的让人受不了。他到美国了吗？他还活着吗？我们很穷。因为穷，他爸妈才会为了孩子出国讨生活。但他们在纽约也很痛苦，因为何塞没有出现。他们还在痛苦，还在等他出现，但什么也没发生。

留　下

　　学者早就指出跨国迁移对家庭结构和离开或留下的家人都会造成巨大冲击。[1]何塞身为无证迁移者的孩子，他的经历并不罕见。何塞的父亲古斯塔沃在昆卡的工作不足以喂养五个孩子，何况其中一个女儿还有身障，因此他做了艰难的决定，于何塞十岁时离开家乡前往纽约。古斯塔沃赴美不到一年，妻子保利娜也决定迁移，两人一起工作可以更好地喂饱家人。他们刚找到工作不久，就开始有能力定期汇钱回家，除了喂饱孩子，让他们上学，生病的女儿也能获得所需的昂贵医疗照料。这些钱不仅让何塞不用工作，还让他成为那个街区能够拥有笔记本电脑、iPod、高价球鞋和各式各样绣有或印有"纽约"字样的衣服的孩子，随时带女友看电影或招待亲戚吃比萨也都没问题。

　　何塞的阿姨和祖母成为孩子的照顾者，但何塞随时可以和爸爸妈妈视频通话，因为他们的小房子现在有网络了。这种从纽约到昆卡的在线教养简直就像从里维拉的科幻电影《睡眠经销商》(Sleep Dealer)里搬出来的场景。但各位不难想象，远距教养和陪伴不同，不可能一样。尽管享有家庭经济稳定带来的舒适与纵情消费，但何塞却开始出现不少厄瓜多尔人称之为"有钱病"(el dolor de dólares)的症状。迁移者的子女感觉被遗弃，而远在国外的父母为了抚平这份伤痛，就用美国的钱和礼物来弥补。[2]

---

[1] 可参见 Boehm 2012; Stephen 2007:xv。厄瓜多尔方面，则可参考 Miles 1997, 2004; Pribilsky 2007, 2012。

[2] Pribilsky 2001:268.

和许多处境类似的小孩一样，何塞因为感觉被父母遗弃忽略而走上了叛逆之路，不仅辍学，也不再上教堂，还迷上了啤酒，很快便成为在足球场通宵派对上狂欢的常客。等他到了青春期，阿姨和祖母开始经常得在夜里到街上四处找他。没有爸爸或妈妈拿家法伺候，叛逆根本易如反掌。

————————

　　以昆卡的标准来看，塔古利家族老老少少在纽约同住的那间两层楼灰泥墙屋瓦房简直是豪宅了。换句话说，就算新移民在美国的薪水矮人一截，但有些人每周工作七十二小时，几年下来还是能过得相对富足。宽阔的砾石车道上停满新款休旅车和小货车，露台上的建筑工具与锯木架则是常在的摆设。宽敞的后院散落着各种玩具，足球扔得到处都是，洁白的滑梯秋千组新得像刚从"陶瓷谷仓"（Pottery Barn）玩具店目录里搬出来似的。前门边堆满大大小小各种花色都有的泥泞球鞋，起居室平板电视旁的柜子里全是金色的和陶瓷做的小摆饰，还有一个角落收留着泰迪熊、满载洋娃娃的婴儿车和其他重要的童年回忆。一只毛茸茸的白猫在屋里躁动不安，不是咬我的脚踝，就是在我想摸它时朝我龇牙咧嘴。这是 21 世纪版的洛克威尔（Norman Rockwell）美国移民梦系列。但和许多移民梦一样，塔古利家的梦想只实现了一半。何塞的父亲古斯塔沃坐在这个金光闪闪的美式牢笼里，对我讲起他迁移到美国对儿子造成了哪些无可挽回的伤害：

　　古斯塔沃：我在昆卡的时候，何塞就好像我的右手，到哪里都跟着我，我们两个谁也离不开谁。但我到这里来之后，他就变得很叛逆。我打电话问他："何塞，你为什么变了？"他告诉我："不对，爸爸，该怪的人是你。是你先离开我的。我们之前就像好兄弟，我什么都听你的，结果你却离开了。我变成这样都是你的错。"我跟他说："听着，我来纽约不是为了自己。我来是为了赚钱，因为我在厄瓜多尔没办法供应你们的生活所需。"我在他十岁那年离开，为了供他和其他家人吃穿。他那时还无法理解这些事，我一直问他为何变得那么任性。之前是那么乖的小孩，怎么变了？但他只是不停吵着要来纽约，而我实在搞不懂。他在昆卡什么都有了，却一直说该怪的人是我和我老婆。他说他觉得心里很空，说他就算回家，我们也不在。他说只有和我们团圆才能填补他心里的空洞。

迈尔斯（Ann Miles）研究了 1990 年代厄瓜多尔人的迁移模式及迁移对家庭生活造成的冲击，结果发现不少来自昆卡的无证迁移者每隔几年都会顶着巨大的风险与代价，回家乡探望家人。[1]但随着"9·11"事件发生，边境治安转趋严格，定期返乡就变得太过危险与昂贵，对何塞父母这类的非墨西哥裔迁移者更是如此。[2]政策分析家一再指出，风险和经济代价提高，使得美国出现一批长期居留的无证人口。这些迁移者不再冒险回乡探亲，而是汇钱给配偶或小孩，让他们来美国团聚。[3]因为见识过

---

[1] Miles 1997:68.

[2] 可参见 Reyes 2004。

[3] Massey et al. 2002.

索诺拉沙漠异质集合体的迁移者，几乎没人想经历第二次。

何塞向父母亲哀求了好几年，最后终于说服他们让他来纽约。

古斯塔沃：我 2012 年想过带何塞来，但没有认真考虑，因为他那时还小。我跟他说："别担心，时间到了你就可以来。"没想到一年后，也就是今年 3 月，他竟然对我说："爸爸，我想去找你。"我说："你疯了吗？不行。你来这里要做什么？你还太小了，没法来这儿。"他年纪还小，但个子还算高，甚至比我壮了（他这里用了过去式）。他说："你帮我，让我去那里。"我说："不行，儿子，你不能来。"但他说："我在这里很寂寞。"他那样跟我说。我说："我来纽约是为了你们。我离开家，吃了那么多苦，就是想让你们过得舒服一点。"他对我说："爸爸，我想去那里帮你。我好想你，你已经离开那么久了。"于是我就被说服了。我说："好吧，我会帮你。我们会在厄瓜多尔找人，带你离开。我们会带你来这里。我们会把事情交到神的手上，因为来这里的路很辛苦（*el camino es duro*）。我很清楚，因为我走过。但只要相信神，我们会成功的。"一个月后，我付钱雇了人。就在出发前几小时，何塞好像反悔了。我才付过 1000 多美元，但还是跟他说："虽然出发的时间到了，但我真的不希望你过来。你应该跟弟弟妹妹待在家里，照顾他们。"何塞告诉我："不要。我已经做了决定，我要离开，我想去找你。爸爸，别担心，我会顺利过去的。"

"除了山还是山"

2013 年 4 月 3 日，何塞和两个表兄弟一起离开了昆卡。两人分别是十三岁的费利佩和十九岁的曼尼。[1]和 2001 年克里斯蒂安的遭遇相仿，他们的旅途也长达数月，不过相对平顺。三人搭飞机离开瓜亚基尔后，一路搭乘汽车和巴士穿越多国边界，不到两周就抵达了墨西哥。但一到墨西哥城，他们就被送到不同的安全屋，在那里等候了四十五天，才被送到诺加莱斯。[2]三人没办法离开安全屋，只好自己找事做，大多数时间都在看电视或在小院子里散步。何塞待的安全屋有网络，人口贩子偶尔会准他上网用"脸书"，但当然要付费。

在室内憋了一个半月后，何塞的两个表兄弟坐进一辆客运巴士的行李舱里，领到一个尿桶，并被吩咐不要发出声音，就这样静静躲了两天。而他们上方的乘客睡觉的睡觉、看杂志的看杂志，或是望着墨西哥北部乡间风景，浑然不觉底下有人。虽然何塞如何抵达诺加莱斯的细节并不清楚，但很可能和他的表兄弟差不多。最后他们三人总算在美墨边境团圆，被送到某个安全屋，跟其他几十名迁移者在一起，等候向导告诉他们试运气的时间到了。抵达诺加莱斯十天后，一辆车深夜来到安全屋前，将他们载到了沙漠边。

---

[1] 费利佩和曼尼均为化名。

[2] 上述细节都来自访谈，对象包括何塞的表兄弟、他女友、爸妈和一路上曾经断续联系过的亲友，内容主要集中在何塞最后在沙漠度过的时光。

费利佩：我们晚上离开诺加莱斯的屋子，被送到一座桥（*puente*）底下。车子从屋子到桥下只花了二十分钟左右。所有人都背着黑背包，拿着一桶水，将近四升。有些桶是白的，有些被涂黑……何塞穿着黑色乔丹鞋、黑裤子、黑色套头衫、黑衬衫和上头有红字的黑帽子。所有人都穿得一身黑。

曼尼：何塞带着玫瑰念珠、祷告卡和女朋友给他的猫头鹰项链，皮带上写了几个电话号码，包括他爸的手机和室内电话号码。他没有带身份证件。

费利佩：我们越过围篱，开始步行。队伍大概四十人，外加两位向导，其中一个叫作史库比，另一位的名字我忘了……我们翻过一座小山，到了山下又越过第二道围篱。我们爬到小山上的时候可以看见诺加莱斯，但后来就看不到了。我们走了一整夜，大约清晨四五点才在一座牧场附近休息，睡在那儿的一间废弃房子里，到了早上我们再度出发。

曼尼：我们是从桥那里出发的，走了一小段路后开始爬山，翻过山之后就是平地，接着遇到一条路，路旁有间房子。穿过那条路之后什么都没有，除了山还是山。我们翻过一座高山，山上还有两个会闪的天线，不停闪红光。向导说那里是猪猡山（La Montaña de Cerdo）。

费利佩：隔天队伍就分开了。我、何塞和曼尼跟着史库比……后来开始爬山，史库比在山顶等大家。我们第二天清晨六点到山脚下，何塞的鞋子开始掉底，鞋底脱胶了。何塞不停坐下来喝水。我们分水给他喝，让他继续走。后来我们翻过一座小山，然后下到平地。那里没有树，也没有遮阴的地方，完全没地方躲。

曼尼：我们在山脚下休息十分钟，表弟何塞就开始打盹了。他不想起来。只要停下来休息，他就想睡觉。向导说："别睡，我们只是休息喘口气，然后就要继续上路。"但何塞还是开始打盹，因为天气太热。热会让你想睡，磨掉你的力气。我们其实没剩多少了。何塞的水在背包里，但他还需要更多。他开始喝很多水，觉得愈来愈渴。我们买了电解质水，也给他喝了。他有多少就喝多少，完全没办法克制。

费利佩：早上七点左右，何塞停下脚步，他走不动了，摔倒在地上。史库比开始用脚踢他，跟他说："快起来，否则我

乔丹鞋，索诺拉沙漠，2010 年 7 月（迈克尔·韦尔斯摄）

就踢你。"何塞腿没力了，整个人倒在地上，说他不行了。史库比大吼："你快给我起来，否则我就揍你。"何塞坐在地上一脸茫然（像是头晕目眩的样子），史库比一直踢他。何塞试着站起来，但又重重摔倒，整个人栽在树丛里，把树枝都压断了。他跌了三次，最后一次再也爬不起来。他很想睡觉，眼睛都睁不开了。我们其实也差不多，但何塞感冒了。我们离开诺加莱斯时，他就不舒服了。他说他想自首。他对我说："我走不动了，但你们应该继续走。"

曼尼：他的脚已经不听使唤了。他倒在地上说："我会去自首。"那时附近都是移民官员。我们留下他的那个地方到处都有边境巡逻队。

费利佩：那里有直升机在飞，因为前一天他们才抓到我们队伍里很多人。我们跟何塞说我们会继续走，让他坐在山脚下。他待的那里没地方躲，也没有树，什么都没有。他身上有食物和我给他的一小瓶水。我们走到下一座山，史库比在那里等。之后我们就再也没看到何塞了。

这对表兄弟抛下何塞一天半后，和向导遇上了边境巡逻队，被追到山里。史库比当场抛弃了他们。两人孤零零地迷了路，又没有水和食物，更糟的是十三岁的费利佩已经脱水到开始咳血。破晓时，他们再度出发，途中遇到一片潟湖，于是将桶子装满混浊的水。那天早上他们误打误撞走到了阿里瓦卡路，很快就被边境巡逻队逮到。他们俩在那片山区走的直线距离将近 50 千米。我在标记费利佩和曼尼被捕地点的坐标时，赫然发现那里就在玛丽塞拉陈尸处南方 13 千米。看来他们走的是同一条路线。

几天后，曼尼和费利佩总算在联邦拘留所里跟家人联系上。他们告诉家人何塞被留在沙漠里了。虽然何塞被抛下的地点到处是边境巡逻队，但他并没有自首。第一次访谈结束前，曼尼对我说："我不晓得他为何不自首。也许他后来又继续走了，我不确定到底发生了什么。"

模糊性失落

亲人失踪带来的不确定与痛苦折磨之大，用重创仍不足以形容。对许多人来说，亲人失踪就像一场迟迟无法醒来的梦魇，心里永远惦记着自己的儿子、女儿、哥哥或妻子究竟在哪里。即便找到他们的几率接近零，还是无法停止寻求答案。不信你问那些有家人亲戚在战场上失踪、登上马航 370 号班机或在"9·11"事件中尸体被崩塌的世贸双塔吞噬至今仍然未寻获的人就知道。这类创伤者可能永远无法走出悲伤、困惑与忧郁。临床心理学家称这种现象为**模糊性失落**（ambiguous loss），[1] 甚至称这是人类最沉痛的悲伤，"造成的压力最大，因为无法化解、令人困惑、不确定某位家人是否还在这个家中。有些失落很明确，比较清楚，例如有死亡证明、追悼和安葬祭拜遗体的机会。但模糊性失落完全没有这些标记，得不到维持边界（从社会学角度说）或了

---

[1] 这套理论的概述可参考 Boss 1999, 2004。

结（从心理学角度说）所需的清楚明白"。[1]

2013 年 6 月 2 日，索诺拉沙漠做到了边境巡逻队策略规划者的要求，吓阻了试图进入美国的何塞。但这个异质集合体不仅阻挡了他，还将他生吞活剥，抹去他的所有痕迹，释出的悲痛近至纽约、远到厄瓜多尔都感觉得到。然而，这种抹除既非"意外"也非大自然的作为，而是明明白白写在美国联邦治安计划里，成效全看它"威慑"了多少人。[2]遗憾的是，我们没有可靠的数据揭露到底有多少人在那片沙漠失踪或被认定为死亡。负责评估威慑预防策略的官员也很清楚这一点："沙漠里可能仍有尸体未被发现，也使得迁移者死亡人数统计的正确性有待商榷……未被发现的尸体总数可能永远无法得知。"[3]

对何塞一家人来说，找不到尸体就代表他们一直抱着希望，期盼他还活着，代表他们将永远为他悲伤，但缺乏具体的死亡证据让他们无法公开表达。他们无法"扯衣服抓头发，以各种方式表现哀伤，将失落展露出来，使之变得可以表达"，[4]因为他们也不确定自己到底失去了什么。这种暧昧模糊的情况让他们无法慢慢放下死亡。[5]对他们来说，沙漠死亡暴力既缥缈又无处可逃。

何塞的妹妹独自坐在他房里（还是该说纪念室？）抱着他的

---

[1] Boss 2004:553.

[2] GAO 1997: appendix V.

[3] GAO 2006.

[4] Das 2007:49.

[5] 关于人们在亲人过世后"重新投入"生活遭遇到的困难，参见 Das 2007:192-193.

衣服祈祷他会回来。何塞的祖母夜里会到泥土球场徘徊，希望看见他正在和那群混混朋友喝啤酒。何塞的阿姨不敢去他最爱的餐厅吃饭，因为受不了侄子常待的包厢里空无一人。如同穿越撒拉哈沙漠或地中海失踪的西非迁移者，[1] 何塞的游魂也在他家人四周与梦里流连。何塞的阿姨露西亚跟我提到他们一家人做过的梦和见到的幻象："我梦见他在一条河附近，穿着白衬衫坐在地上，用脚踢石头，将石头扔进河里。我问他：'你在这里干吗？'他说：'没事。'接着就只是继续扔石头。还有一次，我梦见他告诉我：'他们没来找我，我还在诺加莱斯。'我不晓得自己为什么会做这些梦。我爸爸也梦见过何塞，梦到他很害怕，向他求助。"其他家人则想象他失去记忆、替黑道运毒或被当成人质关在牧场里。何塞的阿姨葆拉坐在昆卡家中没有窗户的阴暗厨房里，向我总结了他们一家人的挫折，和玛丽塞拉家人经历的痛苦形成了强烈对比：

> 葆拉：我们只是想搞清楚到底怎么回事，何塞到底发生了什么。不论真相如何，神都会赐予我们接受的力量。他是死是活？我们需要知道他到底怎么了。你想想什么都不知道是什么感觉？（哭泣）我们求神赐予我们前进的力量。或许何塞还活着。神哪，请带他回来，或者让他去找移民官员和警察自首。我们需要知道状况，才能重新继续向前。神保佑的话，何塞很快就会出现的。不管他活着或死了，我们只是想

---

[1] Lucht 2012:220–221.

知道。我们不想再猜想他可能在哪里，现在过得如何或出了什么事。我们什么都不知道……也许"郊狼"做了什么，也许他杀了何塞，将他埋了，让人找不到他。如果何塞被抛下，他们应该会找到遗体，但他们什么也没发现。因为什么都不知道，我们有时会绝望到产生不好的想法。我不想这么说，但玛丽塞拉的家人至少知道她过世了，可以让她入土为安，甚至探望她！他们至少可以到坟前献花。我们什么都不知道！（*¡Aquí no sabemos nada!*）我们对他发生了什么一无所知。

尽管何塞的家人想象了无数种有关他下落与遭遇的可能，但他女友塔玛拉依然抱着一丝希望。我和韦尔斯在昆卡的一间咖啡馆里和她同桌而坐，两人都对她的乐观与坚强感到惊讶。她虽然年轻，却有着经历多年苦痛的人的那种坚定。在一个多小时的谈话里，她提到两人相识相恋的过程，提到目送何塞离开的痛苦。尽管她话语里散发着浓浓的悲伤，却不肯落泪。她爸妈都迁移到纽约了，她和姐姐同住，两人经常吵架。她告诉我们，何塞是她最好的朋友，只有他懂她的寂寞和痛苦。他们是一对苦命鸳鸯，一起适应被跨国迁移彻底弄得支离破碎的生活。在那间光线明亮的咖啡馆里，她忍着泪水告诉我："就在他离开前，我们说好不管发生什么都会永远在一起。我不晓得他是死是活，但我会永远等他。"

"等待何塞"（*Esperando por José*）（迈克尔·韦尔斯摄）

"我们会等到你来"

　　若你从来不曾看过自己的小孩挨饿，不曾焦急地替你生病的宝宝找医生或好几年不曾拥抱自己的儿子，你可能将何塞的遭遇怪在他父母身上。毕竟是他们将他扔在昆卡，是他们付钱给人口贩子带着十五岁的儿子走进沙漠。然而，只有对造成这种状况发生的全球政治经济结构视而不见的人，才会认为全是何塞父母的错。一个人要多么走投无路才会忍心放下五个孩子，四处借贷凑足几千美元，踏上一段不一定能活命更别说成功跨越边境的危险旅程？就算顺利在美国立足，劳力也永远受到剥削，社会地位随时会被剥夺。而做爸爸或妈妈的又要多么走投无路，才会将儿子交到人口贩子手上，让对方带他走进一个出于刻意安排的沙漠杀戮场，结局往往不是极度痛苦就是死亡？这些都是许多生活相对安逸的本书读者永远无法回答的问题。与其责备或评判何塞的家人，我们不如试着站在他们的立场上，想象自己要是面对同样的抉择又将如何？

当我坐在何塞父母纽约家中的客厅里，实在很难去想移民数据、法律、异质集合体或发生这一切应该怪谁。当古斯塔沃讲起他和儿子最后一次聊天时，他的话里没有政治，只有痛苦：

古斯塔沃：那天是周六，他打电话来说："爸爸，我要去你那里了。向导今天会来接我，带我去找你。"他们周六晚上十一点出发，接下来的过程我们并不清楚。一周过去，两周过去，我们还是不晓得他在哪里。我打电话给向导，他说何塞在沙漠里，不可能跟他联络上。我一直问："他什么时候会到？"后来某个周日早上，我们接到电话，是他被捕的表哥打来的。他们说他逃走了。我说他不大可能逃得掉。他们说："没有，何塞真的逃掉了。"要躲开移民官员其实不容易，于是我又打给向导，问我儿子的事。我说何塞如果逃跑了，他应该知道他在哪里。但向导开始给我找其他借口，说不清何塞去哪里了。我再也没有听到儿子的消息。

那个周六是我最后一次和他说话。离开前他跟我说："我心里充满希望，你一定要相信我们会团聚的。"他希望我支持他。他说："答应我，我到了那里你会帮我。"我说："你是我儿子，我无论如何都会支持你，不用害怕。""你确定你会在那里等我吗？"他问我。我说："我保证我会在这里等你。"他在害怕。他有事想告诉我。他想来这里是因为心里有事。我们俩最后一次说话，他说："爸爸，我真的有话想跟你说。"我说："好啊，你说吧。""不是这样，"他说，"我想面对面说，像父亲和儿子那样。""没问题，"我说，"我们等你过来再说。但如果你想现在说，我也乐意听。"他说："不行，现在还不是时候。等我到你那里，我们再说。"

我儿子一直没说他想讲什么（保利娜开始哭）……他在厄瓜多尔认识了一个女孩，两人约会了六个月，他走的两周前在一起，女孩怀孕了。他到墨西哥时才知道这件事，我猜他想跟我说的就是这个。他想跟我说那个女孩怀孕了，想知道我能不能帮他。我没有机会告诉他，但到现在我还是准备支持那个女孩和她肚子里的小女娃。我不会不管她的。我一直很懊悔，我没办法当面告诉我儿子，说我真的会支持他。那宝宝会是个女孩，我很开心。他失踪之后，我们是那么难过，有了这个小宝宝，我们的生活会快乐一点，让我保持希望，继续为何塞奔走。

他女友每天都会打电话来，询问有没有他的消息，看我们是不是知道什么，我能不能找谁帮忙。我说："没有，我没有新消息。"这种话真的很难开口。她觉得我在这里什么事也没干，没有打电话找谁帮忙，何塞都失踪了，我们却一点动作也没有。其实不是。我们一直四处问人，打听何塞的下落。除非找到他，知道他的消息，否则我们再也找不回过去的快乐。

我们束手无策。我们没办法去边界带找他。何塞就这样消失了，不知道是死是活，我们一辈子都会为此落泪。他是个坚强的孩子（哭泣），我很想他，有时甚至什么都不想要了。但这种时候，我不能让心里的感觉爆开，只能将痛苦封住，锁在心底。但真的很难，因为我只要走出房子，心里想的就是他，没有别人。工作的时候，我试着专心做事，我得这么做，但只能撑一会儿，我心里又全是他。我对他说："你出了什么事？你在哪里？为什么没有打电话给我？你很坚强。"他真的是个坚强的年轻人。

老实说，我一直睡不好，通常都拖到凌晨两三点才能睡着，但四五点就会醒来。我睡不着，因为他一直出现在我梦里（泣不成声），让我没办法睡。我有一张他的照片，随时都会拿出来看，对他讲话。我会想到他小时候，我们聊天说话。我想到就会笑，但同时又会掉眼泪，因为我有好多事都没能为他做。

我们决定让何塞过来，但没想到他会失踪。完全没想到。我们完全没想到事情会变成这个样子，但就是遇到了。我很难开口说我儿子失踪了，永远不会回来了。我相信他会回来，我们会再见到他。我不晓得要怎样才能再见到我儿子，用什么样的形式，但我想见他。就算有人跟我说，"听着，我们找到你儿子了，但他变成怎样怎样"，[1] 这样也好。我不想

---

[1] 这里，古斯塔沃的言下之意是就算何塞遗体找到时残缺不全，对他也是一种解脱。

活在怀疑之中，整天想着他到底出了什么事。我们抱孙女了，这是神赐的礼物。但我同时也很难过，因为我们找不到她的父亲。我们找不到自己的儿子。

日子一天天过去，我们觉得愈来愈无力。我有时都觉得这场仗快打输了。我有时起床后会替自己打气："我们会找到他的，我们会找到他的。"这种生活真的很难熬。没有半点消息，没有就是没有（哭泣）。我向神祷告，希望我们终有一天能和何塞团圆，不论怎样都好。

2013 年 11 月，玛丽亚·何塞（María José）呱呱坠地。

12

后　记

危险地带

经过几周计划，我总算说服边境巡逻队公关室和搜索创伤救援队（BORSTAR），让他们跟何塞的母亲保利娜及两位表兄弟通电话。这样一来，要是曼尼和费利佩想起更多他们穿越边境和在哪里抛下何塞的细节，或许就能回溯他们在沙漠的路线，缩小寻找何塞的范围。我先和参与视频会议的几名巡逻队员谈了一会儿。

我：我得先提醒各位，他们都相信何塞还活着，所以会问你们很多事情，例如保利娜可能会问"他会不会在拘留所，只是姓名还没查出来？"类似这种事，我已经跟她说了很多次，跟她说时间过了那么久，这种事发生的几率很低，但她还是会问。

队员：我们尽量，但我不确定我们能回答多少问题。我们会尽力收集资料，评估状况，看能不能展开搜索，寻找这位年轻人的遗体。

保利娜、曼尼和费利佩来电话了。十三岁的费利佩先接受问话，结果不大好。他没有提供太多有用的具体细节，而且不难想见他有点紧张。谈话不到五分钟，你就可以听出其中一位搜索创伤救援队员开始不耐烦了。

费利佩：我们从桥底下走过，然后开始爬山。我们翻过那座山，然后通过一道围篱，接着就开始往北走。

队员：你们看得到诺加莱斯吗？

费利佩：看得到，在山上的时候。

队员：诺加莱斯在东方还是西方？

费利佩：我不晓得，但我们看得到市区。之后我们走了大约一个小时，发现一间还没盖好的房子。我们进去歇了一会儿，然后又继续走……我们到了图森，我们经过一座牧场，看到很多马。我们经过那里，然后遇到一条路。不过只有我和曼尼，因为何塞在后面。

队员：不是不是不是，我想知道你们是什么时候穿越边境的，因为我没有办法……（语带恼怒）你提到"房子"和"桥"，你们那时还在墨西哥境内，对吧？墨西哥我不熟，我只知道美国这边，所以我需要知道你们什么时候从墨西哥进入美国，懂吗？你们怎么知道自己穿越边界了？

费利佩：我们越过一道围篱，是带刺铁丝网。"郊狼"说我们已经进入美国了……我们天黑之前穿越墨西哥和美国的边界，大概下午五点通过边界的。

队员：围篱附近的地形什么样？

费利佩：全都是山，围篱也在山上。我们爬到一半就遇到围篱，越过后继续往上爬。那里树很多……

问话持续了一个多小时。曼尼和费利佩对他们在沙漠里走了几天说法不一，对地标和基本方向的描述有时只能用模糊来形容。以他们的年纪和对那一带的陌生程度，加上多数时候都是晚上前进，交代不清其实不难想象。他们一直告诉巡逻队员"高山上有会闪光的天线"，还有何塞因身体很不舒服而被留下来的那片荒原。听他们描述了一个小时，你可以听出搜索创伤救援队员口气里的不悦，因为他得不到想要的细节。最后轮到保利娜了。其中一位比较有同情心的搜索创伤救援队员来应答，问她有什么问题想问。

保利娜：我没有问题想问，只想请你们帮忙找我儿子。

队员：我们真的很抱歉。我知道你和你家人都很煎熬。我只能说我们会分析刚才那两位少年的陈述，并和德莱昂先生保持联络，讨论可以怎么进行。我知道这样做无法立即帮上什么忙，但很遗憾那片区域真的很大，呃，而且很不好走，因此我们必须讨论一下，看我们能怎么做。

保利娜：我觉得何塞不会从沙漠回墨西哥，因为他在那里待了一个月左右。他在诺加莱斯的最后一天打电话给我们，跟我们说他要出发了。他是真的很开心，因为终于能离开那里，跟我们团圆了（哭泣）。那天他还打了几次电话。他有个女友在厄瓜多尔。她手机接到一通电话，号码很长。她查了那个号码，发现是从别国打来的。

队员：那是在他穿越边境之前，还是之后？

保利娜：在那之后。到了月底又有一通电话，这回是我妹妹在厄瓜多尔接的。她很确定是何塞，因为他喊了她的名字，然后电话就挂断了。

队员：所以你觉得他可能回到了墨西哥，然后打电话回厄瓜多尔？

保利娜：对。

队员（语气傲慢）：女士，让我搞清楚一点，你们的意思是，就算经过那么久，而且被留在沙漠里，你还是觉得何塞打电话跟那个谁说……

保利娜：对，没错，我觉得……（尴尬地沉默了十秒）

那位搜索创伤救援队员正想往下说，就被同事给打断，通话也被切成静音。我们默默等了快一分钟，他们才又回到在线状态。其中一名搜索创伤救援队员匆匆说他们会看情况处理，随即便结束通话。十二天后，我收到一封邮件：

亲爱的德莱昂先生：

首先我要感谢您联络本单位，让我们知道何塞·塔古利的状况。我们很感谢您的耐心与协助，让我们和曼尼及费利佩通话。

经过对两位少年提供的信息进行长时间的分析，并且询问了其他相关人士后，我们针对本案做出了如下判断：目前的条件尚不足以出动边境巡逻队对何塞进行额外搜索。不过，本单位完全可以理解何塞家人可能还想用其他方式继续寻找他，因此我想在此说明本单位对于何塞可能从哪里穿越边境及其路线的推断。他可能在阿塔斯科萨山脉南方的梧桐峡谷以东穿越边界，而两位少年提到的"天线"应该在阿塔斯科萨峰上。何塞很可能在阿塔斯科萨山西方跟表兄弟分开，或许在阿塔斯科萨峰西北。他的两位表亲继续往北，最后在莫伊萨牧场路以东、阿里瓦卡路以南附近被捕。

我们图森区队的所有同仁都对何塞母亲及其他家人的煎熬感同身受。何塞的不幸遭遇再次沉痛提醒我们，许多无证迁移者经由这片危险地带进入美国会面临多大风险。

遗 体

迁移是厄瓜多尔穷人的宿命。我姐姐迁移了。

她为了孩子而离开，因为这里生活很艰苦。

什么都没有。她离乡背井，好汇钱回来，让孩子的人生有更多机会、更多可能。

但她其实一点也不想离开孩子。

——露西亚（何塞的阿姨）

我想那趟旅程真的改变了我们，让你更多地去想自己是谁。那趟旅程会改变你的行为举止。你过去可能很叛逆，工作不认真，但只要开始穿越边境，你就会开始想要改变。

经历这样的事会改变一个人，让你

变成更好的人。这是我的看法。

——克里斯蒂安

1891 年，《哈珀新月刊》（*Harper's New Monthly Magazine*）刊登了一幅由美国艺术家雷明顿（Frederic Remington）绘制的插图，标题为"渴死在沙漠"。在这幅搭配无证中国移民报道的插图中，一名戴着帽子、拿着水壶的苦力在荒凉的索诺拉沙漠痛苦挣扎。[1]一百多年后，这幅图画再次辛辣地提醒我们，只要有人在自己的国家走投无路，薪水不足以温饱，而美国又需要廉价劳动力，迁移者就会不计代价穿越边境。

这些人宁愿抛家弃子，冒着生命危险也要穿越沙漠到另一个国家刷马桶赚取最低薪资的原因其实很明显：全球经济不平等、政治动荡、战争、饥荒、政府腐败、毒品暴力或放任下的资本主义，以及消费者对廉价商品与服务的需求。相关政治经济议题数也数不完，没有简单的政策可以解决。新的外籍劳工计划能解决美国边境问题吗？劳动监督和惩罚雇用无证移民的雇主可以阻止迁移潮吗？平衡美国和南方邻邦的贸易关系，能打消迁移者离乡背井的念头吗？还是加大对拉丁美洲的经济投资，减少边境战争的经费？这些建议一再有人提出，却始终成效不彰。

归根结底，原因还是出在美国的口是心非上，一方面需要这

---

[1] Ettinger 2009:60.

些能以遣返为要挟而取得的廉价劳动力，另一方面又不想让无证劳工待在国内。美国民众必须先察觉这个根本的社会经济两难，并加以解决，才有办法认真改革移民政策。然而，本书的目的并不在于解决我们的非法移民问题。这个难题没有简单的解法。我只是想点出美国边境治安手段的伪善与不人道，同时呈现美国边境查缉措施对人身性命造成的巨大戕害。我希望揭开这个名为"威慑预防"的边境管制策略的神秘面纱，揭露一个由异质行动者构成的策略网络如何日复一日地制造许多形式复杂的暴力。当我们走到这项联邦政策的幕后，就会见到边境巡逻队的策略规划者用手里细绳操控的那些动物、致命的高温与"险恶地形"。若问我希望本书能做到什么，那便是将美国边境查缉措施刻意隐瞒的效应摊在阳光下，让更多人注意到这整套移民治安方针背后的暴力思路。

然而，从某个角度来说，本书也是索诺拉沙漠异质集合体生还者的证言及殒命者的悼文。无证者慷慨应允我在书里分享的话语、故事与影像是他们的公开表态，向世人宣告他们的生命值得注意、重视与维护，[1]值得为之追悼。诚如巴特勒所言，我们不该将悲伤视为私人情绪，无关政治，而是应该视之为公众情感，能激发"复杂秩序下的政治社群感"。[2]当我们可以公开哀悼玛丽塞拉、何塞及成千上万因为残忍的边境政策和不断将人推往美国找工作的全球化经济而受苦死亡的人，或许就更能理解不同世

---

[1] Butler 2004:34.
[2] Butler 2004:22.

界如何紧密交缠，而我们生而为人又对彼此负有何等道德责任。

———————

1980 年代，我还是个孩子的时候，家里住在得克萨斯州麦卡伦市。我记得自己曾经亲眼见过走投无路的人大白天从墨西哥的雷诺萨涉水横渡格兰德河。1990 年代初期施行的威慑预防政策将迁移者刻意引导至亚利桑那，使得这类大胆行动一夜消失。直到最近五年，索诺拉沙漠的治安措施日益严苛，格兰德河再次出现横渡者的身影。目前许多无证迁移者会在得克萨斯州南部荒芜的牧场长途跋涉，以躲避边境巡逻队，使得这一带成为全美最繁忙的边境穿越走廊。[1]本书付印期间，加入出走大军的中美洲人数目创下历史新高，其中许多是逃离贫穷与暴力的孩童。为了抵达美墨边境，这些迁移者会搭俗称"野兽"的货运火车横越墨西哥，时常断手断脚甚至送命。死于这条新路线的成人与孩童人数不得而知，但墨西哥北部发现的乱葬岗和得克萨斯州数个县的墓园里出现的无主坟冢，都显示这条路线是新的杀戮场。[2]

面对这批有碍观瞻的中美洲迁移者，美国联邦政府的反应是动用政治经济手腕，迫使墨西哥政府遏止迁移者坐在火车顶上偷渡。[3]因此，迁移者目前可能必须步行上千千米横越遍布危险的墨西哥，路上几乎免不了遭遇攻击、抢劫、谋杀、强暴和勒索。[4]美国早已将其南方边界推到危地马拉，并且将墨西哥的险

———————

[1] 见附录。

[2] Tuckman 2010; Hennessy-Fiske 2014.

[3] Associated Press（美联社）2014。

[4] Martínez 2013.

恶地形纳入异质集合体中。

2014 年 11 月 20 日，美国总统奥巴马颁布行政命令，暂缓遣送符合特定条件的大批无证迁移者出境，包括 2010 年之前抵达美国且至少有一名子女为美国公民或合法居民的人，以及十六岁之前抵达美国者。这道迟来的命令让大批滞留美国的人暂时松了口气，人数估计将近 500 万。遗憾的是，本书提到的几位朋友，还有不符合资格的六七百万无证迁移者，都无缘获得这项暂时措施的庇荫。基本上，奥巴马此举相当于为某些已经踏上美国领土的人提供一片联邦"创可贴"。然而，这项行政命令并未改变美国边境的治安手段，也没有终结异质集合体，压根没有减缓无证迁移潮。

每天你都会在边界带见到路丘、梅莫、克里斯蒂安、玛丽塞拉和何塞。他们有些人是为了追求更好的生活，有些人则是希望修补跨国迁移撕裂的家庭。这个社会过程有如一张复杂的蜘蛛网，范围又大又广，对困在网上的人来说，永远没有"幸福结局"可言。梅莫和路丘依然每天都得力求温饱，同时躲避移民单位的查缉。梅莫一直跟我说只要存够钱，他就会回去探望病弱的母亲。从她亲吻儿子的脸颊与他告别，已经快二十年过去了，但团圆至今仍是一场梦。撰写这最后一章时，我接到梅莫电话，说他被经济不景气害惨了。工作机会锐减，让他突然得在家附近的"家得宝"门口站岗，等待有人来雇临时工。我们相识六年来，他头一回向我借钱买日用品。尽管如此，梅莫依然是个乐天派，不断跟我保证他回去探望母亲之后，会再带着相机穿越沙漠回来。反观路丘则是隔三岔五想起那段经历，死也不肯再回到亚利桑那荒漠。

克里斯蒂安一直努力存钱，希望弄到旅游签证让年迈的父母到纽约来。他已经十多年没有见到他们了。更重要的是，他希望老人能带着他未曾谋面的十三岁儿子一起来。他最近也不好过。2014 年秋天，他站在 4.5 米高的梯子上卸除房子上的石棉瓦，结果脚下踩空跌落了好几层脚手架，倒在地上昏迷了十分钟，同事都以为他死了。因为工地许多人都是无证者，不敢打 911，所以将克里斯蒂安送到一家免费诊所，替他包扎冰敷，喂他止痛药。意外发生四个月后我见到他，他仍然不良于行，内伤也还没痊愈，而且还是没看医生。既然稍微能走动了，他又开始打算找工作，像是办公大楼夜班清洁工之类轻松点的兼职。

玛丽塞拉的三个孩子慢慢适应失去母亲的生活。克里斯蒂安尽可能经常汇钱供应他们所需，而瓦妮莎则是尽力填补玛丽塞拉过世在他们心里留下的空缺。

何塞的女友塔玛拉一边忙着照顾两人的爱情结晶，一边信守承诺继续等他。她经常写邮件问我有没有何塞的消息，并计划未来和她母亲一样迁移到纽约，好赚取美元汇回昆卡养育女儿。

古斯塔沃和保利娜仍然抱着希望，觉得儿子还活着。我经常和保利娜通电话，听她说他们又联系了哪些带路人，看他知不知道何塞走的路线。我承诺帮他们夫妇俩继续寻找儿子的下落，因此除了频繁联系"郊狼"，我也花了许多时间寻找当时跟何塞同行的伙伴。过去这一年，我、韦尔斯和基只要去亚利桑那，就会到索诺拉沙漠的阿塔斯科萨山脉附近转转，寻找何塞的蛛丝马迹，但他依然没有出现。

撰写本书期间，我偶然读到奥丹诗人塞佩达（Ofelia Zepeda）的一首诗——《1993 年洪水及其他》。诗里有一段我现在时不时就会找出来重读：

遗体。
此刻他的骨灰在山脚下被雨水冲刷，
重新混进了当初孕育他的土壤。
他的尖叫无声，
你仿佛在他的笑声中听见那些灰烬，
犹如青少年的话语让你摸不着头绪，
你无法期待十五岁的少年能够懂得。
骨灰已经飘向四面八方，
混进了带来雨水的云，
甚至飘到流向皮马县的希拉河上。
当然有些骨灰飘进了大河，顺流而下
去了墨西哥，混进温暖的沙滩，而你正躺在沙滩上
微笑看着螃蟹爬过身旁。

不论何塞身在何处，都愿他温暖微笑。

致　谢

迈克尔·韦尔斯

我要感谢玛丽塞拉和何塞在厄瓜多尔和纽约的家人、阿里瓦卡的朋友和吉卜赛小馆（La Gitana Cantina）的所有人，包括弗恩（Fern）和彭尼（Penny），尤其要谢谢加里（Gary）。我还要感谢无证迁移计划的所有学生。内人格蕾丝（Grace）和两个女儿波普伊（Poppy）及朱尼珀（Juniper），我很爱你们。最后要谢谢德莱昂从一开始就找我加入计划。

杰森·德莱昂

本书能完成，全靠书中人物对我的信任与坦诚。他们的慷慨我无以回报，只能期许自己做好说书人的角色，替这些朋友说出他们没办法亲自讲述的故事。我要感谢玛丽塞拉的家人，尤其是化名为克里斯蒂安和瓦妮莎的两位，谢谢他们打开纽约和厄瓜多尔的家与生活让我走入其中。谢谢何塞的家人，即使他们的遭遇仍然像无法愈合的伤口，却还是信任我，应允我讲述他们的心碎故事。最后我要谢谢路丘和梅莫这些年来给我的一切。梅莫，你是我兄弟（*eres mi hermano*）。

————————

我要感谢许多朋友与机构这些年来对无证迁移计划的启发与支持，并协助我顺利"生出"本书。2004 年夏天，我和来自墨西哥特拉斯卡拉圣何塞潟湖区的巴迪略（Victor Baldillo）坐在发掘遗址旁，听他说起穿越索诺拉沙漠的痛苦经历。和他为友彻底改变了我的人生道路，启发我成为如今的人类学家。兄弟，我们海滩见！（*¡Nos vemos en la playa mano!*）谢谢本兹（Lauren Benz）出了个疯主意，要我去亚利桑那看看关于无证迁移，考古学能说些什么。

无证迁移计划的种子是我在华盛顿大学教书时种下的。它的"版税研究基金补助计划"给了我迫切需要的资源，让我得以在 2009 年进行首季的田野调查。此外，我还拿到国家科学基金会（NSF）的 RAPID 补助计划（案号 0939554），在亚利桑那和墨西哥进行前导研究。谢谢国家科学基金会的温斯洛（Deborah Winslow）从最初就看好这项研究计划。

我要感谢谢尔-邓肯（Bettina Shell-Duncan），她是我在华盛顿大学人类学系时的系主任，虽然她没有义务那么帮我，却竭力支持我的研究。我还要谢谢弗拉加（Luis Fraga）在我执教两年期间的全心支持。霍夫曼是我在西雅图时的好同事、好邻居和好朋友，阿圭勒（Rick Aguilar）则是值得信赖的好伙伴。最后，我要感谢加西亚（María Elena García）和卢塞罗（José Antonio Lucero）这些年给我的指引、友谊与关爱，我对他们的感激无法尽诉。

我有幸以密歇根大学作为我学术的家。校方始终在财务、后勤与智性上大力支持本人的研究，时常让我感到何德何能。我要感谢密歇根大学文学、科学与艺术学院提供的补助，让书里许多照片得以顺利纳入。

密歇根大学人类学系是我待过最有学院气氛的地方。系主任弗里克（Tom Fricke）从我一到系上就大力相挺，让我铭感五内。系上许多同事是我获得支持与脑力激荡的来源，本书少了他们就不会成真。我要特别感谢贝克（Rob Beck）、贝阿尔、德夫林（Maureen Delvin）、杜阿（Jatin Dua）、菲利-哈尼克（Gillian Feeley-Harnik）、费赫尔瓦里（Kriszti Fehervary）、加维（Raven Garvey）、赫尔（Matt Hull）、基恩（Webb Keane）、金斯顿（John Kingston）、基尔希（Stuart Kirsch）、莱蒙（Alaina Lemon）、曼海姆（Bruce Mannheim）、米塔尼（John Mitani）、米格勒（Erik Mueggler）、奥谢（John O'Shea）、帕森斯（Jeff Parsons）、帕特里奇（Damani Partridge）、罗伯茨（Liz Roberts）、施赖奥克（Andrew Shryock）、西诺波利（Carla Sinopoli）、斯佩思（John Speth）、斯图尔特（Brian Stewart）、沃尔波夫（Milford Wolpoff）、赖特（Henry Wright）和扬（Lisa Young）。本书的章节与构想大大得益于人类学系社会文化研讨会、人类史学（Anthro History）工作坊和人类学系博物馆午餐交流会上同事与学生的回馈，以及2009年至2015年邀请我发表演讲的各单位的听众。我要感谢人类学系的伦德奎斯特（Amy Rundquist）和温尼厄姆（Julie Winningham）在行政事务上的协助，满足我从田野调查、写书到出版补助各方面的需求。我还要感谢人类学系图书馆馆员戴维斯（Jennifer Nason Davis）在档案里寻找本书能用的照片。我要特别感谢同乡克鲁格里亚克（Amanda Krugliak）各方面的大力合作。谢谢巴恩斯（Richard Barnes）帮助我用新的目光看待迁移经历。感谢史密斯（Sid Smith）和人文研究中心（the Institute for the Humanities）对无证迁移计划的坚定支持，并让"例外状态展"得以成真。谢谢多林-怀特（John Doering-White）、弗朗克-瓦伊塔尔（Amelia Frank-Vitale）和卡米纳（Matan Kaminer）给我许多启发，我很荣幸和这几位学生共事。谢谢*蔡"朋友"（Howard "Amigo" Tsai）、"约翰尼叔叔"德沃尔（Jonathan "Uncle Johnny" Devore）和希克斯（Randall "Kevin" Hicks）让我入伙。感谢内姆谢尔（Dan Nemser）和多布金（Loren Dobkin），你们真是很棒的朋友。我要特别感谢我的死党兼人生教练伦珀特（Michael Lempert）于本书撰写期间各个阶段的协助，并提醒我哪里有特价珍珠奶茶。

本书大部分篇幅是我在高等研究学院（School for Advanced Research）担任威勒海德研究员（Weatherhead Fellow）期间撰写的。我要感谢学院教职员对我的鼎力支持，尤其是巴卡（Lynn Baca）、戴维斯（Flannery Davis）、盖根（Cynthia Geoghegan）、古铁雷斯（Isidro Gutierrez）、霍尔特（Laura Holt）、蒙托亚（Randy Montoya）、帕切科（Lisa Pacheco）、潘（Elysia Poon）、桑多瓦尔（Carol Sandoval）、斯威尼（Ray Sweeney）和泰勒

---

* 作者这里用了中文。

（Nicole Taylor）。我要特别感谢前院长布鲁克斯（James Brooks）于 2013 学年让这群出色学者齐聚一堂。我很荣幸和以下这群伙伴在高等研究学院（主要是台球间）共度一年：包狄诺（Patricia Baudino）、布兰塞特（Kent Blansett）、伯姆（Debbie Boehm）、丹克（Jon Daehnke）、杰德（Islah Jad）、卡兰迪诺（George Karandinos）、李和（He Li）、隆特伊（Amy Lonetree）和特菲勒斯（Májiá Tailfeathers）。特别感谢威尔逊（Jordan Wilson）教我各种烹饪诀窍。我要感谢哈特（Laurie Hart），因为她是如此特别，还有布尔古瓦的友谊与指引。我还要感谢托瑞亚多（Chile Torreado），他做的墨西哥卷饼早餐真是全新墨西哥州最赞。

我 2013 年获得国家地理的新秀探险家奖（Emerging Explorer Award），本书部分研究得到该奖支持。我要感谢国家地理同仁的长期支持，尤其是阿马多尔（Fabio Amador）、克罗宁（Anastasia Cronin）、莫恩（Alex Moen）、桑顿（Christopher Thornton）和祖克（Cheryl Zook）。

感谢我在其他单位的许多同事为本书不少章节和构想提供的有益意见，尤其是道蒂、麦圭尔（Randy McGuire）和斯蒂芬（Lynn Stephen）。谢谢我的法国患难兄弟里夏尔（François Richard）。

我有太多事情要感谢马歇尔（Kate Marshall）。身为加利福尼亚大学出版社编辑，她在本书构思、撰写和编辑期间不仅全力支持，还充满耐心，给我诚实的反馈。她在编辑上的敏感度可比蜘蛛，不仅将本书推向正确的轨道，必要时也会叫我悬崖勒马。我找不到比她更棒的写作教练了。我要感谢出版社的印制魔术师布朗（Dore Brown），将我沾满咖啡渍的粗糙手稿改造成你手上的成品。我还要感谢艾森施塔克（Stacy Eisenstark）为了本书好几个地方而据理力争，以及弗特坎普（Ryan Furtkamp）和达内（Alex Dahne）努力宣传本书。感谢耐心勤勉的文案贝克（Steven B. Baker）帮我做到一丝不苟，就算我坚持放进一堆无法翻译的墨西哥俚语和编造字，他依然不离不弃。我还要感谢出版社对本书的信心，让我和韦尔斯放进那么多照片。

本书初稿得到三位审稿人诚实又有帮助的批评指教，他们的反馈充满洞见，让手稿的内容大为改善。书中所有错误疏漏均为作者之过。

虽然我在书里提到阿里瓦卡的次数不多，但它在 2010 年至 2014 年间一直是无证迁移计划的心脏、灵魂与核心，并成了我第二个家。我永远无法回报阿里瓦卡这些年给我和学生的爱与支持于万一。感谢阿里瓦卡行动中心连续几个田野调查季借地方给我们做实验。我要给好友法雷尔（Jill Farrell）以大大的拥抱，是她让我知道社群的真谛。谢谢麦圭尔（Danny McGuire）、台球玩家盖瑞（Gary）、霍利（Holly）、肯尼（Kenny）、黛比（Debbie）、奥克塔维奥（Octavio）、龙尼（Ronnie）、金特罗（Sean Quintero）、罗哈斯（Shawn Rojas）、谢尔登（Kathy Sheldon）、斯托布（Bradley Staub）、蒂姆（Tim）和乔乔叔叔（Uncle JoJo）。读者要是去阿里瓦卡，一定要造访吉卜赛小馆，那里是北美甚至全世界最棒的酒馆。我还要感谢老板米林诺维奇夫妇（Maggie and Rich Milinovitch）、谢泼德夫妇〔Penny and Steve Shepard，还有巴斯特（Buster）和奇科（Chico）〕和鲁宾逊（Fern Robinson）这几位大好人，感谢他们总是不吝对无证迁移计划伸出援手。我要向我阿里瓦卡的表亲杜（Drew C. Do）致敬。我爱你，兄弟。

这些年我在图森认识了一些非常棒的人。谢谢威尔逊（Mike Wilson）、普赖斯（Norma Price）和图森撒马利亚人的大家。还要谢谢我的朋友赖内克，她帮我的次数多得数不清，并且让我明白什么叫为了改变而工作。如果想了解更多赖内克等人在沙漠替家属寻找亲人遗体的工作，可以到科利布里人权中心网站（http://colibricenter.org/）查询。图森导演兼作家弗格森一直是我的沙漠精神向导，我很荣幸能称她为友。我要感谢"禅师"基这些年来向我展现的一切，尤其是让我明白什么叫真正的人道主义者。我欠他的情永远也还不了。

田野调查期间，墨西哥的诺加莱斯有许多人指引我、支持我。谢谢洛雷罗夫妇愿意打开胡安·博斯科收容所的大门，让我能够做研究，并且从1980年代初期到现在一共协助了100多万名迁移者，为他们提供了温暖的床和食物。感谢收容所里的许多员工协助我做研究，更重要的是让我看到一个人如何在每天面对无穷尽的悲惨与愁苦时还能保持乐观。我特别要感谢费尔南多（Fernando）、波洛（Polo）、何塞（José）、埃里克（Erik）和内奇（Netchy）。

2009年我徒步穿越沙漠，"长耳大野兔"杰克逊［Jackson（Jackrabbit）Hathorn］是第一个被我说动同行的学生。我不可能找到比他更好的旅伴或DJ了。这些年来有许许多多大学生和研究生参与无证迁移计划，让计划得以成功。我想在此一一感谢他们。无证迁移计划2009年班：莱德斯马（Briana Ledesma）；2010年班：伊马迪（Rachel Emadi）、加西亚（Ester García）、哈米尔（Morgan Chalmers Hamill）、扬诺内（Adrienne Iannone）、欧斯特里彻（Ian Ostericher™）、佩恩（Hilary Payne）、普拉斯（Graham Pruss）、里奇（Steven Ritchey）、希普曼（Austin Shipman）、斯托克斯（Shaylee Stokes）、武洛维奇（Sasa Vulovic）和亚克肖（Sophia Yackshaw）；2012年班：贝克（Johnquil Baker）、巴雷特（Reanne Barrett）、卡斯蒂略（Mario Castillo）、迪岑（Alarica Dietzen）、葛拉波克沙（Sam Grabowksa）、曼克尔（Magda Mankel）、纳尔逊（Lauren Nelson）、帕拉西奥（Rolando Palacio）、"丘巴卡"舒伯特［Ashley（Schewbacca）Schubert］和辛格（Parth Singh）；以及2013年班：安东尼乌（Anna Antoniou）、巴特（Emily Butt）、丹特斯（Andrea Dantus）、多尔夫斯曼-霍普金斯（Marcela Dorfsman-Hopkins）、戴维斯（Jordan Edward Davis）、德拉罗萨（Bill De La Rosa）、拉夫伯（John Lefeber）、卡斯（Hannah Kass）、李（Dan Lee）、洛夫兰（Erika Loveland）和姆林（Leah Mlyn）。

这些年来，密歇根大学有许多学生协助整理我们每年从田野带回来的数千件人工制品和几百小时录音带。没有他们，我们的实验不可能进行：狄克逊（Ariana Dixon）、弗林格-比尔［Anna（Bri）Forringer-Beal］、杜罗斯（Emma DuRoss）、海斯（Emma Hays）、赫里斯托瓦（Poli Hristova）、尼达姆（Melissa Needham）、博斯特斯（Michelle Vosters）、桑德斯（Joia Sanders）和"酷炫"索尔利许［Greg（2 Dope）Sollish］。感谢无证迁移计划荣誉成员因克兰（María Inclán）、加西亚（Eduardo "Lalo" García）和赖特（Alice Wright）。

我要感谢田野研究中心这些年来对无证迁移计划田野学校的资助，让我能带着几十位学生到沙漠学习迁移与人类学。院长波特纳（Ran Boytner）从一开始就对无证迁移计划充满信心，我很感谢他的支持。田野研究中心是世界级的研究机构，能沾它的光让我倍感荣幸。

感谢史密森尼学会（the Smithsonian）的贝拉斯克斯（Steve Velasquez）相信迁移者的遗留物值得保存。

谢谢帕斯特拉纳（Raúl Pastrana）帮助我让更多人重视何塞·塔古利的遭遇。

感谢过路卡车司机乐团（Drive-By Truckers），他们的南方摇滚乐伴着我开车横越索诺拉沙漠，度过了无数时光。

谢谢斯普林斯廷（Bruce Springsteen）写了 B 面歌曲《生在美国》(*Born in the USA*)，本书大部分篇幅都是以它为背景音乐写完的（没有嘲讽的意思）。

从我最后一次到亚利桑那做田野，到撰写本书的十六周，我都是靠着伊斯贝尔（Jason Isbell）的专辑《东南》(*Southeastern*)度过低潮和庆贺小有进展。我要感谢他不断向我们展示语言和音乐创造世界的力量。

我的死党（兼英雄）弗劳汀（Will Vlautin）在写书全程给了我太多道德与编辑上的支持，谢啦，兄弟。

这些年有不少人被我缠着参与无证迁移计划，他们给我的启发与协助我永远无法一一回报。霍尔（Kate Hall）成了我们的常驻埋葬学家，本书第三章的尸体分解数据大多是她、欧斯特里彻和贝克（Jess Beck）提供的。沃特豪斯经常让我们见识到什么才叫用心做研究。我要感谢瑙曼（Aaron Naumann）示范如何神游物外（spirit ride），并且在我们执行大型田野计划的第一年让我没有疯掉。麦蒂（Maddie Naumann）原本是找我指导毕业论文的大学生，但很快就成了一家人。我很高兴她和瑙曼结婚生了一个叫作利昂娜（Leona）的"母狮"宝宝，让我们联结更深，很开心乔茜（Josie）决定加入无证迁移计划的大家庭。感谢德拉蒙德尽职担任无证迁移计划的道德指南针，即使这件事非她所愿。我要给予伯格斯马-萨法尔（Chloe Bergsma-Safar）大大的拥抱，她拥有我遇过的最和善的灵魂。谢谢斯帕伦塔克〔Murphy（Murphette）Van Sparrentak〕让我们知道"让我解释给你听"是什么意思。姐妹，我们山顶上见！斯图尔特离开了却又好像没有离开，我爱你，兄弟。最后，我要感谢好友兼长期合作伙伴高基（Cameron Gokee），我欠他的恩情远超过他能想象的程度。谢谢你，$C_\$$。

我要感谢家人在我做研究和撰写本书期间的支持与鼓励。非常感谢我的嫂嫂芭芭拉和大舅子弗雷德（Barbara and Fred Bigham），还有小舅子弗里茨（Frits Bigham）。我还要特别感谢希尔兹（Dave Shields）叔叔总是提醒我，我能把书写完的。

谢谢弗伦奇（Kirk French）经历了那么多之后还愿意跟我说话。

我的异母弟弟瓦西里〔Geoff（Jefe）Vasile〕，我爱你。菲卡

滴滴滴（Fick-a-dee-dee-dee）[i]。

十分感谢韦尔斯从 1993 年圣莫尼卡市政中心的邪教合唱团（Bad Religion）演唱会开始，就一路跟我走到现在。

谢谢桑蒂（Santi）、威利（Willie）和霍姆斯（Holmes）。

我要感谢我的妈妈叫我勇敢追梦。

谢谢伊吉（Iggy）让我知道生命里什么最重要。

最后，我欠下最多恩情的就是我的老婆阿比盖尔（Abigail Bigham）。过去五年研究期间我经历了胜利、痛苦、悲伤与气恼，她都一路相伴。她在我写书期间展现的耐心，充分显露了她的坚强、温柔与幽默。宝贝，你是我的天和地。

---

i　玩笑语，无实际意义。

附　录

2000 年至 2014 年美国边境巡逻队南方边境各区逮捕人数统计表

区名	2000	2001	2002	2003	2004	2005	2006
圣迭戈（CA）	151681	110075	100681	111515	138608	126909	142122
埃尔森特罗（CA）	238126	172852	108273	92099	74467	55726	61469
尤马（AZ）	108747	78385	42654	56638	98060	138438	118537
图森（AZ）	**616346**	**449675**	**333648**	**347263**	**491771**	**439090**	**392104**
埃尔帕索（TX）	115696	112857	94154	88816	104399	122689	122261
大本德，旧名马尔法（TX）	13689	12087	11392	10319	10530	10536	7517
德尔里奥（TX）	157178	104875	66985	50145	53794	68510	42634
拉雷多（TX）	108973	87068	82095	70521	74706	75342	74843
里奥格兰德河谷（TX）	133243	107844	89927	77749	92947	134188	110531
全年总计	1643679	1235718	929809	905065	1139282	1171428	1072018
全年各区逮捕人数占比							
圣迭戈（CA）	9	9	11	12	12	11	13
埃尔森特罗（CA）	14	14	12	10	7	5	6
尤马（AZ）	7	6	5	6	9	12	11
图森（AZ）	**37**	**36**	**36**	**38**	**43**	**37**	**37**
埃尔帕索（TX）	7	9	10	10	9	10	11
大本德，旧名马尔法（TX）	1	1	1	1	1	1	1
德尔里奥（TX）	10	8	7	6	5	6	4
拉雷多（TX）	7	7	9	8	7	6	7
里奥格兰德河谷（TX）	8	9	10	9	8	11	10
总百分比	100	99	100	100	101	99	100

2007	2008	2009	2010	2011	2012	2013	2014	各区总人数
152459	162392	118712	68565	42447	28461	27496	29911	1512034
55881	40962	33520	32562	30191	23916	16306	14511	1050861
37994	8363	6952	7116	5833	6500	6106	5902	726225
378323	**317709**	**241667**	**212202**	**123285**	**120000**	120939	87915	4671937
75464	30310	14998	12251	10345	9678	11154	12339	937411
5537	5390	6357	5288	4036	3964	3684	4096	114422
22919	20761	17082	14694	16144	21720	23510	24255	705206
56715	43659	40571	35287	36053	44872	50749	44049	925503
73430	75476	60992	59766	59243	97762	**154453**	**256393**	1583944
858722	705022	540851	447731	327577	356873	414397	481385	12229557

18	23	22	15	13	8	7	6	
7	6	6	7	9	7	4	3	
4	1	1	2	2	2	1	1	
44	**45**	**45**	**47**	**38**	**34**	29	18	
9	4	3	3	3	3	3	3	
1	1	1	1	1	1	1	1	
3	3	3	3	5	6	6	5	
7	6	8	8	11	13	12	9	
9	11	11	13	18	27	**37**	**53**	
102	100	100	100	100	101	100	99	

资料来源："Total Illegal Alien Apprehensions by Month," fiscal years 2000—2014，U.S. Customs and Border Patrol, www.cbp.gov。

说明：**粗体代表该区逮捕人数为当年最多**。

由于四舍五入，总百分比不一定为100。

2010 年度美国边境巡逻队图森区逮捕人数表（依距离边界远近分）

	逮捕人数（百分比）	
	2010	**2011**
0—1 英里 i	43188 (20%)	25625 (22%)
1—5 英里	56995 (27%)	29835 (25%)
5—20 英里	49405 (24%)	33789 (28%)
大于 20 英里	60091 (29%)	29881 (25%)
总计	209679 (100%)	119130 (100%)

资料来源：GAO 2012: figures 33 and 34。

i　1 英里约为 1.6 千米。

参考文献

ABLM (Arizona Bureau of Land Management)

2011 "Southern Arizona Project to Mitigate Environmental Damages Resulting from Illegal Immigration." Fiscal Year 2011 Report.

ACLU (American Civil Liberties Union)

2009 "Operation Streamline Factsheet." www.immigrationforum.org/images /uploads/OperationStreamlineFactsheet.pdf. Accessed March 2014.

2014 "Customs and Border Protection's (CBP's) 100-Mile Rule." www.aclu.org /sites/default/files/assets/14_9_15_cbp_100-mile_rule_final.pdf. Accessed February 28, 2015.

Agamben, Giorgio

1998 *Homo Sacer: Sovereign Power and Bare Life*. Palo Alto, CA: Stanford University Press.

2005 *State of Exception*. Translated by Kevin Attell. Chicago: University of Chicago Press.

Alvarez, Robert R., Jr.

1995 "The Mexican-US Border: The Making of an Anthropology of Borderlands." *Annual Review of Anthropology* 24: 447–470.

Anderson, Stuart

2013 "How Many More Deaths? The Moral Case for a Temporary Worker Program." National Foundation for American Policy Policy Brief. March.

Andersson, Ruben

2014 "Hunter and Prey: Patrolling Clandestine Migration in the Euro-African Borderlands." *Anthropological Quarterly* 87(1): 118–149.

Andreas, Peter

2009 *Border Games: Policing the U.S.-Mexico Divide*. Ithaca, NY: Cornell University Press.

Annerino, John

2009　*Dead in Their Tracks: Crossing America's Desert Borderlands in the New Era.* Tucson: University of Arizona Press.

Anti-Defamation League

2012　"Arizona: The Key Players in the Anti-immigrant Movement." www.adl.org /assets/pdf/civil-rights/immigration/Arizona-anti-immigrant-movement-temp-9-7-12.pdf.

Anzaldúa, Gloria

2007　*Borderlands/La Frontera: The New Mestiza.* 3rd ed. San Francisco: Aunt Lute Books.

Archaeology Magazine

2011　Letter to the Editor. *Archaeology* 64(2).

Arizona Daily Star

2014　"Police Raid Immigrant Group Shelter in Nogales, Group Says." *Arizona Daily Star,* July 12.

Associated Press

2011　"Drug Smugglers Use Catapult to Fling Pot to Arizona." azcentral.com, January 27. www.azcentral.com/news/articles/2011/01/26/20110126arizona-border-marijuana-catapult.html#ixzz3BnrtfkNp. Accessed March 7, 2015.

2014　"Mexico Cracking Down on Central Americans Riding 'The Beast,' Sending Them to Deportation Centers." CBS Houston, August 29. http://houston .cbslocal.com/2014/08/29/mexico-cracking-down-on-central-americans-riding-the-beast-sending-them-to-deportation-centers/. Accessed March 30, 2015.

Banks, Leo

2009　"Trashing Arizona: Illegal Immigrants Dump Tons of Waste in the Wilderness Every Day—and It's Devastating the Environment." *Tucson Weekly,* April 2. www.tucsonweekly.com/tucson/trashing-arizona/Content?oid= 1168857. Accessed March 7, 2015.

Barthes, Roland

1981　*Camera Lucida: Reflections on Photography.* 1st American ed. New York: Hill and Wang.

Bassett, Samuel Elliot

1933　"Achilles' Treatment of Hector's Body." *Transactions and Proceedings of the American Philological Association* 64: 41–65.

Basso, Keith H.

1996　*Wisdom Sits in Places: Landscape and Language among the Western Apache.* Albuquerque: University of New Mexico Press.

Bazzell, Robert

2007　"Border Town Hospitals Straddle Care and Costs." NBC News. March 27. www.nbcnews.com/id/17760618/ns/health-second_opinion/t/border-town-hospitals-straddle-care-costs/#.VBHeqcKp18E.

Beck, Jess, Ian Ostereicher, Greg Sollish, and Jason De León

2014 "Animal Scavenging and Scattering and the Implications for Documenting the Deaths of Undocumented Border Crossers in the Sonoran Desert." *Journal of Forensic Sciences* 60: S11–S20. doi: 10.1111/1556–4029.12597.

Behar, Ruth

1996 *The Vulnerable Observer: Anthropology That Breaks Your Heart.* Boston: Beacon Press.

Bennett, Jane

2010 *Vibrant Matter: A Political Ecology of Things.* Durham, NC: Duke University Press.

Bertoli, S., J. Fernandez-Huertas, and F. Ortega

2011 "Immigration Policies and the Ecuadorian Exodus." *World Bank Economic Review* 25(1): 57–76.

Biehl, João G.

2005 *Vita: Life in a Zone of Social Abandonment.* Berkeley: University of California Press.

Bloch, Maurice, and Jonathan Parry

1996 "Introduction." In *Death and the Regeneration of Life.* Ed. M. Bloch and J. Parry. Pp. 1–44. Cambridge: Cambridge University Press.

Boehm, Deborah A

2012 *Intimate Migrations: Gender, Family, and Illegality among Transnational Mexicans.* New York: New York University Press.

Boss, Pauline

1999 *Ambiguous Loss: Learning to Live with Unresolved Grief.* Cambridge, MA: Harvard University Press.

2004 "Ambiguous Loss Research, Theory, and Practice: Reflections after 9/11." *Journal of Marriage and Family* 66(3): 551–566.

2007 "Ambiguous Loss Theory: Challenges for Scholars and Practitioners." *Family Relations* 56: 105–111.

Bourdieu, Pierre

1977 *Outline of a Theory of Practice.* Cambridge: Cambridge University Press.

Bourgois, Philippe

1995 *In Search of Respect: Selling Crack in El Barrio.* Cambridge: Cambridge University Press.

Bourgois, Philippe, and Jeff Schonberg

2009 *Righteous Dopefiend.* Berkeley: University of California Press.

Brandes, Stanley

2001 "The Cremated Catholic: The Ends of a Deceased Guatemalan." *Body & Society* 7(2–3): 111–120.

Brighton, Stephen A.

2009 *Historical Archaeology of the Irish Diaspora: A Transnational Approach.* Knoxville: University of Tennessee Press.

Buchli, Victor, and Gavin Lucas, G. (eds.)

2001   *Archaeologies of the Contemporary Past.* London: Routledge.

Butler, Judith

2004   *Precarious Life: The Powers of Mourning and Violence.* London: Verso.

Cadava, Gerardo L.

2011   "Borderlands of Modernity and Abandonment: The Lines within Ambos Nogales and the Tohono O'odham Nation." *Journal of American History* 98(2): 362–383.

Callon, Michel, and John Law

1995   "Agency and the Hybrid Collectif." *South Atlantic Quarterly* 94(2): 481–507.

1997   "After the Individual in Society: Lessons on Collectivity from Science, Technology and Society." *Canadian Journal of Sociology* 22(2): 165–182.

Cannell, Fenella

1999   *Power and Intimacy in the Christian Philippines.* Cambridge: Cambridge University Press.

Carcamo, Cindy

2014   "ACLU Seeks Name of Border Patrol Agent Who Killed Mexican Teenager." *Los Angeles Times,* September 11. www.latimes.com/nation/nationnow /la-na-ff-border-patrol-shooting-20140910-story.html. Accessed February 28, 2015.

CBP (US Customs and Border Protection)

2008   "Tucson Sector Makes Significant Gains in 2008: Border Patrol Agents Continue to Make Progress with New Technology, Tactical Infrastructure, and Increased Manpower." News release, October 22.

Cerrutti, Marcella, and Douglas S. Massey

2004   "Trends in Mexican Migration to the United States, 1965 to 1995." In *Crossing the Border: Research from the Mexican Migration Project.* Ed. J. Durand and D. S. Massey. Pp. 17–44. New York: Russell Sage.

Chavez, Leo R.

1998   *Shadowed Lives: Undocumented Immigrants in American Society.* Fort Worth, TX: Harcourt College Publishers.

Chavez, Sergio

2011   "Navigating the US-Mexico Border: The Crossing Strategies of Undocumented Workers in Tijuana, Mexico." *Ethnic and Racial Studies* 34(8): 1320–1337.

Clark, Jonathan

2012   "One Year Later, Deadly Shooting Still under Federal Investigation." *Nogales International,* January 6. www.nogalesinternational.com/news/one-year-later-deadly-shooting-still-under-federal-investigation/article_83539752–387e-11e1-ab62-001871e3ce6c.html.

Clifford, James

1986   "Introduction: Partial Truths." In *Writing Culture.* Ed. J. Clifford and G. Marcus. Pp. 1–26. Berkeley: University of California Press.

Coleman, Kathleen M.

1990 "Fatal Charades: Roman Executions Staged as Mythological Enactments." *Journal of Roman Studies* 80: 44–73.

Cornelius, Wayne A.

2001 "Death at the Border: Efficacy and Unintended Consequences of US Immigration Control Policy." *Population and Development Review* 27(4): 661–685.

Cornelius, Wayne A., and Idean Salehyan

2007 "Does Border Enforcement Deter Unauthorized Immigration? The Case of Mexican Migration to the U.S. of America." *Regulation and Governance* 1(2): 139–153.

Cornelius, Wayne, Scott Borger, Adam Sawyer, David Keyes, Clare Appleby, Kristen Parks, Gabriel Lozada, and Jonathan Hicken

2008 "Controlling Unauthorized Immigration from Mexico: The Failure of 'Prevention through Deterrence' and the Need for Comprehensive Reform." Technical Report. La Jolla, CA: Immigration Policy Center.

Coutin, Susan

2005 "Being En Route." *American Anthropologist* 107(2): 195–206.

Crossland, Zoë

2000 "Buried Lives: Forensic Archaeology and the Disappeared in Argentina." *Archaeological Dialogues* 72: 146–159.

2009 "Of Clues and Signs: The Dead Body and Its Evidential Traces." *American Anthropologist* 111(1): 69–80.

Darling, Andrew J.

1998 "Mass Inhumation and the Execution of Witches in the American Southwest." *American Anthropologist* 100(3): 732–752.

Darling, Jonathan

2009 "Becoming Bare Life: Asylum, Hospitality, and the Politics of Encampment." *Environment and Planning D: Society and Space* 27(4): 649–665.

Das, Veena

2007 *Life and Words: Violence and the Descent into the Ordinary.* Berkeley: University of California Press.

Dawdy, Shannon

2006 "The Taphonomy of Disaster and the (Re)formation of New Orleans." *American Anthropologist* 108(4): 719–730.

De Genova, Nicholas, and Natalie Peutz

2010 *The Deportation Regime: Sovereignty, Space, and the Freedom of Movement.* Durham, NC: Duke University Press.

De León, Jason

2008 "The Lithic Industries of San Lorenzo–Tenochtitlán: An Economic and Technological Study of Olmec Obsidian." Doctoral dissertation. Department of Anthropology, Pennsylvania State University.

2012 "'Better to Be Hot Than Caught': Excavating the Conflicting Roles of Migrant Material Culture." *American Anthropologist* 114(3): 477–495.

2013a "Undocumented Use-Wear and the Materiality of Habitual Suffering in the Sonoran Desert." *Journal of Material Culture* 18(4): 1–32.

2013b "The Efficacy and Impact of the Alien Transfer Exit Program: Migrant Perspectives from Nogales, Sonora, Mexico." *International Migration* 51(2): 10–23.

De León, Jason, and Jeffery C. Cohen

2005 "The Material Probe in Ethnographic Interviewing." *Field Methods* 17(2): 200–204.

De León, Jason, and Cameron Gokee

Under review "Lasting Value? Engaging with the Material Traces of America's Undocumented Migration 'Problem.'" In *Cultural Heritage, Ethics, and Contemporary Migrations*. Ed. Cornelius Holtorf, Andreas Pantazatos, and Geoffrey Scarre. New York: Routledge.

De León, Jason, Cameron Gokee, and Anna Forringer-Beal

2015 "Use Wear, Disruption, and the Materiality of Undocumented Migration in the Southern Arizona Desert." In *Migrations and Disruptions: Unifying Themes in Studies of Ancient and Contemporary Migrations*. Ed. T. Tsuda and B. Baker. Gainesville: University Press of Florida.

De León, Jason, Cameron Gokee, and Ashley Schubert

2015 "'By the Time I Get to Arizona': Citizenship, Materiality, and Contested Identities along the U.S.-Mexico Border." *Anthropological Quarterly* 88(2): 445–480.

Dennie, Garrey

2009 "The Standard of Dying: Race, Indigence, and the Disposal of the Dead Body in Johannesburg, 1886–1960." *African Studies* 68(3): 310–330.

Díaz del Castillo, Bernal

1956 *The Discovery and Conquest of Mexico*. Kingsport, TN: Farrar, Straus, and Cudahy.

Domanska, Ewa

2005 "Toward the Archaeontology of the Dead Body." *Rethinking History: The Journal of Theory and Practice* 9(4): 389–413.

Donato, Katharine M., Jorge Durand, and Douglas S. Massey

1992 "Stemming the Tide? Assessing the Deterrent Effects of the Immigration Reform and Control Act." *Demography* 29(2): 139–157.

Donato, Katharine M., Brandon Wagner, and Evelyn Patterson

2008 "The Cat and Mouse Game at the Mexico-U.S. Border: Gendered Patterns and Recent Shifts." *International Migration Review* 42(2): 330–359.

Doty, Roxanne

2009 *The Law into Their Own Hands: Immigration and the Politics of Exceptionalism*. Tucson: University of Arizona Press.

2011 "Bare Life: Border-Crossing Deaths and Spaces of Moral Alibi." *Environment and Planning D: Society and Space* 29: 599–612.

Dougherty, Sean Thomas
2006 "Killing the Messenger." *Massachusetts Review* 47(4): 608–616.

Drummond, Justine, and Jason De León
2015 "Humanitarian Sites: A Contemporary Archaeological and Ethnographic Study of Clandestine Culture Contact among Undocumented Migrants, Humanitarian Aid Groups, and the U.S. Border Patrol." Paper presented at the Society for Historical Archaeology 48th annual meeting, Seattle.

Duarte, Carmen
2013 "3 Decomposing Bodies Found in Desert over Weekend." *Tucson Daily Star*, June 24, 2013. http://tucson.com/news/local/border/decomposing-bodies-found-in-desert-over-weekend/article_338d3b8c-dd2e-11e2-918f-0019bb2963f4.html. Accessed April 18, 2015.

Dunn, Timothy J.
1996 *The Militarization of the U.S.-Mexico Border, 1978–1992: Low-Intensity Conflict Doctrine Comes Home.* Austin: CMAS Books, University of Texas.
2009 *Blockading the Border and Human Rights: The El Paso Operation That Remade Immigration Enforcement.* Austin: University of Texas Press.

Durand, Jorge, and Douglas S. Massey (eds.)
2004 *Crossing the Border: Research from the Mexican Migration Project.* New York: Russell Sage.

EFE
2012 "Border Crossing Trash Worthy of Study, Say Anthropologists." Fox News, January 17, 2012. http://latino.foxnews.com/latino/lifestyle/2012/01/17/border-crossing-trash-worthy-study-say-anthropologists/.

Efremov, Ivan A.
1940 "Taphonomy: A New Branch of Paleontology." *Pan American Geologist* 74: 81–93.

Ettinger, Patrick W.
2009 *Imaginary Lines: Border Enforcement and the Origins of Undocumented Immigration, 1882–1930.* Austin: University of Texas Press.

Falcón, Sylvanna
2001 "Rape as a Weapon of War: Advancing Human Rights for Women at the U.S.-Mexico Border." *Social Justice* 28(2): 31–51.

Farmer, Paul
2004 "An Anthropology of Structural Violence." *Current Anthropology* 45(3): 305–325.

Fassin, Didier
2014 "Revisiting the Boundaries between Ethnography and Fiction." *American Ethnologist* 41(1): 40–55.

Félix, Adrián

2011 "Posthumous Transnationalism: Postmortem Repatriation from the United States to Mexico." *Latin American Research Review* 46(3): 157–179.

Ferguson, Kathryn, Norma A. Price, and Ted Parks

2010 *Crossing with the Virgin: Stories from the Migrant Trail.* Tucson: University of Arizona Press.

Ffolliott, Peter F., and Gerald J. Gottfried

2008 "Plant Communities and Associations." In *Natural Environments of Arizona: From Deserts to Mountains.* Ed. P.T. Ffolliott and O.K. Davis. Pp. 70–119. Tucson: University of Arizona Press.

Fontein, Joost

2010 "Between Tortured Bodies and Resurfacing Bones: The Politics of the Dead in Zimbabwe." *Journal of Material Culture* 15(4): 423–448.

Ford, Caroline

1998 "Violence and the Sacred in Nineteenth-Century France." *Historical Studies* 21(1): 101–112.

Forringer-Beal, Anna, and Jason De León

2012 "Fragments and Females: Using Micro-debitage to Understand the Border Crossing Experiences of Women Migrants in Southern Arizona." Paper presented at the Society for American Archaeology 77th annual meeting, Memphis, TN.

Foucault, Michel

1995 *Discipline and Punish: The Birth of the* Prison. 2nd ed. New York: Vintage Books.

2007 *Security, Territory, Population: Lectures at the College de France: 1977–1978.* New York: Picador.

Fuentes, Agustín

2006 "The Humanity of Animals and the Animality of Humans: A View from Biological Anthropology Inspired by J.M. Coetzee's *Elizabeth Costello.*" *American Anthropologist* 108(1):124–132.

Galloway, Allison

1997 "The Process of Decomposition: A Model from the Arizona-Sonoran Desert." In *Forensic Taphonomy: The Postmortem Fate of Human Remains.* Ed. W.D. Haglund and M.H. Sorg. Pp. 139–150. Boca Raton, FL: CRC Press.

Galloway, Allison, Walter H. Birkby, Allen M. Jones, Thomas E. Henry, and Bruce O. Parks

1989 "Decay Rates of Human Remains in an Arid Environment." *Journal of Forensic Sciences* 34(3): 607–616.

Galtung, Johan

1969 "Violence, Peace, and Peace Research." *Journal of Peace Research* 6(3): 167–191.

GAO (Government Accountability Office)

1997 "Report to the Committee on the Judiciary, U.S. Senate, and the Committee on the Judiciary, House of Representatives; Illegal Immigration: Southwest

Border Strategy Results Inconclusive; More Evaluation Needed." www.gao
.gov/archive/1998/gg98021.pdf.

2001 "INS's Southwest Border Strategy: Resource and Impact Issues Remain
after Seven Years." Report to Congressional Requesters. www.gao.gov/new
.items/d01842.pdf.

2006 "Illegal Immigration: Border Crossing Deaths Have Doubled since 1995;
Border Patrol's Efforts Have Not Been Fully Evaluated." Report to U.S.
Senate.

2010 "Alien Smuggling: DHS Needs to Better Leverage Investigative Resources
and Measure Program Performance along the Southwest Border." Report to
Congressional Requesters. www.gao.gov/new.items/d10328.pdf. Accessed
April 18, 2015.

2012 "Border Patrol: Key Elements of New Strategic Plan Not Yet in Place
to Inform Border Security Status and Resource Needs." Report to Congres-
sional Requesters. www.gao.gov/assets/660/650730.pdf. Accessed March 26,
2015.

García, María Cristina

2006 *Seeking Refuge: Central American Migration to Mexico, the United States, and
Canada.* Berkeley: University of California Press.

Gell, Alfred

1998 *Art and Agency: An Anthropological Theory.* Oxford: Clarendon Press.

Gokee, Cameron, and Jason De León

2014 "Sites of Contention: Archaeology and Political Discourse in the US-
Mexico Borderlands." *Journal of Contemporary Archaeology* 1(1): 133–163.

González, Daniel

2014 "Largest-Ever Drug Tunnel Found in Nogales." *Arizona Republic,* February 13.
www.azcentral.com/news/arizona/articles/20140213largest-ever-drug-tunnel-
nogales-arizona-found.html. Accessed March 7, 2015.

González-Ruibal, Alfredo

2007 "'Making Things Public': Archaeologies of the Spanish Civil War." *Public
Archaeology* 6: 203–226.

2008 "'Time to Destroy': An Archaeology of Supermodernity." *Current Anthropol-
ogy* 49(2): 247–279.

Goss, Robert E., and Dennis Klass

1997 "Tibetan Buddhism and the Resolution of Grief: The *Bardo-Thodol* for the
Dying and the Grieving." *Death Studies* 21: 377–395.

Graeber, David

1995 "Dancing with Corpses Reconsidered: An Interpretation of 'Famadihana' (in
Arivonimamo, Madagascar)." *American Ethnologist* 22(2): 258–278.

Guerin-Gonzales, Camille

1994 *Mexican Workers and American Dreams: Immigration, Repatriation, and Cal-
ifornia Farm Labor, 1900–1939.* New Brunswick, N.J.: Rutgers University
Press.

Guyer, Sara

2009   "Rwanda's Bones." *boundary* 2 36(2): 155–175.

Haddal, Chad C.

2010   *Border Security: The Role of the U.S. Border Patrol.* Congressional Research Service Report for Congress. August 11. www.fas.org/sgp/crs/homesec /RL32562.pdf. Accessed February 28, 2015.

Hadley, N. F.

1972   "Desert Species and Adaption." *American Scientist* 60: 338–347.

Hall, Katherine, Anna Antoniou, Haeden Stewart, Jess Beck, and Jason De León

2014   "Exploring the Taphonomic Processes that Impact the Remains of Undocumented Border Crossers in the Sonoran Desert of Arizona." Poster presented at the Society for American Archaeology, 79th Annual Meeting, Austin, TX.

Harrison, Rodney, and John Schofield

2010   *After Modernity: Archaeological Approaches to the Contemporary Past.* Oxford: Oxford University Press.

Harrison, Simon

2006   "Skull Trophies of the Pacific War: Transgressive Objects of Remembrance." *Journal of the Royal Anthropological Institute* 12(4): 817–836.

2010   "Bones in the Rebel Lady's Boudoir: Ethnology, Race, and Trophy-Hunting in the American Civil War." *Journal of Material Culture* 15(4): 385–401.

Hennessy-Fiske, Molly

2014   "Migrant Crisis Expands North from Border, into Arid Texas Wilderness." *Los Angeles Times,* July 19. www.latimes.com/nation/la-na-immigration-brooks-county-20140720-story.html#page=1. Accessed March 30, 2015.

Hernández, Kelly Lytle

2010   *Migra! A History of the U.S. Border Patrol.* Berkeley: University of California Press.

Heyman, Josiah McC.

1995   "Putting Power into the Anthropology of Bureaucracy: The Immigration and Naturalization Service at the Mexico–United States Border," with "Commentary" and "Reply by the Author." *Current Anthropology* 36(2): 261–287.

2002   "U.S. Immigration Officers of Mexican Ancestry as Mexican Americans, Citizens, and Immigration Police." *Current Anthropology* 43(3): 479–507.

2009   "Trust, Privilege, and Discretion in the Governance of the US Borderlands." *Canadian Journal of Law and Society* 24(3): 367–390.

Hill, Sarah

2006   "Purity and Danger on the U.S.-Mexico Border, 1990–1994." *South Atlantic Quarterly* 105(4): 777–800.

Hobson, Kersty

2007   "Political Animals? On Animals as Subjects in an Enlarged Political Geography." *Political Geography* 26(3): 250–267.

Hoffman, Danny

2011   *The War Machines: Young Men and Violence in Sierra Leone and Liberia.* Durham, NC: Duke University Press.

Holmes, Seth M.

2013   *Fresh Fruit, Broken Bodies: Migrant Farmworkers in the United States.* Berkeley: University of California Press.

Horsely, Scott

2006   "Border Fence Firm Snared for Hiring Illegal Workers." National Public Radio, December 14. www.npr.org/templates/story/story.php?storyId=6626823. Accessed April 19, 2015.

Hsieh, Steven

2014   "Migrant Children Accuse Border Patrol Agents of Physical and Sexual Assault." *The Nation*, June 12. www.thenation.com/blog/180207/migrant-children-accuse-border-patrol-agents-physical-and-sexual-assault.

Human Rights Watch

2013   "'Between a Drone and Al-Qaeda: The Civilian Cost of US Targeted Killings in Yemen." www.hrw.org/sites/default/files/reports/yemen1013_ForUpload.pdf. Accessed April 19, 2015.

Humphreys, Michael, and Tony Watson

2009   "Ethnographic Practices: From 'Writing Up Ethnographic Research' to 'Writing Ethnography.'" In *Organizational Ethnography: Studying the Complexity of Everyday Life.* Ed. Sierk Ybema, Dvora Yanow, Harry Wels, and Frans H Kamsteeg. Pp. 40–55. Thousand Oaks, CA: SAGE.

ICE (US Immigration and Customs Enforcement)

2013   "ERO Annual Report: FY 2013 ICE Immigration Removals." www.ice.gov/doclib/about/offices/ero/pdf/2013-ice-immigration-removals.pdf. Accessed April 19, 2015.

Jackson, Michael

2013   *The Wherewithal of Life: Ethics, Migration, and the Question of Well-Being.* Berkeley: University of California Press.

Johansson, Karin

2012   "The Birds in the Ilia. Identities, Interactions, and Functions." Ph.D. dissertation. University of Gothenburg, Department of Historical Studies.

Jokisch, Brad D.

2002   "Migration and Agricultural Change: The Case of Smallholder Agriculture in the Highlands of South-Central Ecuador." *Human Ecology* 30(4): 523–550.

Jokisch, Brad D., and Jason Pribilsky

2002   "The Panic to Leave: Economic Crisis and the 'New Emigration' from Ecuador." *International Migration* 40(4): 75–101.

Jones, Reece

2009   "Agents of Exception: Border Security and the Marginalization of Muslims in India." *Environment and Planning D: Society and Space* 27(5): 879–897.

Keane, Webb

    2006   "Subjects and Objects." In *Handbook of Material Culture.* Ed. C. Tilley, W. Keane, S. Küchler, M. Rowlands, and P. Spyer. Pp. 197–202. London: Sage.

Kirk, David A., and Michael J. Mossman

    1998   "Turkey Vulture (*Cathartes aura*)." In *The Birds of North America*, No. 339. Ed. A. Poole and F. Gill. Ithaca, NY: Birds of North America Online.

Kirksey, S. Eben, and Stefan Helmreich

    2010   "The Emergence of Multispecies Ethnography." In "Multispecies Ethnography." Special issue, *Cultural Anthropology* 25(4): 545–576.

Klass, Dennis, and Robert Goss

    2003   "The Politics of Grief and Continuing Bonds with the Dead: The Cases of Maoist China and Wahhabi Islam." *Death Studies* 27: 787–811.

Kohn, Eduardo

    2007   "How Dogs Dream: Amazonian Natures and the Politics of Transspecies Engagement." *American Ethnologist* 34(1): 3–24.

Komar, Debra

    2008   "Patterns of Mortuary Practice Associated with Genocide: Implications for Archaeological Research." *Current Anthropology* 49(1): 123–133.

Kopytoff, Igor

    1986   "The Cultural Biography of Things: Commoditization as Process." In *The Social Life of Things*. Ed. A. Appadurai, 64–91. Cambridge: Cambridge University Press.

Krmpotich, Cara, Joost Fontein, and John Harries

    2010   "The Substance of Bones: The Emotive Materiality and Affective Presence of Human Remains." *Journal of Material Culture* 15(4): 371–384.

Lacey, Marc

    2011   "Arizona Officials, Fed Up with U.S. Efforts, Seek Donations to Build Border Fence." *New York Times*, July 19. www.nytimes.com/2011/07/20/us/20border .html?_r=0. Accessed March 7, 2015.

Latour, Bruno

    1992   "Where Are the Missing Masses? The Sociology of a Few Mundane Artifacts." In *Shaping Technology/Building Society: Studies in Sociotechnical Change*. Ed. W. Bijker and J. Law. Pp. 225–258. Cambridge, MA: MIT Press.

    2005   *Reassembling the Social: An Introduction to Actor-Network-Theory*. Oxford: Oxford University Press.

Lentz, Ryan

    2012   "Investigating Deaths of Undocumented Immigrants on the Border." *Intelligence Report* (Southern Poverty Law Center), no. 147 (Fall). www.splcenter .org/get-informed/intelligence-report/browse-all-issues/2012/fall/death-in-the-desert. Accessed March 30, 2015.

Limón, José E.

    1994   *Dancing with the Devil: Society and Cultural Poetics in Mexican-American South Texas*. Madison: University of Wisconsin Press.

Lomnitz, Claudio

2005   *Death and the Idea of Mexico*. New York: Zone Books.

Londras, Fiona de

2008   "Guantanamo Bay: Towards Legality?" *Modern Law Review* 71(1): 36–58.

Lucht, Hans

2012   *Darkness before Daybreak: African Migrants Living on the Margins in Southern Italy Today*. Berkeley: University of California Press.

Ludlow Collective, The

2001   "Archaeology of the Colorado Coal Field War, 1913–1914." In *Archaeologies of the Contemporary Past*. Ed. V. Buchli and G. Lucas. Pp. 94–107. London: Routledge.

Lumholtz, Carl

1990   *New Trails in Mexico: An Account of One Year's Exploration in North-western Sonora, Mexico, and South-western Arizona, 1909–1910*. Tucson: University of Arizona Press.

Lydgate, Joanna Jacobbi

2010   "Assembly-Line Justice: A Review of Operation Streamline." *California Law Review* 98(2): 481–544.

Lyman, R. Lee

2010   "What Taphonomy Is, What It Isn't, and Why Taphonomists Should Care about the Difference." *Journal of Taphonomy* 8(1): 1–16.

Maddrell, Avril, and James D. Sidaway

2010   *Deathscapes: Spaces for Death, Dying, Mourning and Remembrance*. Farnham, Surrey, England: Ashgate.

Magaña, Rocío

2008   "Desolation Bound: Enforcing America's Borders on Migrating Bodies." 2008 Ignacio Martín-Baró Human Rights Essay Prize, University of Chicago Human Rights Program.

2011   "Dead Bodies: The Deadly Display of Mexican Border Politics." In *A Companion to the Anthropology of the Body and Embodiment*. Ed. F. Mascia-Less. Pp. 157–171. Malden, MA: Blackwell.

Makdisi, Saree

2010   "The Architecture of Erasure." *Critical Inquiry* 36(3): 519–559.

Malinowski, Bronislaw

1984   *Argonauts of the Western Pacific*. Prospect Heights, IL: Waveland Press.

Malkki, Liisa

1997   "News and Culture: Transitory Phenomena and the Fieldwork Tradition." In *Anthropological Locations: Boundaries and Grounds of a Field Science*. Ed. A. Gupta and J. Ferguson. Pp. 86–101. Berkeley: University of California Press.

Malone, Nicholas, Alison H. Wade, Agustín Fuentes, Erin P. Riley, Melissa Remis, and Carolyn Jost Robinson

2014   "Ethnoprimatology: Critical Interdisciplinarity and Multispecies Approaches in Anthropology." *Critique of Anthropology* 34(8): 8–29.

Marcus, George E.

    1998   *Ethnography Through Thick and Thin.* Princeton, N.J.: Princeton University Press.

Margalida, Antoni, David Campión, and José A. Donázar

    2011   "Scavenger Turned Predator: European Vultures' Altered Behavior." *Nature* 480: 457.

Maril, Robert Lee

    2004   *Patrolling Chaos: The U.S. Border Patrol in Deep South Texas.* Lubbock: Texas Tech University Press.

Martin, Dan

    1996   "On the Cultural Ecology of Sky Burial on the Himalayan Plateau." *East and West* 46 (3–4): 353–70.

Martínez, Daniel E., Reineke, Robin C., Raquel Rubio-Goldsmith, Bruce Anderson, Gregory Hess, and Bruce O. Park

    2013   "A Continued Humanitarian Crisis at the Border: Deceased and Missing Migrants Recorded by the Pima County Office of the Medical Examiner, 1990–2012." Binational Migration Institute, Department of Mexican American Studies, University of Arizona. http://bmi.arizona.edu/sites/default/files/border_deaths_final_web.pdf. Accessed April 19, 2015.

Martínez, Oscar

    2013   *The Beast: Riding the Rails and Dodging Narcos on the Migrant Trail.* Trans. Daniela Maria Ugaz and John Washington. London: Verso.

Massey, Douglas, Jorge Durand, and Nolan Malone

    2002   *Beyond Smoke and Mirrors: Mexican Immigration in an Era of Economic Integration.* New York: Russell Sage Foundation.

Mbembe, Achille

    2003   "Necropolitics." *Public Culture* 15(1): 11–40.

McDonnell, Patrick

    1986   "Tijuana Neighborhood: La Libertad; Aliens' Last Mexico Stop." *Los Angeles Times,* September 7, 1986. http://articles.latimes.com/1986-09-07/news/mn-12171_1_thousands-of-mexican-migrants. Accessed April 18, 2015.

McFarland, Elaine

    2008   "Working with Death: An Oral History of Funeral Directing in Late Twentieth-Century Scotland." *Oral History* 36(1): 69–80.

McGuire, Randall H.

    2008   *Archaeology as Political Action.* Berkeley: University of California Press.

    2013   "Steel Walls and Picket Fences: Rematerializing the U.S.-Mexican Border in Ambos Nogales." *American Anthropologist* 115(3): 466–481.

Meirotto, Lisa M.

    2012   "The Blame Game on the Border: Perceptions of Environmental Degradation on the United States–Mexico Border." *Human Organization* 71(1): 11–21.

Miles, Ann

    2004   *From Cuenca to Queens: An Anthropological Story of Transnational Migration.* Austin: University of Texas Press.

Miller, Daniel

2010   *Stuff*. Cambridge: Polity Press.

Moreno, Caroline

2012   "Border Crossing Deaths More Common as Illegal Immigration Declines." *Huffington Post*, August 17, 2012. www.huffingtonpost.com/2012/08/17 /border-crossing-deaths-illegal-immigration_n_1783912.html. Accessed April 19, 2015.

Morton. Robert J., and Wayne D. Lord

2006   "Taphonomy of Child-Sized Remains: A Study of Scattering and Scavenging in Virginia, USA." *Journal of Forensic Sciences* 51(3): 475–479.

Mulvey, Laura

1975   "Visual Pleasure and Narrative Cinema." *Screen* 16(3): 6–18.

Nabhan, Gary Paul

1982   *The Desert Smells Like Rain: A Naturalist in Papago Indian Country*. San Francisco: North Point Press.

Nading, Alex M.

2012   "Dengue Mosquitoes Are Single Mothers: Biopolitics Meets Ecological Aesthetics in Nicaraguan Community Health Work." *Cultural Anthropology* 27(4): 572–596.

2014   *Mosquito Trails: Ecology, Health, and the Politics of Entanglement*. Berkeley: University of California Press.

Narayan, Kirin

1999   "Ethnography and Fiction: Where Is the Border?" *Anthropology and Humanism* 24(2): 134–147.

National Immigration Forum

2013   "The Math of Immigration Detention: Runaway Costs for Immigration Detention Do Not Add Up to Sensible Policies." August 22. www.immigrationforum .org/images/uploads/mathofimmigrationdetention.pdf. Accessed March 4, 2015.

National Pork Board

2008   "On-Farm Euthanasia of Swine: Recommendations for the Producer." American Association of Swine Veterinarians. Des Moines, IA: National Pork Board. www.aasv.org/aasv/documents/SwineEuthanasia.pdf. Accessed April 18, 2015.

Nawrocki, Stephen P.

2009   "Forensic Taphonomy." In *Handbook of Forensic Anthropology and Archaeology*. Ed. S. Blau and D. H. Ubelaker. Pp. 284–294. Walnut Creek, CA: Left Coast Press.

Nelson, Ben A., J. Andrew Darling, and David A. Kice

1992   "Mortuary Practices and the Social Order at La Quemada, Zacatecas, Mexico." *Latin American Antiquity* 3(4): 298–315.

Nevins, Joseph

2002   *Operation Gatekeeper: The Rise of the "Illegal Alien" and the Making of the U.S.-Mexico Boundary*. New York: Routledge.

2005　"A Beating Worse Than Death: Imagining and Contesting Violence in the U.S.-Mexico Borderlands." *AmeriQuests* 2(1): 1–25.

No More Deaths

2011　*A Culture of Cruelty: Abuse and Impunity in Short-Term U.S. Border Patrol Custody.* http://forms.nomoredeaths.org/wp-content/uploads/2014/10/CultureOfCruelty-full.compressed.pdf. Accessed March 4, 2015.

Nudelman, Franny

2004　*John Brown's Body: Slavery, Violence, and the Culture of War.* Chapel Hill: University of North Carolina Press.

O'Donnabhain, Barra

2011　"The Social Lives of Severed Heads: Skull Collection and Display in Medieval and Early Modern Ireland." In *Bioarchaeology of the Human Head: Decapitation, Decoration, and Deformation.* Ed. M. Bonogofsky. Pp. 122–138. Gainesville: University of Florida Press.

O'Leary, Anna Ochoa

2009　"In the Footsteps of Spirits: Migrant Women's *Testimonios* in a Time of Heightened Border Enforcement." In *Human Rights along the U.S.-Mexico Border: Gendered Violence and Insecurity.* Ed. K. Staudt, T. Payan, and Z.A. Kruszewski. Pp. 85–104. Tucson: University of Arizona Press.

O'Neil, Kevin Lewis

2012　"There Is No More Room: Cemeteries, Personhood, and Bare Death." *Ethnography* 13(4): 510–530.

Ortega, Bob and Rob O'Dell

2013　"Deadly Border Agent Incidents Cloaked in Silence." *Arizona Daily Star,* December 16. www.azcentral.com/news/politics/articles/20131212arizona-border-patrol-deadly-force-investigation.html. Accessed February 28, 2015.

Ortiz, Ildefonso, Karen Antonacci, and Jared Taylor

2014　"Border Patrol Agent Identified after Suicide, Kidnapping, Sexual Assault of Immigrants." *The Monitor,* March 13. www.themonitor.com/breaking/border-patrol-agent-attacks-family-with-knife-kidnaps-girl-kills/article_c92ea728-aac1-11e3-8d91-0017a43b2370.html. Accessed March 30, 2015.

O'Shea, John M.

1984　*Mortuary Variability: An Archaeological Investigation.* Orlando, FL: Academic Press.

Pachirat, Timothy

2013　*Every Twelve Seconds: Industrialized Slaughter and the Politics of Sight.* New Haven: Yale University Press.

Paredes, Américo

1958　*"With His Pistol in His Hand": A Border Ballad and Its Hero.* Austin: University of Texas Press.

Parks, K., G. Lozada, M. Mendoza, and L. García Santos

2009　"Strategies for Success: Border Crossing in an Era of Heightened Security." In *Migration from the Mexican Mixteca: A Transnational Community in*

Oaxaca and California. Ed. W. Cornelius, D. Fitzgerald, J. Hernández-Díaz, and S. Borger. Pp. 31–61. San Diego: Center for Comparative Immigration Studies, University of California.

Paz, Octavio

 1961 *The Labyrinth of Solitude: Life and Thought in Mexico*. New York: Grove Press.

Peña, Manuel

 2006 "Folklore, Machismo, and Everyday Practice: Writing Mexican Worker Culture." In "Lessons of Work: Contemporary Explorations of Work Culture." Special issue, *Western Folklore* 65(1–2): 137–166.

Peutz, Natalie

 2006 "Embarking on an Anthropology of Removal." *Current Anthropology* 47(2): 217–241.

Peutz, Natalie, and Nicholas De Genova

 2010 Introduction. In *The Deportation Regime: Sovereignty, Space, and the Freedom of Movement*. Ed. Nicholas De Genova and Natalie Peutz. Pp. 1–19. Durham, NC: Duke University Press.

Posel, Deborah, and Pamila Gupta

 2009 "The Life of the Corpse: Framing Reflections and Questions." *African Studies* 68(3): 299–309.

Pribilsky, Jason

 2001 "Nervios and 'Modern' Childhood: Migration and Changing Contexts of Child Life in the Ecuadorian Andes." *Childhood: A Global Journal of Child Research* 8(2): 251–273.

 2007 *La Chulla Vida: Gender, Migration, and the Family in Andean Ecuador and New York City*. Syracuse, NY: Syracuse University Press.

 2012 "Consumption Dilemmas: Tracking Masculinity, Money, and Transnational Fatherhood between the Ecuadoran Andes and New York City." *Journal of Ethnic and Migration Studies* 38(2): 323–343.

Rathje, William, and Cullen Murphy

 2001 *Rubbish! The Archaeology of Garbage*. Tucson: University of Arizona Press.

Reeves, Jay, and Alicia A. Caldwell

 2011 "After Alabama Immigration Law, Few Americans Taking Immigrants' Work." *Huffington Post*. October 21. www.huffingtonpost.com/2011/10/21/after-alabama-immigration-law-few-americans-taking-immigrants-work_n_1023635.html. Accessed March 30, 2015.

Reeves, Nicole M.

 2009 "Taphonomic Effects of Vulture Scavenging." *Journal of Forensic Sciences* 54(3): 523–528.

Reineke, Robin

 2013 "Arizona: Naming the Dead from the Desert." *BBC News Magazine*, January 16. www.bbc.co.uk/news/magazine-21029783. Accessed July 7, 2013.

Rév, István

1995 "Parallel Autopsies." *Representations* 49:15–39.

Reyes, Belinda I.

2004 "U.S. Immigration Policy and the Duration of Undocumented Trips." In *Crossing the Border: Research from the Mexican Migration Project.* Ed. Jorge Durand and Douglas S. Massey. Pp. 299–320. New York: Russell Sage Foundation.

Robben, Antonius C.G.M.

2005 "How Traumatized Societies Remember: The Aftermath of Argentina's Dirty War." *Cultural Critique* 59: 120–164.

Robertson, Alistair Graham, Rachel Beaty, Jane Atkinson, and Bob Libal

2012 *Operation Streamline: Costs and Consequences.* Grassroots Leadership. September. http://grassrootsleadership.org/sites/default/files/uploads/GRL_Sept2012_Report-final.pdf. Accessed March 4, 2015.

Romo, David

2005 *Ringside Seat to a Revolution: An Underground Cultural History of El Paso and Juarez, 1893–1923.* El Paso: Cinco Punto Press.

Rosaldo, Renato

1989 *Culture and Truth: The Remaking of Social Analysis.* Boston: Beacon Press.

Rosenblum, Marc R.

2012 *Border Security: Immigration Enforcement between Ports of Entry.* Congressional Research Service Report for Congress. January 6. http://fpc.state.gov/documents/organization/180681.pdf. Accessed March 4, 2015.

Rousseau, Nicky

2009 "The Farm, the River, and the Picnic Spot: Topographies of Terror." *African Studies* 68(3): 352–369.

Rubio-Goldsmith, Raquel, M. Melissa McCormick, Daniel Martinez, and Inez Magdalena Duarte

2006 *The "Funnel Effect" and Recovered Bodies of Unauthorized Migrants Processed by the Pima County Office of the Medical Examiner, 1990–2005.* Report, October. Tucson: Binational Migration Institute, Mexican American Studies and Research Center, University of Arizona. www.derechoshumanosaz.net/images/pdfs/bmi%20report.pdf. Accessed March 30, 2015.

Ruiz Marrujo, Olivia T.

2009 "Women, Migration, and Sexual Violence: Lessons from Mexico's Border." In *Human Rights along the U.S.-Mexico Border: Gendered Violence and Insecurity.* Ed. K. Staudt, T. Payan and Z.A. Kruszewski. Pp. 31–47. Tucson: University of Arizona Press.

Saldívar, José David

1997 *Border Matters: Remapping American Cultural Studies.* Berkeley: University of California Press.

Saldívar, Ramón

1990   *Chicano Narrative: The Dialectics of Difference.* Madison: University of Wisconsin Press.

2006   *The Borderlands of Culture: Américo Paredes and the Transnational Imaginary.* Durham, NC: Duke University Press.

Salter, Mark

2008   "When the Exception Becomes the Rule: Borders, Sovereignty, and Citizenship." *Citizenship Studies* 12(4): 365–380.

Sanchez, A. N.

2010   "Undocumented Border Crossers Shot At in Arizona; Attackers May Be U.S. Citizens." *Think Progress,* June 16. http://thinkprogress.org/security/2010/06/16/176128/shooting-arizona-border/. Accessed March 30, 2015.

Sandell, David P.

2010   "Where Mourning Takes Them: Migrants, Borders, and an Alternative Reality." *Journal of the Society for Psychological Anthropology* 38(2): 179–204.

Scheper-Hughes, Nancy

1992   *Death without Weeping: The Violence of Everyday Life in Brazil.* Berkeley: University of California Press.

Schiffer, Michael Brian

1975   "Archaeology as Behavioral Science." *American Anthropologist* 77: 836–848.

Schofield, John

2005   *Combat Archaeology: Material Culture and Modern Conflict.* London: Duckworth.

Schonberg, Jeffrey, and Philippe Bourgois

2002   "The Politics of Photographic Aesthetics: Critically Documenting the HIV Epidemic among Heroin Injectors in Russia and the United States." *International Journal of Drug Policy* 13: 387–392.

Schultz, John J., Mary E. Collins, and Anthony B. Falsetti

2006   "Sequential Monitoring of Burials Containing Large Pig Cadavers Using Ground-Penetrating Radar." *Journal of Forensic Sciences* 51: 607–616.

Scott, James C.

1985   *Weapons of the Weak: Everyday Forms of Peasant Resistance.* New Haven: Yale University Press.

Shaheed, Aalia

2014   "New Technique Better Identifies Mummified Mexican Border Crossers in Arizona." *Fox News Latino,* April 7. http://latino.foxnews.com/latino/news/2014/04/07/innovative-technique-better-identifies-mummified-mexican-border-crossers-in/. Accessed March 28, 2015.

Shean, Blair S., Lynn Messinger, and Mark Papworth

1993   "Observations of Differential Decomposition on Sun Exposed v. Shaded Pig Carrion in Coastal Washington State." *Journal of Forensic Sciences* 38(4): 938–949.

Silva, Cristina

2013 "Answers Demanded after Suicides of 2 Guatemalans at Eloy Lockup." *Arizona Daily Star*, May 9. http://azstarnet.com/news/local/border/answers-demanded-after-suicides-of-guatemalans-at-eloy-lockup/article_53664eee-c1cd-51e2-a75b-2e43ca814351.html. Accessed March 4, 2015.

Simanski, John F., and Lesley M. Sapp

2012 "Immigration Enforcement Actions: 2011." Annual Report, 2012. Washington, DC: Office of Immigration Statistics, U.S. Department of Homeland Security. www.dhs.gov/sites/default/files/publications/immigration-statistics/enforcement_ar_2011.pdf. Accessed March 4, 2015.

2013 "Immigration Enforcement Actions: 2012." Annual Report. Washington, DC: Office of Immigration Statistics, U.S. Department of Homeland Security.

Singer, Audrey, and Douglas S. Massey

1998 "The Social Process of Undocumented Border Crossing among Mexican Migrants." *International Migration Review* 32(3): 561–592.

Slack, Jeremy, and Scott Whiteford

2011 "Violence and Migration on the Arizona-Sonora Border." *Human Organization* 70(1): 11–21.

Smart, Alan

2014 "Critical Perspectives on Multispecies Ethnography." *Critique of Anthropology* 34(1): 3–7.

Smith, Matthew Hale

1869 *Sunshine and Shadow in New York.* Hartford: J.B. Burr and Company.

Snow, Edward

1989 "Theorizing the Male Gaze: Some Problems." *Representations* 25: 30–41.

Solecki, Ralph S.

1975 "Shanidar IV, a Neanderthal Flower Burial in Northern Iraq." *Science* 190(4217): 880–881.

Sontag, Susan

2003 *Regarding the Pain of Others.* New York: Picador.

Sorg, Marcella H., William D. Haglund, and Jaime A. Wren

2012 "Current Research in Forensic Taphonomy." In *A Companion to Forensic Anthropology.* Ed. D.C. Dirkmaat. Pp. 477–498. West Sussex, UK: Blackwell.

Spencer, Charles S., and Elsa M. Redmond

2001 "The Chronology of Conquest: Implications of New Radiocarbon Analyses from the Cañada de Cuicatlán, Oaxaca." *Latin American Antiquity* 12(2): 182–201.

Spener, David

2009 *Clandestine Crossings: Migrants and Coyotes on the Texas-Mexico Border.* Ithaca: Cornell University Press.

2010　"*Movidas Rascuaches:* Strategies of Migrant Resistance at the U.S.-Mexico Border." *Aztlán: A Journal of Chicano Studies* 35(2): 9–36.

Spradley, Katherine M., Michelle D. Hamilton, and Alberto Giordano
2012　"Spatial Patterning of Vulture Scavenged Human Remains." *Forensic Science International* 219(13): 57–63.

St. John, Rachel
2011　*Line in the Sand: A History of the Western U.S.-Mexico Border.* Princeton: Princeton University Press.

Stanescu, James
2012　"Species Trouble: Judith Butler, Mourning, and the Precarious Lives of Animals." *Hypatia* 27(2): 567–582.
2013　"Beyond Biopolitics: Animal Studies, Factory Farms, and the Advent of Deading Life." *PhaenEX* 8(2): 135–160.

Stephen, Lynn
2007　*Transborder Lives: Indigenous Oaxacans in Mexico, California, and Oregon.* Durham, NC: Duke University Press.

Stiner, Mary C.
2008　"Taphonomy." *Encyclopedia of Archaeology.* Ed. D.M. Pearsall. Volume 3, pp. 2113–2119. New York: Academic Press.

Sugiyama, Saburo
2005　*Human Sacrifice, Militarism, and Rulership: Materialization of State Ideology at the Feathered Serpent Pyramid, Teotihuacan.* Cambridge: Cambridge University Press.

Sullivan, Laura
2010　"Prison Economics Help Drive Ariz. Immigration Law." National Public Radio, October 28. www.npr.org/2010/10/28/130833741/prison-economics-help-drive-ariz-immigration-law. Accessed March 30, 2015.

Sundberg, Juanita
2008　"'Trash-Talk and the Production of Quotidian Geopolitical Boundaries in the USA-Mexico Borderlands." *Social & Cultural Geography* 9(8): 871–890.
2011　"Diabolic Caminos in the Desert and Cat Fights on the Río: A Posthumanist Political Ecology of Boundary Enforcement in the United States–Mexico Borderlands." *Annals of the Association of American Geographers* 101(2): 318–336.

Sundberg, Juanita, and Bonnie Kaserman
2007　"Cactus Carvings and Desert Defecations: Embodying Representations of Border Crossings in Protected Areas on the Mexico-US Border." *Environment and Planning D: Society and Space* 25: 727–744.

Taussig, Michael
1984　"Culture of Terror—Space of Death: Roger Casement's Putumayo Report and the Explanation of Torture." *Comparative Studies in Society and History* 26(3): 467–497.

TeleSUR

2014 "Central American Women Search for Missing Children in Mexico." TeleSUR, November 18. www.telesurtv.net/english/news/Central-American-Women-Search-for-Missing-Children-in-Mexico-20141118–0045.html. Accessed April 19, 2015.

Tonkin, Megan, Li Foong Yeap, Emma K. Bartle, and Anthony Reeder

2013 "The Effect of Environmental Conditions on the Persistence of Common Lubricants on Skin for Cases of Sexual Assault Investigation." *Journal of Forensic Sciences* 58: S26–S33.

Townsend, Richard F.

1992 *The Aztecs.* London: Thames and Hudson.

Trevizo, Perla

2013a "Winter Cold Holds Own Peril for Border Crossers: Freezing Night Temps, Not Just Desert Heat, Pose an Exposure Risk." *Arizona Daily Star,* January 7. http://tucson.com/news/local/border/winter-cold-holds-own-peril-for-border-crossers/article_2eef0965–73de-5217-aa52–42c855795435.html. Accessed April 22, 2015.

2013b "Decade Brings 2,000+ Sets of Remains in Tucson Sector." *Arizona Daily Star,* May 22.

2014 "How Immigration through S. Arizona Has Changed." *Arizona Daily Star,* August 16. http://tucson.com/news/local/border/how-immigration-through-s-arizona-has-changed/article_aabacaac-cf02–55a9-a221-e2d6d5443f6a.html. Accessed March 4, 2015.

Tuckman, Jo

2010 "Survivor Tells of Escape from Mexican Massacre in Which 72 Were Left Dead." *The Guardian,* August 25. www.theguardian.com/world/2010/aug/25/mexico-massacre-central-american-migrants. Accessed March 28, 2015.

Udey, Ruth N., Brian C. Hunter, and Ruth W. Smith

2011 "Differentiation of Bullet Type Based on the Analysis of Gunshot Residue Using Inductively Coupled Plasma Mass Spectrometry." *Journal of Forensic Sciences* 56: 1268–1276.

Urrea, Luis Alberto

1993 *Across the Wire: Life and Hard Times on the Mexican Border.* 1st Anchor Books ed. New York: Anchor Books.

1996 *By the Lake of Sleeping Children: The Secret Life of the Mexican Border.* New York: Anchor Books.

2004 *The Devil's Highway: A True Story.* New York: Little, Brown.

USBP (United States Border Patrol)

1994 *Border Patrol Strategic Plan 1994 and Beyond.* Report.

2012 *2012–2016 Border Patrol Strategic Plan. The Mission: Protect America.* www.cbp.gov/sites/default/files/documents/bp_strategic_plan.pdf. Accessed April 18, 2015.

2013 "Southwest Border Sectors: Total Illegal Alien Apprehensions by Fiscal Year (Oct. 1st through Sept. 30th)." www.cbp.gov/sites/default/files/documents /U.S.%20Border%20Patrol%20Fiscal%20Year%20Apprehension% 20Statistics%201960–2013.pdf. Accessed December 22, 2014.

Valdez, Lidio M.
2009 "Walled Settlements, Buffer Zones, and Human Decapitation in the Acari Valley, Peru." *Journal of Anthropological Research* 65(3): 389–416.

Verdery, Katherine
1999 *The Political Lives of Dead Bodies: Reburial and Postsocialist Change.* New York: Columbia University Press.

Vicens, A. J.
2014 "The Obama Administration's 2 Million Deportations, Explained." *Mother Jones.* April 4. www.motherjones.com/politics/2014/04/obama-administration-record-deportations. Accessed March 30, 2015.

Vogt, Wendy
2013 "Crossing Mexico: Structural Violence and the Commodification of Undocumented Central American Migrants." *American Ethnologist* 40: 764–780.

Walker, Phillip L.
2001 "A Bioarchaeological Perspective on the History of Violence." *Annual Review of Anthropology* 30: 573–596.

West, Robert Cooper
1993 *Sonora: Its Geographical Personality.* Austin: University of Texas Press.

Whatmore, Sarah
1999 "Hybrid Geographies: Rethinking the 'Human' in Human Geography." In *Human Geography Today.* Ed. D. Massey, J. Allen, and P. Sarre. Pp. 23–39. Cambridge: Polity Press.
2002 *Hybrid Geographies: Natures, Cultures, Spaces.* Thousand Oaks, CA: SAGE.

Wilkinson, Tracy
2012 "Mothers from Central America Search for Missing Kin in Mexico." *Los Angeles Times,* November 6.

Williams, Howard
2004 "Death Warmed Up: The Agency of Bodies and Bones in Early Anglo-Saxon Cremation Rites." *Journal of Material Culture* 9(3): 263–291.

Wright, Christopher
2013 *The Echo of Things: The Lives of Photographs in the Solomon Islands.* Durham, NC: Duke University Press.

Yarris, Kristin Elizabeth
2014 "'Quiero Ir y No Quiero Ir' (I Want to Go and I Don't Want to Go): Nicaraguan Children's Ambivalent Experiences of Transnational Family Life." *Journal of Latin American and Caribbean Anthropology* 19(2): 284–389.

Young, Craig, and Duncan Light

2012 "Corpses, Dead Body Politics and Agency in Human Geography: Following the Corpse of Dr. Petru Groza." *Transactions of the Institute of British Geographers* 38(1): 135–148.

Young, Harvey

2005 "The Black Body as Souvenir in American Lynching." *Theater Journal* 57(4): 639–657.

Zepeda, Ofelia

1982 *When It Rains: Papago and Pima Poetry—Mat Hekid O Ju, 'O'odham Nacegitodag.* Tucson: University of Arizona Press.

1995 *Ocean Power: Poems from the Desert.* Tucson: University of Arizona Press.

Zimmerman, Larry J., Courtney Singleton, and Jessica Welch

2010 "Activism and Creating a Translational Archaeology of Homelessness." *World Archaeology* 42(3): 443–454.

Zimmerman, Larry J., and Jessica Welch

2011 "Displaced and Barely Visible: Archaeology and the Material Culture of Homelessness." *Historical Archaeology* 45(1): 67–85.

Žižek, Slavoj

2008 *Violence: Six Sideways Reflections.* New York: Picador.

图书在版编目(CIP)数据

移民路上的生与死：美墨边境人类学实录/(美)
杰森·德莱昂著；赖盈满译. —上海：上海书店出版
社，2024.4（2024.8重印）
书名原文：The Land of Open Graves：Living and
Dying on the Migrant Trail
ISBN 978-7-5458-2317-2

Ⅰ. ①移… Ⅱ. ①杰… ②赖… Ⅲ. ①移民-人类学
-研究-美国、墨西哥 Ⅳ. ①D771.238 ②D773.138

中国国家版本馆 CIP 数据核字(2023)第 231656 号

著作权合同登记号 图字 09-2023-0683

责任编辑 伍繁琪
营销编辑 王　慧
装帧设计 汪　昊

移民路上的生与死：美墨边境人类学实录
[美]杰森·德莱昂 著
赖盈满 译

出　　版　上海书店出版社
　　　　　　(201101　上海市闵行区号景路 159 弄 C 座)
发　　行　上海人民出版社发行中心
印　　刷　苏州市越洋印刷有限公司
开　　本　890×1240　1/32
印　　张　14
字　　数　300,000
版　　次　2024 年 4 月第 1 版
印　　次　2024 年 8 月第 2 次印刷
ISBN 978-7-5458-2317-2/D·76
定　　价　88.00 元